オールカラー

高校入試の要点が1冊でしっかりわかる本

5科

「勉強のやり方」を教える塾 プラスティー代表　清水章弘／監修

プラスティー教育研究所／編集協力

かんき出版

JN020987

はじめに

　塾で生徒たちに教えていると、最後にググググッと伸びて、志望校に合格する子がいます。一方で、伸び悩んでしまう子もいます。違いはどこにあるのでしょうか。

　最後に伸びる子たちには、2つの特徴があります。

　1つ目は、自分の「苦手」を理解していること。

　2つ目は、自分の「可能性」を信じていること。

　まず、1つ目から説明しましょう。入試が近づくにつれて、受験生には時間がなくなっていきます。「あれもやらなきゃ、これもやらなきゃ」と焦りがつのります。そんななか、「私はこの単元が心配だ」「この問題形式でよく間違えている」と、自分の「苦手」を理解できている人は、伸びます。なぜならば、「苦手」は言い換えると「伸びしろ」だからです。

　「苦手」を理解しているということは、「これをすれば伸びる」をわかっていることなのです。すると次第に、焦りが安心に変わっていきます。そのほうが勉強に集中できるのは、明らかですよね。だからググググッと伸びるのです。

　次に、2つ目。みなさんには、いま、自信がありますか？ 「このままじゃ合格できないかも……」「当日に緊張しちゃったらどうしよう……」と不安になっている人もいるでしょう。

　では、ここで質問。**入試で勝たなきゃいけないものは、なんでしょうか。**ライバル？ 入試問題？ いいえ、違います。正解は、「合格最低点」です。この合格最低点を、1点でもクリアすれば、誰に負けようと、合格することができるのです。

　今すぐやってみてほしいのは、得点の計算。現時点で、とれそうな得点予想です。たとえば、英数国理社の500点満点なら、「英語で60点、数学で50点、国語で70点、理科で70点、社会で50点。合計300点くらいかな？」のように。目標得点との差は、何点ですか？ 400点とりたい人なら、100点ですね。それを、残りの日数で割るのです。あと100日の人は、1日1点ずつ。あと50日の人は、1日2点ずつ。

　どうでしょう。少し、やれそうな気になってきませんか？ **あなたは、当日まで伸びます。試験が始まる直前まで、伸び続けます。**可能性に満ちあふれているのです。

　この本には、5教科の大事なところを、ギッシリ詰め込みました。ザッと読んで「苦手」を把握するのもよし。じっくり読んで、着実に覚えていくのもよし。

　各教科のページ冒頭には、その教科の勉強法を書いています。時期ごとに読み返して、1冊をフル活用してください。

　自分の可能性を信じて、最後まで一緒に駆け抜けよう！ **受験勉強も、立派な青春だ！**

2021年夏　清水章弘

本書の使いかた

コンパクトにまとめた解説とフルカラーの図版です。赤シートでオレンジの文字が消えます。

「合格へのヒント」にはその項目でおさえるべきポイントや勉強法のコツなどを載せています。

などの補足説明も載っています。

重要項目は「絶対おさえる！」にまとめています。

数学以外には「基礎力チェック！」問題があるので、要点を理解できたか確認してみましょう。数学は、例題をもとに解きかたを解説しています。

特典動画の視聴方法

この本の特典として、「清水先生オススメ・勉強のやりかた」の動画を、パソコンやスマートフォンから視聴することができます。日常の学習に役立ててください。

❶ インターネットで下記のページにアクセス

パソコンから
https://kanki-pub.co.jp/pages/as5kayouten/

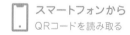

スマートフォンから
QRコードを読み取る

❷ 入力フォームに、必要な情報を入力して送信すると、動画のURLが届く
❸ URLをクリックかタップして視聴する

もくじ

ブックデザイン:dig
図版・イラスト:佐藤百合子、熊アート、船津朝子
DTP:エムアンドケイ、ニッタプリントサービス
編集協力:マイプラン、プラスティー教育研究所(八尾直輝、小田
圭介、岸誠人、渡邉健太郎、佐藤大地、桑山巧己、浄泉
和博、西川博謙、安原和貴、池航平、小島大空)

点数がグングン上がる！
社会の勉強法

 基礎力UP期（4〜8月）

▶ まずは歴史に時間を割こう！

社会は地理・歴史・公民の3つの分野に分かれる。人によって相性はあるが、歴史がもっとも時間がかかると言われている。流れが難しかったり、覚えることが多かったりするからだ。一方で、一度流れをつかんだり、重要事項を覚えたりしてしまうと、どんどん覚えやすくなる。時間をきちんと確保できるうちは、できる限り歴史に時間を割くようにしよう！　もし「どうしても流れがつかめない」と悩む場合は、歴史のマンガや、インターネットの動画を活用しても構わない。ただ、それだけでマスターすることは難しいので、教科書や参考書を読むのも忘れずに！

▶ クイズ形式で覚える「暗記ドア」

本書のオレンジの重要語句はすべて覚えてほしい。覚えるときにおすすめなのが、「暗記ドア」という暗記法。まず、覚えたいものをクイズ形式にしてみよう。そして、ふせんの表に問題を書き、めくった裏にその答えを書く。貼るのは壁じゃなくてドア。そして、「クイズに答えてからドアを開ける」のだ。ゲーム感覚で楽しみながら覚えられる。

うちの塾では92％の生徒が効果を実感し、「今後もやってみたい」と答えていた。僕自身、東大入試対策もこの方法で覚えていた。大学受験まで使えるぞ！　ぜひマスターしてほしい。

注意点が1つだけ。楽しくなって貼りすぎると、覚えることが多すぎて、ドアを開けられなくなってしまう（笑）。1つのドアには3枚程度にしよう！

 復習期（9月〜12月）

▶ 「基礎力チェック」を解きはじめよう！

いったん一通りの学習を終えているみなさんは、知識の抜けがないかザッと解説を読み、1見開き読み終わるごとに「基礎力チェック」を解こう！　書き込むと2回目ができないので、ノートや紙に書き、間違えたところに印をつけておこう。あとで復習がしやすいのでおすすめだ。

▶ 地理と公民の「理解」を深めよう！

　この時期は、地理と公民にも時間を割いておこう。注意してほしいのは、歴史と比べ地理と公民は「暗記」より「理解」が重視される科目であるということだ。

　地理では、地図・グラフを文章と結び付けて理解する力が求められる。日頃から教科書・図説に載っている情報に目を通し、図表を読み取る訓練を積んでおこう。おすすめは「書き込み勉強法」。ただ読んでいるだけの「受け身」の姿勢ではなく、地図・グラフに情報を書き込みながら積極的に考える習慣を身につけてほしい。この本にも、遠慮なく書き込んでもらいたい。

　公民では、難しい言葉をかみ砕いて具体的に理解する力が求められる。たとえば「社会権」という言葉を知っている・聞いたことがあるだけではなかなか得点に結びつかない。入試問題に対応するために大切なのは、「社会権とは何か」「自由権や平等権との違いは何か」といった視点からの理解である。そこで、自分でテストを作っていくのもおすすめ。たとえば、「社会権について説明せよ」「社会権は憲法の何条に規定されているか」といった問題を自分で作ってみる。すると、単に用語を知っているという状態を抜け出し、より深い理解につながる。

　ただ、「暗記」も軽視してはいけない。「暗記ドア」を活用して、暗記もコツコツ進めよう！

 まとめ期（1月〜受験直前）

▶ 「基礎力チェック」で間違った部分を再確認！

　直前期にこの本を手にとったあなたは、地理・歴史・公民いずれも「基礎力チェック」から始めてみよう。もし、そこで間違えてしまったら要注意。該当箇所や、関連知識を再確認しよう。「合格へのヒント」には勉強の指針が書いてあるので、必ず目を通してほしい。

　ただ、焦る必要はない。「いま覚えたことは、当日まで忘れない」を鉄則にすれば大丈夫。

▶ 「寝る前と朝」は絶好の復習タイム！

　忘れにくくするためには、復習する時間も意識してほしい。おすすめの時間は「寝る前と朝」。人間は、寝る直前に覚えたことは「覚えたことが、それぞれぶつかり合いにくい」と言われていて、記憶に定着しやすい。だから、寝る前（メガネを外す前、電気を消す前……）に、その日に覚えたことを一気に総復習してみよう。朝起きたタイミングで、もう一度見直すと、完璧だ。目安の時間は「夜10分、朝5分」。この15分間が、君を合格へと導いてくれるはずだ。

　そして、「暗記ドア」もフル活用をしてほしい。直前期にこそ、力を発揮する。どんどん覚えて、どんどん新しいふせんに貼りかえよう。覚えにくいものは、目立つ色のふせんに書き直すのがおすすめ！　その作り直す経験が、「あのときにやった語句だ」と記憶を強くしてくれる。

　繰り返しになるが、焦る必要はない。でも、急ぐ必要はある。社会は覚えたぶんだけ点数が伸びていく。さぁ、焦らず、急ごう！

Social studies

1

[地理]
世界の姿・日本の姿、世界各地の人々の生活と環境

1 世界の姿

❶ **六大陸と三大洋**…地表は陸地と海洋に分けられる。陸地は**ユーラシア大陸**、アフリカ大陸、北アメリカ大陸、南アメリカ大陸、オーストラリア大陸、南極大陸の六大陸と島々。海洋は**太平洋**、大西洋、インド洋の三大洋と小さい海からなる。
└陸地と海は3:7の割合
└最も大きい陸地
└最も広い海洋

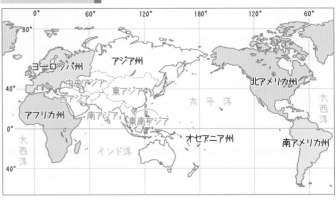

大陸と州、三大洋

❷ **六つの州**…アジア州、ヨーロッパ州、アフリカ州、北アメリカ州、南アメリカ州、オセアニア州。
└オーストラリアが含まれる

❸ **国名や国旗、国境**

　①国名や国旗にはそれぞれの特色がある。

　②国境は、主に自然の地形を用いた線と人工的な線の決め方がある。
　　　　　　　　　　　　　　└緯線や経線など

　③海に囲まれているのが**海洋国**（島国）、海に接していないのが**内陸国**。

❹ **緯度と経度**…緯度は赤道から南北に90度、経度は**本初子午線**を基準に東西に180度。
└0度の緯線　　　　　　　　　　└日本やニュージーランド　　　　　└イギリスのロンドンにある
　　　　　　　　　　　　　　　　　　　　　　　　　　　　　　　　　　旧グリニッジ天文台を通る

❺ **地球儀と世界地図**…①地球儀…距離や面積、形、方位などを正しく表す。
└地球を小さくしたもの

　②世界地図…面積が正しい地図や中心からの距離と方位が正しい地図など。

平面上では全てを正確に表せない！

📖参考

中心からの方位と距離が正しい地図

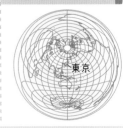

2 日本の姿

💡 **絶対おさえる！ 日本の領域**

☑ 日本の北端は**択捉島**、東端は**南鳥島**、西端は**与那国島**、南端は**沖ノ鳥島**（→護岸工事）。

☑ 領海をのぞく沿岸から**200海里**以内の**排他的経済水域**で、沿岸国は漁業資源や鉱産資源を管理できる。

❶ **日本の位置**…東西は東経122度から154度、南北は北緯20度から46度の間に位置している。
└イタリアやアメリカと同緯度　　　└オーストラリアとほぼ同経度

❷ **標準時と時差**…①世界各国が基準となる時刻である**標準時**をもつ（日本の標準時子午線は**東経135度**）。②時差…経度差15度で1時間の時差。
└兵庫県の明石市を通る
└360度÷24時間＝15度

❸ **日本の領域**…①北海道、本州、四国、九州の大きな島からなる海洋国（島国）。国土面積は約38万㎢。②領域…**領土、領海、領空**を合わせた範囲。
└最大の島
└領土と領海の上空

❹ **日本の地方区分**…①1都1道2府43県。②北海道、東北、関東、中部、近畿、中国・四国、九州の**7地方区分**。
└それぞれに都道府県庁所在地がある

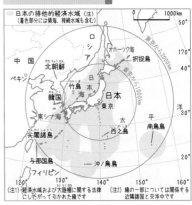

日本の位置や領域

合格への
ヒント

● 時差に関する設問は頻出！計算方法をしっかりと理解しておこう。
● 気候帯ごとの特徴と分布を地図上で確認しておこう！

3 世界各地の人々の生活と環境

❶ 世界の気候は5つの気候帯である**熱帯、乾燥帯、温帯、冷帯（亜寒帯）、寒帯に分けられる。**①熱帯…1年を通して気温が高い。赤道付近や周辺に広がる。熱帯の地域では**熱帯雨林**が広がり、河口には**マングローブ**、沿岸には**さんご礁**がみられる。②乾燥

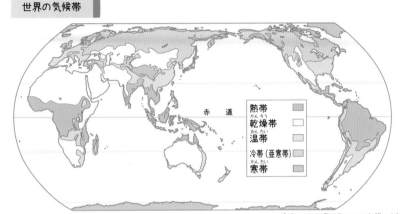

世界の気候帯

赤道

熱帯
乾燥帯
温帯
冷帯（亜寒帯）
寒帯

（「ディルケ世界地図」2015 年版ほか）

帯…雨が少ない地域。アフリカ大陸北部やアラビア半島などにみられる。人々
└→砂漠気候とステップ気候に区分
は水を得ることができる**オアシス**のまわりに住む。③温帯…温暖で季節の変化
がはっきりしている。**温暖湿潤気候、西岸海洋性気候、地中海性気候**に分けら
　　　　　　　　　　　　└日本の大部分　　　　　　　　　　　　　└夏は乾燥し冬に雨が降る
れる。④冷帯（亜寒帯）…冬の寒さが厳しい。シベリアには**タイガ**と呼ばれる
針葉樹林が広がり、**永久凍土**になっている土壌がある。⑤寒帯…1年を通して
　　　　　　　　　　　└凍った土　　　　　　　　　　└カリブーやあざらしなどが生息
雪や氷で覆われて寒さが厳しい。
　　　└覆

❷ **高山気候**…同じ緯度でも、標高が高くなると気温が低くなる。**アンデス山脈**
などでみられる。昼と夜の気温差が大きい。標高差を利用し、放牧やじゃがい
もを栽培している。

❸ **宗教**…仏教、キリスト教、イスラム教が三大宗教。それ以外にも**ヒンドゥー**
　　　　　　　　　　　　　　　　　　└インドの約8割の人々が信仰
教やユダヤ教など多くある。①仏教…東アジア、東南アジアを中心に信仰。②
キリスト教…聖書が教典。ヨーロッパ、南北アメリカ州を中心に信仰。③イス
ラム教…教典はコーラン。西アジア、北アフリカを中心に信仰。1日5回、聖
地メッカの方角にいのる。**断食**などが定められている。
　　　　　　　　　　　　└豚肉や酒も禁じられている

🪶 発展

シベリアでは建物の熱で永久凍土を解かさないように、高床式の建物がみられる。

📖 参考

アンデス山脈のアルパカやリャマの放牧は、標高の高い場所で行われている。

⚠ 注意

ヒンドゥー教徒は牛肉を食べない。イスラム教徒は豚肉を食べない。

✎ 基礎カチェック！

次の語句を答えなさい。

(1) 三大洋のうち、太平洋、インド洋ともう1つの海洋名は。

(2) 1時間の時差が生じる経度差は。

(3) 日本で最も大きい島名を何というか。

(4) 赤道付近の一年中気温が高い気候帯名を何というか。

答え

(1) 大西洋
　→ ❶ 参照

(2) 15度
　→ ❷ 参照

(3) 本州
　→ ❸ 参照

(4) 熱帯
　→ ❸ 参照

Social
studies

2 アジア州
地理

1 アジア州の自然と文化

❶ **自然**…①中央部には**ヒマラヤ山脈**やチベット高原。長江や黄河、メコン川やガンジス川
チャンチアン　ホワンホー
など大河が流れる。②東アジアや東南アジア、南アジアの沿岸部の気候は**季節風**（モンスーン）の影響が大きい。③アラビア半島や
えいきょう　　　　　　夏と冬で風向きが変わる
中央アジアは砂漠が広がる。
さばく

❷ **文化や宗教**…①東アジアは漢字文化。②東南アジアで**華人**が活動。イスラム教やキリスト教も伝わる。③西アジアでは広くイスラム教を信仰。④各国の都市部の人口が増加している。
しんこう

アジア州の自然

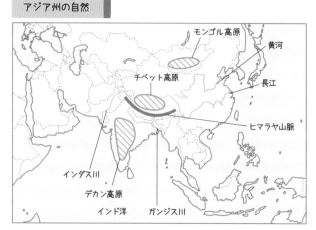

モンゴル高原
黄河
チベット高原
長江
ヒマラヤ山脈
インダス川
デカン高原
インド洋　ガンジス川

2 東アジア

❶ **アジア NIES（新興工業経済地域）**…1960 年代から工業化に成功した**韓国**・
ニーズ　　　　　　　　　　　　　　　　　　　　　　　　　　　　　　　かんこく
台湾・ホンコン（香港）・シンガポール。
たいわん

❷ **韓国**…軽工業から重化学工業中心へ発展。文字は**ハングル**。

❸ **台湾**…**ハイテク産業**が盛ん。
└半導体など　さか

暗記

モンスーン→夏は海洋から湿った、冬は内陸から乾燥した風が吹く。

参考

韓国では、儒教の影響が残っている。
じゅきょう

3 中国

💡 絶対おさえる！ 中国の発展と課題

☑ 沿岸部の**経済特区**を中心に工業化を進め、世界に工業製品を輸出。
☑ 沿岸部と内陸部で**経済格差**が広がっている。

❶ **民族と人口**…人口の約90％は**漢民族**（漢族）、西部に少数民族が住む。以前
は**一人っ子政策**がとられていた。
└少子高齢化が加速したため、現在は廃止

❷ **農業**…長江流域の華中では稲作、黄河流域の華北や
かほく
東北地方では畑作、西部の内陸部は牧畜が行われている。
ぼくちく

❸ **工業**…①沿岸部に**経済特区**を設け、外国企業を積極
きぎょう
的に**誘致**➡工業化を進める。②安くて豊富な労働力を
ゆうち　└外国企業に税などの優遇措置
生かし、工業製品を世界各国へ輸出➡「**世界の工場**」
と呼ばれる。

❹ **経済成長と格差**…急速に経済成長を遂げたが、沿岸
部と内陸部の**経済格差**が拡大。都市部に人口が集中し
かんきょう　　　└内陸部の経済発展が遅れている
環境問題が発生。

中国の地域別GDP（一人あたり）

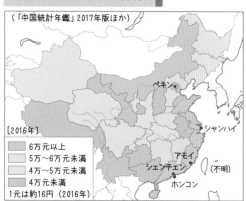

（『中国統計年鑑』2017年版ほか）

ペキン

シャンハイ

[2016年]
　6万元以上
　5万～6万元未満
　4万～5万元未満
　4万元未満
1元は約16円（2016年）

アモイ
シェンチェン　（不明）
ホンコン

合格への
ヒント

● 中国の地域ごとの農業・工業の特徴をおさえよう。特に経済格差問題は頻出!
● インドでICT産業が発達した理由を説明できるようにしておこう!

4 東南アジア

💡 **絶対おさえる！ 東南アジア・南アジア・西アジアのポイント**

☑ 東南アジア…植民地時代の**プランテーション**から工業化が進む。
☑ 南アジア…インドで ICT 関連産業が発達。
☑ 西アジア…イスラム教徒が多い。ペルシャ（ペルシア）湾岸は世界的な**石油**の産地。

❶ **気候・農村**…①モンスーンの影響で降水量が多く、稲作が盛ん➡二期作が行われている。②植民地時代に大農園（プランテーション）が開かれ天然ゴムやコーヒーを大規模に栽培。③タイやインドネシアのマングローブの広がる海岸ではえびの養殖。

❷ **進む工業化**…タイやマレーシアは外国企業を積極的に誘致。東南アジア諸国連合（ASEAN）内で結びつきを強める。

❸ **急速な都市化**…農村から都市部へ人口が大量に流入。生活環境の整備が追い付かず**スラム**が発生。
└ 衛生状態が悪く住居が密集

📖 暗記
プランテーション→輸出用の作物である商品作物を栽培している。

🎗 発展
ASEANは東南アジア地域で政治や経済などを協力しあうために1967年に結成。2020年現在は10か国が加盟。

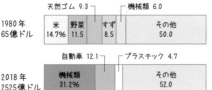

タイの輸出品の変化

| | 天然ゴム 9.3 | | | 機械類 6.0 | |
| 1980年 65億ドル | 米 14.7% | 野菜 11.5 | すず 8.5 | | その他 50.0 |

| | 自動車 12.1 | | プラスチック 4.7 | |
| 2018年 2525億ドル | 機械類 31.2% | | | その他 52.0 |

（「日本国勢図会」2020／21年版ほか）

5 南アジア・西アジア・中央アジア

❶ **南アジア**…インドの約8割の人口が**ヒンドゥー教**を信仰。パキスタンやバングラデシュでは大多数がイスラム教徒。ガンジス川下流域では稲作、インダス川流域では小麦の栽培、デカン高原では綿花の栽培が盛ん。インドの南部でICT（情報通信技術）産業が発展。

❷ **西アジア**…①多くが乾燥帯に属する。アラビア語を用い、多くがイスラム教を信仰。②ペルシャ（ペルシア）湾岸は石油を多く産出する。産油国は石油輸出国機構（OPEC）を通じて結びついている。日本は、石油の多くを西アジアから輸入。

❸ **中央アジア**…ソ連の解体で独立。

日本は、ほぼ輸入にたよっている!

🎗 発展
インドはアメリカ合衆国との時差を利用し、ICT産業が発達した。

日本の原油の輸入先

サウジアラビア 35.8%	
アラブ首長国連邦 29.7	
カタール 8.8	
クウェート 8.5	
その他 17.2	

（2019年）　（「日本国勢図会」2020／21年版）

✏ 基礎力チェック！

次の語句を答えなさい。

(1) アジアの中央部に位置する、8000m級の山々が連なる山脈名は。

(2) 中国が外国企業を誘致するため沿岸部に設置した地域を何というか。

(3) 輸出を目的とした商品作物を栽培している大農園を何というか。

(4) 多くの産油国が加盟している石油輸出国機構の略称を何というか。

答え

(1) ヒマラヤ山脈
→ 1 参照
(2) 経済特区
→ 3 参照
(3) プランテーション
→ 4 参照
(4) OPEC → 5 参照

Social studies

3 地理 ヨーロッパ州／アフリカ州

1 ヨーロッパ州の自然と文化、農業

💡 絶対おさえる！ ヨーロッパ州

☑ 北大西洋海流と偏西風の影響で、緯度が高い割に温暖な気候。
☑ EU（ヨーロッパ連合）では加盟国間の経済格差が課題。

❶ **自然**…①ユーラシア大陸の西側に位置し、全体的に日本より高緯度だが、北大西洋海流の上を吹く偏西風の影響で冬の寒さは厳しくない。②温帯の中で**西岸海洋性気候**、**地中海性気候**と、冷帯（亜寒帯）の気候に分かれる。③平野部にはライン川が流れ、南部には険しいアルプス山脈。北部の沿岸部にはフィヨルド。

❷ **文化**…①キリスト教が広く信仰されている。②言語はゲルマン系言語、ラテン系言語、スラブ系言語に分かれる。

❸ **農業**…自然環境に合った農業。

①**混合農業**…フランスやドイツなどで行われている、穀物の栽培と畜産を組み合わせた農業。

②**地中海式農業**…地中海沿岸では乾燥する夏にぶどうやオリーブ、雨の降る冬に小麦を栽培する。

③**酪農**…ヨーロッパ北部やアルプス山脈のふもとで行われている。

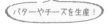
バターやチーズを生産！

ヨーロッパ州の自然

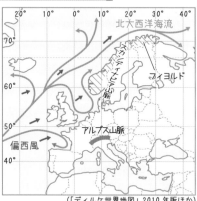

（「ディルケ世界地図」2010 年版ほか）

📖 暗記

西岸海洋性気候→一年を通して平均的に雨が降る。
地中海性気候→夏は乾燥して晴れが続く。

2 ヨーロッパ統合の動きと課題

❶ **EU の成立**…第二次世界大戦後、ヨーロッパの国どうしで争うのをやめ、互いに協力して発展しようという風潮➡ヨーロッパでは統合の動きが進み、1993 年に EU（ヨーロッパ連合）が成立した。加盟国は 27 か国（2021 年）。

❷ **EU 市場の形成**…加盟国間では関税がかからず、国境を越える行き来も原則自由。2002 年には共通通貨のユーロを導入。各国間の交通網も整備。国際分業によって、航空機を各国で分担して生産している。

❸ **統合の課題**

①近年加盟した東ヨーロッパの国々と西ヨーロッパの国々で経済格差が広がる。

②増加する移民・難民の受け入れ体制の整備。

❹ **環境問題への取り組み**…酸性雨などが発生。再生可能エネルギーの利用、持続可能な社会を目指す。

🔍 発展

ヨーロッパ統合の動きは、ヨーロッパで戦争を起こさない、アメリカ合衆国やソ連などの大国に対抗するという背景があった。

EU各国の一人あたりの国民総所得

（2017年）　　（世界銀行資料）

合格への
ヒント

● EU統合への課題（特に難民問題）は時事問題で出題の可能性大！
● アフリカで植民地支配がもたらした影響を必ずおさえよう！

社会

理科

数学

英語

国語

3 アフリカ州の自然と文化・歴史

💡 絶対おさえる！ アフリカ州

☑ 経線や緯線を用いた**直線的な国境線**が多いのは、植民地時代に引かれた境界線を用いているため。
☑ **モノカルチャー経済**の国が多い→経済が不安定になりやすい。

❶ **自然**…①北部には、世界最大の**サハラ砂漠**があり、世界最長のナイル川が流れる。②赤道付近の熱帯から乾燥帯、温帯の地域がある。中央部では**熱帯雨林**が広がる。熱帯雨林の周辺はサバナ気候の地域で、サバナが広がる。
　　　　　　　　　南にサヘルがある↲

❷ **文化・歴史**…①サハラ砂漠北部ではイスラム教を広く**信仰**。②16世紀にヨーロッパと交易が始まると、多くの人が**奴隷**としてアメリカ大陸へ連れて行かれた。19世紀にはアフリカの大部分がヨーロッパの植民地になった。

❸ **植民地支配の影響**…①英語やフランス語が公用語になっている国が多い。②植民地時代に引かれた境界が国境になった➡国内の民族対立を招く。
　　　　経線や緯線などを利用↲　　　　　　民族分布を無視！

アフリカ州の自然

📖 参考
ギニア湾岸はカカオの栽培に適した気候である。

4 アフリカ州の産業・発展

❶ **農業・工業**…①プランテーション農業➡ギニア湾岸の**カカオ豆**、ケニアの茶など。②伝統的な焼畑農業や遊牧。干ばつや砂漠化がみられる地域もある。③鉱産資源が豊富。近年では、レアメタルが南アフリカ共和国を中心に採掘されている。
　　　　　　　　　農地を焼き払い、灰を肥料にする↲

❷ **モノカルチャー経済**…カカオ豆や銅など、特定の農産物や鉱産資源の輸出にたよる経済➡天候や国際価格に左右されやすい➡国の財政が不安定になる。

❸ **発展への協力**…地域統合を目指し、2002年に**アフリカ連合（AU）** を結成。**NGO（非政府組織）** も活動。
　　　　　　　　　　　　　　　↳教育や農業支援なども行う

かたよる輸出品

コートジボワール（2018年）118億ドル

カカオ豆 27.5%		金 6.8	その他 47.4

カシューナッツ 9.8　　石油製品 8.5

ザンビア（2018年）91億ドル

銅 75.2%	その他 24.8

ナイジェリア（2018年）624億ドル

原油 82.3%	9.9	7.8

液化天然ガス　その他

（「世界国勢図会」2020／21年版）

✏ 基礎力チェック！

次の語句を答えなさい。

(1) 西ヨーロッパの気候に影響をあたえる暖流を何というか。

(2) ヨーロッパ連合の共通通貨を何というか。

(3) アフリカ大陸の北部に広がる、世界最大の砂漠を何というか。

(4) 特定の農産物や鉱産資源の輸出にたよる経済を何というか。

答え

(1) 北大西洋海流
　　→ 1 参照

(2) ユーロ
　　→ 2 参照

(3) サハラ砂漠
　　→ 3 参照

(4) モノカルチャー経済
　　→ 4 参照

Social studies

4 地理 北アメリカ州／南アメリカ州／オセアニア州

1 北アメリカ州

💡 絶対おさえる！ 北アメリカ州

☑ 適地適作の農業。バイオテクノロジーなどを活用した企業的な農業を行う。
☑ 工業はサンベルト中心に ICT 産業などが発達している。

❶ **北アメリカ州の自然**…①西側にロッキー山脈、ミシシッピ川
└環太平洋造山帯に含まれる
は中央平原を流れ、メキシコ湾に注いでいる。カリブ海には西
インド諸島。②南東部や西インド諸島はハリケーンの被害を受
└暴風雨
けることもある。

❷ **多様な民族**…もとは先住民がいたが、17 世紀以降、ヨーロッ
パから来た移民が開拓を進める。さらにアフリカから奴隷とし
└主に農園の労働力
て連れてこられた人々も。

❸ **アメリカと他国のつながり**…アメリカは強い経済力をもつ
大国➡カナダ、メキシコと自由貿易協定を結ぶ。メキシコなど
や中南米から、アメリカにやってくるヒスパニックが増加。

❹ **農業**…アメリカは「世界の食料庫」。①各地域の気候や環境に
合わせた適地適作。②企業的な農業が行われている➡バイオテ
└少人数で効率的な経営 └遺伝子組み換えなど生物の働きを利用
クノロジーの活用。

❺ **工業**…最初は五大湖周辺地域で発達➡北緯 37 度以南のサンベ
└ピッツバーグで鉄鋼、デトロイトで自動車
ルトが新たな中心に➡シリコンバレーなどに ICT 産業が発達。
└気候が温暖で豊富な労働力 └サンフランシスコ郊外
（情報通信技術！）

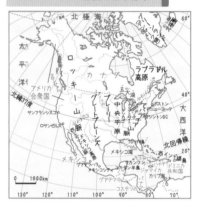

北アメリカ州の自然と主な都市

2 南アメリカ州

❶ **南アメリカ州の自然**…西部の太平洋側にアンデス山脈、東に
はアマゾン川➡流域には熱帯雨林。パンパと呼ばれる草原地帯。
└流域面積は世界最大 └アルゼンチンなど

❷ **人々と文化**…インカ帝国など、古くから先住民が生活。しか
└ていこく
し 16 世紀にスペインやポルトガルがほろぼし植民地に➡スペ
イン語やポルトガル語が公用語。混血が進む➡メスチーソなど。
└先住民と白人の混血

❸ **農業**…先住民の人々によってじゃがいもやとうもろこしの栽
培が盛ん➡20 世紀後半からは、プランテーションで大豆や
└アンデス山脈が原産地   └もとはヨーロッパの人々がつくった大農園
コーヒーなどの商品作物のほか、バイオエタノールの原料とし
てさとうきびも栽培。
└バイオ燃料の一種

❹ **工業・経済発展**

アメリカの農業分布

凡例
□ 小麦
□ とうもろこし、大豆
■ 酪農　■ 綿花
■ 果樹　■ 放牧
□ その他の農業地
□ 非農業地

（「グーズ世界地図」2017 年版ほか）

💡 絶対おさえる！ 南アメリカ州の経済発展と課題

☑ ブラジルは近年工業化が進み、BRICS の一員である。
└ブリックス
☑ アマゾン川流域の森林伐採による環境問題が深刻化。
└ばっさい

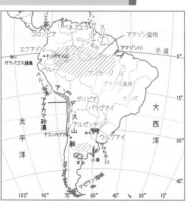

南アメリカ州の自然、農業

合格への
ヒント

● 北アメリカの農業分布は、気候との関連に着目して理解しておこう！
● 「BRICS」に該当する国名はすべて言えるようにしておこう！

社会
理科
数学
英語
国語

①南アメリカは銅鉱、すず、鉄鉱石など鉱産資源が豊富。②ブラジルは航空機、
　　　　└チリ、ペルー　　　　　└ブラジル
自動車など工業化が進み、BRICS の一員に。
　　└資源が豊富で経済成長が著しい5つの国々

⑤ 自然と開発の両立…アマゾン川流域では伝統的に焼畑農業を行ってきた➡
　　　　　　　　　　　　　　　　　　　　　　└耕地を焼き払う
最近は大豆やさとうきびの栽培や牧場のため、大規模にアマゾンの森林を切り
開いている➡経済開発と環境保護を両立させる、持続可能な開発が求められて
└森林面積の減少が問題となっている
いる。

> 将来世代も考えた開発！

🎓 **発展**

バイオエタノールはさとう
きびなど植物からつくられ、
燃やしても大気中の二酸化
炭素の総量は変わらないの
で地球温暖化対策に有効と
考えられている。

📖 **参考**

BRICSは、ブラジル、ロシア、
インド、中国、南アフリカ共
和国の国名の最初の1文字
をつなげたもの。

3　オセアニア州

❶ オセアニア州の自然

①地形…オーストラリア大陸と太平洋の島々（ポリネシア、
　ミクロネシア、メラネシアに分けられる）で構成➡火山島
　やさんご礁でできた島々。
　　　　└暖かくきれいな海にできる
②気候…オーストラリア大陸は大部分が乾燥帯。大陸の東部
　　　　　　　　　　　　　　　　　　└かんそう
　や南西部、ニュージーランドは温帯。太平洋の島々は熱帯。

❷ オセアニア州の文化…オーストラリアの先住民はアボリ
ジニ、ニュージーランドの先住民はマオリ。
└ウルルはアボリジニの聖地

❸ 豊かな資源…羊や牛の飼育が盛ん。鉄鉱石や石炭などの鉱
産資源も豊富。
└日本はオーストラリアから
　最も多く輸入

❹ 貿易…オーストラリアやニュージーランドはもとはイギリ
スの植民地➡貿易面でも以前はイギリスとのつながりが強
　└国旗の中にイギリスの国旗を含んでいる
かったが、現在はアジアとの結びつきが強まっている。1989
年には APEC の結成を主導。
　　　　　エイペック
　　　　└アジア太平洋経済協力

❺ 多文化社会を目指して…オーストラリアは以前は白豪主
　└それぞれ異なる文化を尊重　　　　　　　　　　└はくごう
義をとっていたが、現在はアジアからの移民も増加。先住民
　　　　　　　　└ヨーロッパ系以外の移民を制限
の権利も尊重。

オーストラリアの鉱産資源の分布

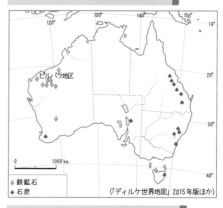

（『ディルケ世界地図』2015年版ほか）

◆ 鉄鉱石　● 石炭

オーストラリアの貿易相手国の変化

※金額は輸出入総額。　　　　　（国連資料）

✏️ **基礎力チェック！**

次の問いや（　）にあてはまる語句を答えなさい。

(1) メキシコや中南米からアメリカ合衆国にやってくるスペイン語を話す
　　移民を何というか。

(2) アメリカで工業の盛んな北緯37度以南の地域を何というか。

(3) 流域面積が世界最大の川は（　　　）である。

(4) オーストラリアの先住民を（　　　）という。

答え

(1) ヒスパニック
　→ 1 参照
(2) サンベルト
　→ 1 参照
(3) アマゾン川
　→ 2 参照
(4) アボリジニ
　→ 3 参照

5 地理 地域調査／日本の特色①

1 地域調査

❶ **地域調査の手法**…情報を集める➡調査テーマを決める➡仮説を
立てる➡調査計画を立てる➡調査する➡考察しまとめる➡発表
する。
└「～だろう」という予想┘　　　　　　　　　　└わかりやすさを心がける┘

❷ **調査の方法**…野外観察（フィールドワーク）や聞き取り調査。文
└事前に聞きたいことを整理┘
献や統計などを用いた調査。

❸ **地形図を活用する**…土地利用の様子がわかる。①縮尺…実際の
距離を縮小した割合。②方位…上が北になる。③等高線…高さが
　　　　　　　　　└2万5千分の1など┘　　└方位記号がないとき┘
等しい地点を結んだ線。等高線の**間隔**がせまければ**傾斜は急**⇔広
ければ傾斜はゆるやか。④地図記号…建物や土地利用の様子を記
号で表したもの。

❹ **調査をまとめる**…グラフや地図など図表でまとめるとわかりや
すい。

> 割合は円グラフ、
> 変化は折れ線グラフ！

主な地図記号

土地利用	建物・施設		
⊥⊥ 田	■■ 建物 / 中高層建物		建物密集地 / 中高層建物街
∨∨ 畑	◎ 市役所 東京都の区役所		⊗ 高等学校
♢♢ 果樹園	○ 町・村役場（指定都市の区役所）		⊞ 病院
∠∠ くわ畑	♦ 官公署		⌂ 老人ホーム
∴∴ 茶畑	X 交番　⊗ 警察署		Ⓗ 神社
	Y 消防署		卍 寺院
♀♀ 広葉樹林	⊕ 郵便局		◻ 図書館
⋏⋏ 針葉樹林	☼ 工場		血 博物館・美術館
	⚡ 発電所・変電所		⌐ 記念碑
	✳ 小・中学校		✿ 風車

道路・鉄道		
══ 2車線道路	─(4)─ 国道および路線番号	
── 軽車道	══ 有料道路および料金所	
---- 徒歩道	▬▬▬（JR）＋＋＋（JR以外）普通鉄道	

2 日本の地形

💡 絶対おさえる！ 日本の地形

☑ 日本列島は**約4分の3が山地や丘陵**。中央部に**日本アルプス**。
☑ 日本の川は世界の川に比べ**傾斜が急**で**流域面積がせまい**。

❶ **造山帯**…山地や山脈が連なっているところ。世界には**環太平洋造山**
└火山活動も活発┘　　　　　　　　　　　　　　　　└日本が属する┘
帯とアルプス・ヒマラヤ造山帯がある。

❷ **山地**…①陸地の約4分の3は山地と丘陵。②**飛驒・木曽・赤石山脈**
は**日本アルプス**。③**フォッサマグナ**を境に、東日本は南北、西日本は
　　　　　　　　　　└大きな溝状の地形┘
東西に山地や山脈がのびる。

❸ **川**…流れが急で短く、流域面積がせまい。
└国土が細長いので、水源から河口までが短い┘

❹ **平地**…海に面した平野や、山に囲まれた盆地など。①**扇状地**…川が
└日本最大の平野は関東平野┘
山から平地に流れ出たところにできる**扇状の土地**。②**三角州**…川が海
　　　　　　　　　　　　　　└水はけが良い┘
や大きな湖に出るところに土砂が積もってできた、低くて平らな三角
状の土地。

❺ **海岸**…岩石海岸や砂浜海岸。複雑な**リアス海岸**。
　　　　　└すなはま┘　　　　　└小さい岬と湾が入り組んだ海岸┘

❻ **まわりの海**…①太平洋、東シナ海、日本海、オホーツク海に囲まれる。②太
平洋沖には**海溝**。東シナ海にはなだらかな**大陸棚**が広がる。③海流は太平洋側
　　　　　└深さ8000m以上┘　　　　　　　　　　└深さ約200mまで┘
に暖流の**黒潮**（日本海流）と寒流の**親潮**（千島海流）。日本海側に暖流の**対馬**
海流と寒流の**リマン海流**。

> 暖流と寒流がぶつかるところは潮目！

📖 参考

変動帯→火山の活動や地震
の発生、大地の変動が活発
な地域。

日本の主な山脈・山地

🖊 発展

大陸棚や潮目（潮境）はプラ
└しおめ しおざかい┘
ンクトンが集まるので好漁
場となる。

● 地形図の読み取り問題は頻出！地図記号や等高線は必ず覚えておこう！
● 季節風が日本の気候に与える影響を地域ごとにおさえよう！

3 日本の気候

💡 絶対おさえる！ 日本の気候

☑ 夏は太平洋側から、冬はユーラシア大陸から吹く**季節風**が大きな影響をあたえる。

☑ 日本海側は冬の雪や雨の量が多く、太平洋側は冬に**乾燥**する。

❶ **日本列島の大部分が温暖湿潤気候**➡四季があり温暖。
　　└温帯は他に西岸海洋性気候と地中海性気候

❷ **季節風**…夏は太平洋側から、冬はユーラシア大陸か
　　└モンスーン
ら吹きこむ➡日本の気候に影響。

❸ **風水害の被害**…梅雨や台風の影響。
　　└6月から7月にかけて雨が続く期間　└熱帯低気圧が発達したもの

❹ **各地の気候の特徴**…①**北海道の気候**…梅雨がなく
冬の気温は特に低い冷帯（亜寒帯）。②**日本海側の気**
候…冬に雪が多い。③**太平洋側の気候**…冬は乾燥し晴
　└季節風が日本海を渡るときに水蒸気を大量にふくみ、山地にぶつかる
れが多く、夏は雨が多い。④**中央高地（内陸）の気**
候…海から離れているため、季節風によって運ばれる
水分が少なく、年間を通して降水量は少なく、夏と冬
の気温差が大きい。⑤**瀬戸内の気候**…気候は温暖だ
　　└せとうち　　　　しこく
が、中国山地と四国山地にはさまれ、日本海や太平洋
からの湿った空気がとどきにくく、年間を通じて降水
　　└しめ
量が少ない。⑥**南西諸島の気候**…冬でも気温が高く、降水量が多い亜熱帯。
　└水不足に備えてため池がつくられた

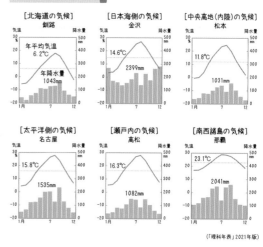

日本の気候区分

[北海道の気候] 釧路
年平均気温 6.2℃
年降水量 1043mm

[日本海側の気候] 金沢
14.6℃
2399mm

[中央高地(内陸)の気候] 松本
11.8℃
1031mm

[太平洋側の気候] 名古屋
15.8℃
1535mm

[瀬戸内の気候] 高松
16.3℃
1082mm

[南西諸島の気候] 那覇
23.1℃
2041mm

（「理科年表」2021年版）

4 自然災害

❶ **さまざまな自然災害**…地震による建物の倒壊や津波、火山の噴火、洪水、大
　　　　　　　　　　　└震源が海底の場合に発生することがある
雨による土砂くずれや土石流、台風による強風や高潮、冷害や干害など。

❷ **被災地への支援**…災害発生時は**ライフライン**の復旧が重要。避難所や仮設住
　└ひさい　　　└しえん　　　　　　　　　　└電気や水道など　　　　　　└ひなんじょ　└水不足
宅の整備など、国や地方自治体が協力。ボランティアによる支援。

❸ **災害に対する取り組み**…国や地方自治体では**防災マップ（ハザードマップ）**
を作成。減災への取り組みをふだんから行う。
　└災害の起きやすい場所や避難所などを示した地図

📖 **参考**

災害の程度に応じて、自衛隊
に災害派遣要請を行う場合も
ある。

✏ 基礎力チェック！

もし災害が起きても被害を小さくする！

次の問いに答えなさい。

(1) 地形図で、高さが等しい地点を結んだ線を何というか。

(2) 日本列島の地形を東西に分ける、大きな溝状の地形をカタカナで何と
いうか。

(3) 冬に雪や雨が多いのは日本海側と太平洋側のどちらか。

(4) 国や地方自治体がつくる、災害が起きやすい場所や避難場所などを示
した地図を何というか。

答え

(1) 等高線
　→ 3 参照
(2) フォッサマグナ
　→ 2 参照
(3) 日本海側
　→ 3 参照
(4) 防災マップ(ハザードマップ)
　→ 4 参照

Social studies

6 地理 日本の特色②

1 日本の人口

❶ 人口構成の変化…現在の日本は出生数が減少し、高齢者が増える少子高齢化が進んでいる➡人口の約3割は65歳以上。 社会のしくみも変化！

❷ 人口の分布…①高度経済成長期に農村部から都市部へ人口が流入。②東京・大阪・名古屋の三大都市圏に人口が集中。交通網の整備とともに各地方には政治や経済の中心となる地方中枢都市が発達➡札幌市、仙台市、広島市、福岡市。また、政令指定都市も増加。

❸ 過密と過疎…①過密…都市部ではせまい地域に人口が密集➡交通渋滞や住宅不足、大気汚染、ごみ問題など。②過疎…農村や漁村では若者が仕事を求めて都市部へ移住し、人口減少と高齢化が進む➡交通機関の廃止、公共施設の統廃合、経済の衰退など。近年はIターン、Uターンの動きもみられる。
└ 都市部出身者が地方へ移住するのがIターン、地方出身者が都会から地元へ戻るのがUターン

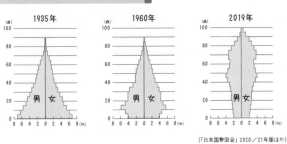

日本の人口ピラミッドの変化

（「日本国勢図会」2020／21年版ほか）

📖 参考
人口ピラミッドは人口割合を男女別・年齢別に示したもの。日本は、出生率・死亡率がともに高い富士山型→出生率・死亡率がともに低いつりがね型→出生率・死亡率が低下したつぼ型と変化。

2 日本の資源・エネルギー

💡 **絶対おさえる！ 日本の資源・エネルギー**

☑ 日本は鉱産資源のほとんどを輸入にたよっており、**石油**は**西アジア**からが8割以上。
☑ 日本の発電は**火力発電**が中心。今後は**再生可能エネルギー**の利用拡大が求められる。

❶ 鉱産資源の分布…石油は西アジアのペルシャ（ペルシア）湾に集中するなど、世界の鉱産資源の分布はかたよりがある➡世界で資源の獲得競争が激化。

❷ ほぼ輸入にたよる資源…日本は外国からの安く豊富な鉱産資源の輸入にたより、エネルギー自給率は非常に低い。

❸ 日本の発電方法…①山地が多いことから、1950年代ごろまでは水力発電が中心。②1960年代以降、重化学工業が盛んになるとともに火力発電が中心に。③火力発電は地球温暖化の原因となる温室効果ガスを発生させる。④原子力発電は効率的に発電でき、温室効果ガスを発生させないが、一度事故が起こると大きな被害が発生すること、放射性廃棄物の処理などの課題がある。
└ 最終処分場の決定が難しい

❹ これからのエネルギー…再生可能エネルギーの利用が進む。
└ 太陽光・風力・地熱など
また、リサイクルの取り組みも積極的に進められている。

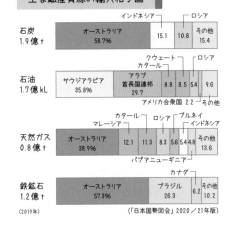

主な鉱産資源の輸入相手国

石炭 1.9億t	オーストラリア 58.7%		インドネシア 15.1		ロシア 10.8	その他 15.4
石油 1.7億kL	サウジアラビア 35.8%	アラブ首長国連邦 29.7	クウェート 8.8	カタール 8.5	ロシア 5.4	9.6

アメリカ合衆国 2.2 その他

天然ガス 0.8億t	オーストラリア 38.9%	マレーシア 12.1	カタール 11.3	ロシア 8.3	ブルネイ 5.6 5.4	インドネシア 4.8 その他 13.6

パプアニューギニア

鉄鉱石 1.2億t	オーストラリア 57.3%	ブラジル 26.3	カナダ 6.2	その他 10.2

（2019年）　　　　　　（「日本国勢図会」2020／21年版）

理科
数学
英語
国語

合格への
ヒント
● 日本の発電方法の移り変わりを覚えておこう！
● 日本の各産業が現在抱えている課題を、理由とともにチェックしておこう。

3 日本の産業

💡 絶対おさえる！ 日本の産業

☑ 貿易自由化によって外国産の輸入が増加し、日本の食料自給率は大きく下がっている。
☑ 工業は**太平洋ベルト**を中心に発展。交通網の整備とともに内陸にも工業地域を形成。

❶ **農林水産業**…①農業の特色…東北地方や北陸で稲作が盛ん。大都市周辺では近郊農業。交通網が整備されたので、促成栽培や抑制栽培が行われている。北海道では酪農、九州地方では肉牛やぶた、にわとりなどを飼育。②農業の課題…外国産の農産物の増加➡**食料自給率の低下**。農家の高齢化➡機械化による効率化や労働時間の短縮で対応。③漁業…かつては遠洋漁業や沖合漁業が盛ん➡現在は養殖業や栽培漁業を行う。④林業…木材輸入によって低迷➡近年国内産の木材が見直される。

❷ **工業**…①高度経済成長期に太平洋などに面した平野部に工業地域が形成➡**太平洋ベルト**。交通網の整備とともに内陸にも工業地域がつくられる。②日本は**加工貿易**で成長してきたが、1980年代後半からは日本企業の海外への工場進出が進み、**産業の空洞化**が問題となる。

❸ **商業・サービス業**…現在、第3次産業で働いている人の割合が最も高い➡情報サービス業や医療・福祉サービス業で働く人が増える。ICT産業が発展。

日本の主な工業地帯・地域

🔍 発展

産業の空洞化によって、国内のものづくりの力が衰え、失業者が増えることが問題となる。

📝 暗記

第1次産業は農業・漁業・林業、第2次産業は製造業や建設業、第3次産業は卸売・小売業や運輸業、飲食・サービス業など。

4 日本の交通・通信

❶ **さまざまな交通手段**…鉄道や船、自動車、航空機など。
❷ **貨物輸送**…半導体など軽量で高価なものは航空機、石油や石炭などの燃料、自動車など重い工業製品は大型船による**海上輸送**、個別に配達する宅配便はトラックなど使い分け。
❸ **交通網の発達**…日本では航空網、新幹線、高速道路など高速交通網の整備が進む。日本最大の貿易港は**成田国際空港**。
❹ **情報網の発達**…インターネットを利用する割合が高まっている➡通信ケーブルや通信衛星を利用し大量の情報伝達が可能。

✏️ 基礎力チェック！

次の問いや（　）にあてはまる語句を答えなさい。
(1) 出生数が減少し高齢者が増えることを（　　）化という。
(2) 日本の発電の中心になっている発電を何というか。
(3) 原料を輸入し工業製品に加工して輸出する貿易を何というか。
(4) 石油や鉄鉱石の輸送を行うのは船と航空機のどちらが適切か。

| 答え |
(1) 少子高齢 → 1 参照
(2) 火力発電 → 2 参照
(3) 加工貿易 → 3 参照
(4) 船 → 4 参照

7 　[地理]　九州地方／中国・四国地方

1 九州地方の自然と気候

💡 絶対おさえる！ 九州地方

☑ 阿蘇山にはカルデラがあり、火山のエネルギーを地熱などに活用。
☑ 筑紫平野は稲作地帯で二毛作、南部のシラスでは畑作や畜産が盛ん。

❶ **地形**…①阿蘇山には、火山が噴火したあとにできたくぼ地であるカルデラがある。└世界最大級　②九州地方には雲仙岳や桜島（御岳）、霧島山など火山が多い。③九州南部には、火山からの噴出物などが積もったシラスとよばれる地層が広がっている。

❷ **気候**…①周りを黒潮（日本海流）と対馬海流の２つの暖流が流れている影響で、気候は温暖。②南西諸島は冬でも海水温が高く、さんご礁もみられる。③梅雨前線や台風の影響で、梅雨から秋ごろに雨が多く、豪雨の被害を受けることが多い。└5月から6月　　　　　　　　　　　└被害

九州地方の自然

2 九州地方の人々の暮らしと産業

❶ **風水害への対策**…沖縄県の伝統的住居は屋根瓦をしっくいで固めたり、石垣のへいで囲うなどの工夫を行っている。└強風で飛ばされるのを防ぐ

❷ **土石流への対策**…河川の上流に土砂の流出を防ぐダム、山林の樹木を間伐して適切な量に保つ。└成長して混みすぎた山林の一部を切ること

❸ **火山のめぐみ**…①大分県は温泉が多く国際的な観光地。②多くの地熱発電所がある。再生可能エネルギーの活用も。└火山の地熱を利用　└太陽光発電やバイオマス発電など

❹ **九州の農業**…①筑紫平野は稲作地帯。小麦などとの二毛作も行う。②南部のシラスは稲作には適さず、畑作や畜産が盛ん。└同じ耕地で、1年に2回異なる農作物をつくる　└水持ちが悪い　└そさく
③宮崎平野では野菜の促成栽培。ビニールハウスを活用！

❺ **沖縄の観光業**…美しいさんご礁の海があり多くの観光客が訪れる。しかしリゾート開発で環境問題が発生。└土壌が海に流出し、さんごが死滅

🖊️ **暗記**

さんご礁→温かくて浅い海に住むさんごなどの骨格や、石灰質のからを持つ生物の死骸が積み重なってつくられる地形。

肉牛と豚の飼育頭数割合

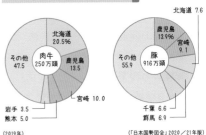

北海道 20.5%
肉牛 250万頭
鹿児島 13.5
宮崎 10.0
岩手 3.5
熊本 5.0
その他 47.5

北海道 7.6
鹿児島 13.9%
宮崎 9.1
豚 916万頭
千葉 6.6
群馬 6.9
その他 55.9

(2019年)
（「日本国勢図会」2020／21年版）

3 九州地方の環境保全と開発の両立

❶ **北九州市の取り組み**…鉄鋼業を中心に発達し、北九州工業地帯を形成。しかし1960年代には公害が発生➡企業が環境への取り組みに力を入れ、エコタウンに選ばれる。現在はリサイクル関連施設が集まる。└ゴミのリサイクルを積極的に進める　└大気汚染や水質汚濁など

❷ **水俣病**…①化学工場の排水が原因。②人々の努力で現在は水俣湾は安全な海に➡エコタウンや環境モデル都市に選定。└水俣市で発生した四大公害病の1つ

❸ **九州各地で持続可能な社会への取り組みが行われている。**

📖 **参考**

沖縄の歴史→15世紀前半から17世紀はじめに琉球王国が栄え、独自の文化が発展。第二次世界大戦時には戦地となり、1972年までアメリカの統治下に置かれた。

**合格への
ヒント**
● 九州地方は、火山や台風などの自然災害の影響が大きい！
● 中国・四国地方は、地域ごとの降水量の違いを理解することが重要！

4 中国・四国地方の自然と暮らし

❶ **自然**…中国地方に中国山地、四国地方に四国山地。中国山地より北の山陰、四国山地より南の南四国、中国山地と四国山地にはさまれた瀬戸内の３つの地域に分けられる。
└瀬戸内海がある

❷ **気候・暮らし**…①日本海に面した山陰は、北西の季節風の影響で冬の降水量が多い。②太平洋に面した南四国は、南東の季節風の影響で夏の降水量が多い。③夏も冬も季節風が山地にさえぎられる瀬戸内は、降水量が少なく、讃岐平野では水不足に備えてため池がつくられる。
└香川県

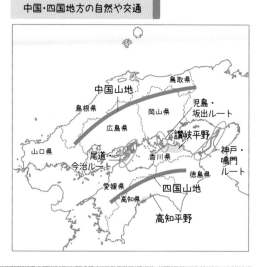
中国・四国地方の自然や交通

5 中国・四国地方の交通と産業

💡 **絶対おさえる！ 中国・四国地方**

☑ 高知平野では、冬でも温暖な気候を生かして、なすやピーマンなどの促成栽培が盛ん。

☑ 瀬戸内海沿岸には、石油化学コンビナートが形成され、瀬戸内工業地域が発展。

❶ **本州四国連絡橋**…①瀬戸内海に３つのルート（児島・坂出ルート、神戸・鳴門ルート、尾道・今治ルート）をもつ本州四国連絡橋が開通➡本州・四国間の
└明石海峡大橋と大鳴門橋　└しまなみ海道　　└瀬戸大橋
交通が便利に。②交通網の整備が進んだ結果、ストロー現象がおこる➡地方の都市や農村の経済に打撃。

❷ **農業・漁業**…高知平野では温暖な気候を生かしてなすやピーマンの促成栽培が盛ん。鳥取県ではなし、愛媛県はみかんの栽培が盛ん。瀬戸内ではかき・まだいの養殖。
└日あたりの良い山地の斜面などで栽培　　　└波が静かで養殖に適している

❸ **工業**…海に面し交通の便が良い瀬戸内海の沿岸ではさまざまな工業が発達。
└海外から船で原料を輸入するのに便利
製鉄所や石油化学コンビナートが形成➡瀬戸内工業地域が形成される。 （化学の割合が高い！）
└石油精製工場など、関連企業や工場が集まる

❹ **地域の取り組み**…山間部などでは過疎化が進む➡地域活性化のために、特色ある観光資源や交通・通信網を生かした町おこし・村おこしが行われる。

✍ **暗記**
ストロー現象→ストローで吸い上げるように、買い物客などが大都市に行ってしまい、地元の経済の活力が失われる現象。

✏ 基礎力チェック！

次の問いに答えなさい。

(1) 九州南部に分布する火山の噴出物が積もった地層を何というか。

(2) 九州地方で発生した四大公害病の１つを何というか。

(3) 中国山地より北の地域を何というか。

(4) なすやピーマンの促成栽培が盛んな四国南部の平野を何というか。

答え

(1) シラス → 1 参照

(2) 水俣病 → 3 参照

(3) 山陰 → 4 参照

(4) 高知平野 → 5 参照

Social studies

8 地理 近畿地方／中部地方／関東地方

1 近畿地方

❶ 自然と気候…①北部の若狭湾や東部の志摩半島にはリアス海岸、中央部には日本最大の湖である琵琶湖、南部には険しい紀伊山地。②中央部には大阪平野、山間部に京都盆地や奈良盆地。③北部は冬は季節風の影響で雨や雪の量が多い。中央部は北部や南部に比べて雨が少なく、1年の気温差が大きい。南部は黒潮（日本海流）や季節風の影響で温暖で雨が多く、紀伊山地は樹木の生長が早いので林業が盛ん。

❷ 都市圏の形成…大阪を中心に、神戸、奈良、京都に広がる大阪（京阪神）大都市圏を形成。私鉄沿線に住宅地、ターミナル駅には百貨店。臨海部には阪神工業地帯が発展➡現在は再開発によりオフィスビルやテーマパークに。大阪の東部は中小工場の割合が高い。

❸ 都市の開発と課題…1960年代以降、中心部の過密に対応するため、郊外にニュータウンを開発➡現在は建物の老朽化や住民の高齢化が課題。神戸市では海上に人工島を建設。京都や奈良では歴史的町並みの保存➡京都市では景観を守るための条例を制定。

❹ 農村の暮らし…山間部や離島では過疎化が進んでいる➡都市部の人々との交流や、地元でとれる農産物の価値を高めて地域の活性化をはかる取り組み。

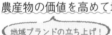 地域ブランドの立ち上げ！

近畿地方の自然

発展
神戸のポートアイランドは、開発のため山地を切り開いて出た土砂をうめ立てに用いてつくられた。

参考
林業の活性化→奈良県の十津川村では、学校などの公共施設で地元の木材の使用をすすめている。

2 中部地方

💡 **絶対おさえる! 中部地方**
☑ 東海では自動車工業が盛んな中京工業地帯が形成されている。
☑ 北陸は稲作が盛んで水田単作地帯が多い。冬の副業が伝統産業や地場産業に発展。

❶ 自然…①東海、中央高地、北陸の3つの地域に分けられる。②中央高地には日本アルプス。富士山や浅間山、御嶽山などの火山。③東海には濃尾平野が広がる➡輪中と呼ばれる堤防に囲まれた地域がある。④北陸は能登半島や越後平野。日本最長の信濃川。

❷ 気候…①東海は太平洋側の気候で冬に乾燥した晴れの日が多い。②北陸は日本海側の気候で冬に雨や雪が多く降る。③中央高地は内陸性の気候で、1年を通して雨や雪が少なく、夏と冬の気温差が大きい。

❸ 東海…①名古屋市を中心に名古屋大都市圏を形成。②静岡県では茶の生産が盛ん。愛知県の知多半島や渥美半島では水不足を解消しキャベツなどの施設園芸農業や電照菊の栽

中部地方の自然

022

**合格への
ヒント**
● 中部地方は、3つの地域ごとに特徴を理解しよう！
● 気候や地形の違いが農業や工業に与える影響をおさえよう。

培が盛ん。③豊田市を中心に自動車工業が盛ん➡中京工
業地帯を形成。静岡県を中心に東海工業地域。
（製造出荷額等は日本で最も多い(2017年)）

❹ **中央高地**…①甲府盆地や長野盆地は扇状地が多く果樹
栽培が盛ん。②八ヶ岳や浅間山のふもとでは、夏に涼し
い気候を生かして高原野菜の栽培。③長野県の諏訪盆地
（レタスやキャベツなど）
では、かつては製糸業や精密機械工業が盛ん➡現在では
（時計やレンズなど）
電子機械工業が盛ん。
（電子部品やプリンタなど）

❺ **北陸**…①稲作が盛ん。**水田単作地帯**。出荷時期を早め
（新潟県は米どころ）
る早場米、品種改良による**銘柄米（ブランド米）**。②富
（秋の長雨をさけて早く収穫）（コシヒカリなど）
山ではアルミニウム工業が盛ん。③冬は雪のため屋外で
農作業ができないことから、昔から副業が盛ん➡伝統産業や地場産業に発達。

地域との
結びつきが強い！

各工業地帯の出荷割合

	金属	機械	化学	食料品	その他
京浜工業地帯	8.9%	49.4	17.7	11.0	12.6
中京工業地帯	9.4%	69.4	6.2	4.7	9.5 / 0.8
阪神工業地帯	20.7%	36.9	17.0	11.0	13.1

繊維 0.4（京浜）
1.3（阪神）
(2017年)
（「日本国勢図会」2020／21年版）

⚙ **暗記**

北陸の伝統的工芸品→小千
谷ちぢみ(新潟)、輪島塗・九
谷焼(石川県)。
地場産業→鯖江(福井県)の
眼鏡フレーム。

3 関東地方

❶ **関東地方の自然と気候**…①日本最大の関東平野が広がる。**利根**
川は流域面積が日本最大。②台地には火山灰が堆積した関東ロー
（赤土）
ム。③内陸部は冬にからっ風。
（冷たい北西の季節風）

❷ **日本の首都・東京**…国の機関や企業の本社、報道機関、文化施
設などが集中。情報通信産業が発達。

❸ **都市と暮らし**…東京大都市圏を形成。都心では夜間人口より昼
間人口が多い⇔郊外は夜間人口の方が多い。
（出勤・通学する人が多い）

❹ **産業**…①湾岸部に京浜工業地帯や京葉工業地域を形成。高速道
（化学の割合が高い）
路網の整備とともに内陸にも工場が進出➡北関東工業地域。②都
市部に近い利点を生かし近郊農業が盛ん。③群馬県の嬬恋村で
（消費地に向け新鮮な野菜を出荷）
は、夏でも涼しい気候を生かして、高原野菜の栽培が盛ん。
（レタスやキャベツなど）

関東地方の自然

栃木県
群馬県
茨城県
埼玉県
関東平野
利根川
関東山地
東京都
神奈川県
成田国際空港
千葉県

✎ 基礎力チェック！

次の問いに答えなさい。

(1) 近畿地方にある日本最大の湖を何というか。

(2) 中部地方を3つに分けると東海・中央高地とあと1つは。

(3) 中部地方にある、製造品出荷額等が最も多い工業地帯（2017年）は
どこか。

(4) 関東平野にみられる火山灰が堆積した赤土を何というか。

答え
(1) 琵琶湖 → **1** 参照
(2) 北陸 → **2** 参照
(3) 中京工業地帯 → **2** 参照
(4) 関東ローム → **3** 参照

9

地理
東北地方／北海道地方／地域の在り方

1 東北地方

💡 絶対おさえる！ 東北地方

☑ 東北地方の三陸海岸は、複雑な海岸線のリアス海岸。
☑ 平野では稲作、盆地では果樹栽培が盛ん。

❶ 自然と気候…①中央に奥羽山脈が南北に連なる。北上川や最上川が流れ、下流には仙台平野や庄内平野。三陸海岸はリアス海岸が続く。②太平洋側は夏にやませとよばれる冷たくしめった北東風が吹くことがある➡冷害の原因。③日本海側では、北西の季節風の影響で冬に雪が多い。太平洋側では、奥羽山脈を越えて乾いた風が吹くので、冬でも雪が少ない。

❷ 伝統行事…青森ねぶた祭、仙台七夕まつり、秋田竿燈まつり、山形花笠まつりなど。

❸ 農業…①稲作…日本有数の米どころ。平野部で盛ん。1970年代から米があまる➡転作などによる減反政策を行う➡現在は銘柄米（ブランド米）の開発。②果樹栽培…山形盆地ではさくらんぼ、会津盆地ではもも、津軽平野ではりんごの栽培が盛ん。

❹ 漁業…三陸海岸の沖には暖流と寒流がぶつかる潮目（潮境）があり、好漁場。三陸海岸の入り江や陸奥湾では養殖が盛ん。

❺ 伝統産業…①東北では冬に屋内で工芸品づくり➡各地で伝統産業に発展。②津軽塗（青森県）・南部鉄器（岩手県）・会津塗（福島県）・天童将棋駒（山形県）などは国の伝統的工芸品に指定。近年は高速道路沿いに工業団地を形成。

❻ 未来に向けたまちづくり…2011年には東北地方太平洋沖地震（東日本大震災）が発生し、大きな被害➡被害の経験を後世に残す取り組み。災害をふまえた新しい社会・まちづくりに。

東北地方の自然

🔖 暗記

減反政策➡米の生産量を減らす政策。政府が各県の米の生産量を決定していた。その後米の輸入が増え、輸入米に対する国産米の競争力を高めるため、2018年に廃止された。

主な果実の県別生産量

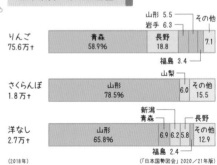

りんご 75.6万t	青森 58.9%		長野 18.8	岩手 6.3	山形 5.5	その他 7.1

福島 3.4

さくらんぼ 1.8万t	山形 78.5%	6.0	その他 15.5

山梨

洋なし 2.7万t	山形 65.8%	6.9	6.2	5.8	その他 12.9

青森 新潟 長野

福島 2.4

(2018年)

（「日本国勢図会」2020／21年版）

2 北海道地方

❶ 自然…①日本の最北端で日本の面積の約20％をしめる。②中央部には北見山地や日高山脈が南北に。西側には石狩平野や上川盆地、東側には十勝平野や根釧台地。③十勝岳や有珠山は活火山で、洞爺湖や屈斜路湖は火山のカルデラに水がたまってできた湖。④北海道には美しい景観や貴重な自然が多く、国立公園に指定されている地域もある。

❷ 気候と人々…①冷帯（亜寒帯）に属し、夏は短く冬は厳しく長い。②日本海側は、冬に吹く北西の季節風の影響で雪が多い。③太平洋側は、夏に吹く南東の季節風が海上で

北海道の自然

● 季節風が東北地方に与える影響をおさえよう。
● 三陸海岸沖が好漁場である理由を理解しよう！

寒流に冷やされ、沿岸部で濃霧が発生。④オホーツク海沿岸では冬に流氷。⑤
┗親潮(千島海流)　　　　　　　┗日照時間が短くなる　　　　　　　観光名所┛
先住民族のアイヌの人々は北海道の自然に根差した生活➡明治時代以降は生

活の場や文化をうばわれる。

> 📖 参考
>
> 北海道の地名はアイヌの言葉が由来になっているものが多い。

❸ **暮らしの工夫**…①冬の寒さへの対策➡二重の窓、ロードヒーティング。②火山

への対策➡避難情報の発信、防災マップ（ハザードマップ）の活用、避難訓練。

> 🖊 暗記
>
> 屯田兵→明治時代に、北海道の開拓とロシアへの防備にあたった人々。

❹ **農業**

> 💡 絶対おさえる！ 北海道の農業
>
> ☑ 北海道の石狩平野は客土を行い稲作地帯に。
> ☑ 十勝平野では畑作、根釧台地では酪農が盛ん。

①石狩平野は農業に向かない土地だったが客土など土地

改良➡日本でも有数の稲作地帯に。②畑作が盛んな十勝平
　　　　　　　　　　　　　　小麦やてんさい、じゃがいもなど┛
野…一戸あたりの耕地面積が広く、大規模に農業を行う。

輪作も取り入れる。③根釧台地では酪農が盛ん。
┗つくる作物を順番に変え、土地の栄養が落ちるのを防ぐ

❺ **漁業**…漁獲量日本一（2018年）。かつては北洋漁業が盛

ん➡近年はこんぶやほたての養殖業や栽培漁業が盛ん。

❻ **観光**…①自然や食を求めて多くの観光客が訪れる。知床
　　　　　　　　　　　　　　　　　　　　　　　　　しれとこ
半島は世界遺産（自然遺産）に登録。②単なる観光ツアー
┗白神山地や屋久島なども登録
ではなく、自然との関わりも考えるエコツーリズムが広がる。

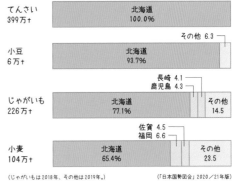

農産物の生産地割合

てんさい 399万t	北海道 100.0%	
小豆 6万t	北海道 93.7%	その他 6.3
じゃがいも 226万t	北海道 77.1%	長崎 4.1 鹿児島 4.3 その他 14.5
小麦 104万t	北海道 65.4%	佐賀 4.5 福岡 6.6 その他 23.5

(じゃがいもは2018年、その他は2019年。)
（「日本国勢図会」2020／21年版）

---

3 📖 **地域の在り方**

❶ **身近な地域の課題を見つける**…身近な地域を国連が定めたSDGsのいくつ
　　　　　　　　　　　　　　　　　　　　　　　　　　　エスディージーズ
かのゴールの視点からながめてみる。

> 💫 発展
>
> SDGs(持続可能な開発目標)→2015年に国連で採択された、2030年までに達成すべき17の目標。

❷ **課題を調査し考察する**…①地域内の課題を、その地域の移り変わりに注目

し、背景や要因をとらえる。②課題の要因をさまざまな角度から考えてみる。

③解決策は他の地域の取り組みを参考にしてみる。

❸ **発表する**…解決策は具体的根拠を示すと説得力が増す。
　　　　　　　　　　　　　こんきょ

✏ **基礎力チェック！**

次の問いに答えなさい。

(1) 三陸海岸沖の暖流と寒流がぶつかる好漁場を何というか。

(2) 秋田で毎年行われる大きな夏祭りを何というか。

(3) 北海道の先住民族の人々を何というか。

(4) 北海道で畑作の盛んな平野はどこか。

> **答え**
>
> (1) 潮目（潮境）
> → **1** 参照
>
> (2) 竿燈まつり
> → **1** 参照
>
> (3) アイヌの人々
> → **1** 参照
>
> (4) 十勝平野
> → **2** 参照

10 歴史 文明のおこりと日本の誕生

1 人類の出現

❶ **人類の誕生と進化**…猿人（今から約700万年前から600万年前）➡原人（約
200万年前）➡新人（ホモ・サピエンス）（約20万年前、**人類の直接の祖先**）
へと進化。
└アフリカに出現 └アフリカに出現。火や言葉を使う

❷ **旧石器時代**…打製石器を使い、狩りや採集を行う。移動の生活。
└石を打ち欠いてつくった石器

❸ **新石器時代**…土器や磨製石器を使い、農耕や牧畜を始める。
└表面を磨いた石器

> 🔖 発展
> ラスコー洞窟の壁画(フランス)→旧石器時代に新人によってえがかれた壁画。

2 世界の古代文明

> 💡 絶対おさえる！ 世界の古代文明
>
> ☑ **ナイル川流域のエジプト文明**では、**象形文字**や**太陽暦**を発明。
> ☑ **チグリス・ユーフラテス川流域のメソポタミア文明**では、**くさび形文字**や**太陰暦**を発明。

❶ **古代文明**…大河のほとりで発生。

①**エジプト文明**…紀元前3000年ごろ、**ナイル川流域**で発
生。ピラミッドをつくる。**象形文字、太陽暦**などを発明。
└王の墓   └1年を365日とする

②**メソポタミア文明**…紀元前3000年ごろ、**チグリス川・ユー
フラテス川流域**で発生。**くさび形文字、太陰暦**などを発明。
└月の満ち欠けに基づく暦

③**インダス文明**…紀元前2500年ごろ、**インダス川流域**で発
生。整備された道路や水路の都市。**モヘンジョ・ダロ**の遺跡。

④**中国文明**…今から1万年ほど前、**黄河・長江**の流域で発生。
         ホワンホー チャンチアン

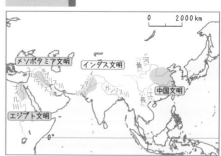

古代文明

❷ **中国の古代国家**

①**殷**…紀元前16世紀ごろ黄河流域に成立。**青銅器、甲骨文字**。
└いん

②**秦**…始皇帝が中国を統一。文字・貨幣の統一。**万里の長城**。
└しん   └しこうてい   └かへい   └ばんり ちょうじょう   └北方の遊牧民の侵入を防ぐ

③**漢**…中央アジアも支配。**シルクロード（絹の道）**を通じて、**西方と交易**。
└かん   中国から西方へは絹織物など、西方から中国へは馬やぶどう、仏教など

> 漢字の基となった文字！

❸ **ギリシャ・ローマの文明**…①**ギリシャ文明**…紀元前8世紀ごろから**アテネ**や
スパルタでは、都市国家（**ポリス**）を形成。アテネでは、**民主政**が行われた。

②**ローマ帝国**…紀元前30年に地中海周辺を統一。ローマを首都とする。
└内乱が起こり、帝政に変わる

> 🔖 発展
> 孔子→戦乱の時代(紀元前6世紀ごろ)に儒学(儒教)を説いた人物。

3 宗教のおこり

❶ **仏教**…紀元前5世紀ごろ、**シャカ（釈迦）**が開く。
└インドに生まれた

❷ **キリスト教**…紀元前後にパレスチナ地方に生まれた**イエス**の教えを基に成立。
└教典は聖書(新約聖書)   └「人は神の前ではみな平等」と説く
4世紀末にローマ帝国の国教になりヨーロッパに広まる。

❸ **イスラム教**…7世紀に**ムハンマド**が開く。**アラー（アッラー）**を信仰。
└教典はコーラン   └アラビア半島に生まれた   └唯一の神

> 🔖 発展
> ローマの政治体制は、紀元前6世紀に王政から共和政になった。

> 📖 参考
> エルサレム→ユダヤ教・キリスト教・イスラム教の聖地。

4 日本列島の誕生

❶ **日本列島の誕生**…約1万年余り前、氷河時代が終わると海面が上昇➡大陸の
一部が島となり、日本列島ができた。
                   └じょうしょう

**合格への
ヒント**

● 古代文明と大河は必ず地図を確認！

● 三大宗教は「成立時期」「場所」「開祖」をセットで暗記！

5 縄文時代・弥生時代

💡 絶対おさえる！ 邪馬台国

☑ 卑弥呼が邪馬台国の女王となり、倭の 30 ほどの国々を治めた。

☑ 卑弥呼は中国に使いを送り、「親魏倭王」の称号や金印などを授かった。

❶ 縄文時代…①人々はたて穴住居をつくり、集団で定住。②厚手で縄目の文様
がついた縄文土器を使う。③貝塚…人々が貝殻や魚の骨などを捨てた跡。④土
偶…豊作を祈る土製の人形。
_{低温で焼かれ、黒褐色}

❷ 弥生時代…①大陸から金属器とともに稲作が伝わる。②薄手でかための弥生
土器を使う。③金属器…銅鏡・銅鐸・銅剣などの青銅器は主に祭りのための宝
物、鉄器は武器や工具として使われた。④高床倉庫…収穫した稲を保管するた
めの倉庫。ねずみや湿気を防ぐための工夫がほどこされている。⑤紀元前1世
紀ごろ、倭（日本）には 100 余りの国（中国の歴史書「漢書」より）。1世紀
半ばに奴国の王が漢に使いを送り、皇帝からは「漢委奴国王」ときざまれた金
印を授かる（「後漢書」より）。⑥邪馬台国…3世紀前半には、女王卑弥呼が 30
ほどの国々を従える。中国の魏に使いを送り、皇帝から「親魏倭王」の称号や
金印、銅鏡 100 枚を授かる（「三国志」魏書・魏志倭人伝より）。

> 📝 **暗記**
> 三内丸山遺跡（青森県）→縄文時代の遺跡。大きなむらの跡がみられる。

> 📖 **参考**
> 吉野ヶ里遺跡（佐賀県）→弥生時代の遺跡。二重の濠や物見やぐらなどがみられる。

6 大和政権から古墳時代

❶ 大和政権…3世紀後半に奈良盆地を中心とする地域に現れた、強大な力を持
つ王と有力豪族の勢力。5世紀後半には王が九州から東北地方南部までの有力
豪族を従え、大王と呼ばれる。
_{ある地方で大きな勢力を持つ一族} _{のちの天皇}

❷ 古墳時代…王や豪族の墓である古墳がつくられた6世紀末ごろまで。古墳には前
方後円墳などがあり、周りや頂上には埴輪。
_{大仙古墳（仁徳天皇陵）が世界最大級}

❸ 渡来人…須恵器の技術、漢字や儒学、仏教などを日本に伝える。

> 朝鮮半島から一族で
> 日本に移り住んだ人々！

前方後円墳

> 📝 **暗記**
> 須恵器→渡来人が伝えた土器。高温で焼き、黒っぽくかたい。

✏️ 基礎力チェック！

次の問いに答えなさい。

(1) 紀元前3000年ごろ、ナイル川流域で発生した古代文明を何というか。

(2) アラビア半島で生まれたムハンマドが開いた宗教を何というか。

(3) 3世紀前半、邪馬台国を治めた女王を何というか。

(4) 奈良盆地を中心とした王と有力な豪族からなる勢力は。

答え

(1) エジプト文明
→ 2 参照

(2) イスラム教
→ 3 参照

(3) 卑弥呼
→ 5 参照

(4) 大和政権
→ 6 参照

11 歴史
律令国家の成立と貴族の政治

1 聖徳太子（厩戸皇子）の政治

> 💡 **絶対おさえる！ 聖徳太子の国づくり**
>
> ☑ 冠位十二階の制度、十七条の憲法で天皇中心の政治を目指す。
> ☑ 隋の制度や進んだ文化を取り入れるため、小野妹子を遣隋使として派遣。

❶ **東アジアのようす**…①朝鮮半島…6世紀に新羅と百済の勢力が強くなり、新羅が伽耶地域の国々をほろぼす。②中国…6世紀末に隋が統一 ➡ 7世紀初めに
〔大和政権と深いつながりがあった〕
隋がほろび、唐が統一。
〔都は長安〕

❷ **聖徳太子（厩戸皇子）の政治**…蘇我氏と協力し、天皇中心の政治を目指す。
〔女性の推古天皇の摂政であった〕
①冠位十二階の制度。②十七条の憲法を制定。③小野妹子などを遣隋使に派遣。
〔家柄に関係なく、才能や功績のある人を取り立てる〕 〔役人の心構えを示す〕

❸ **飛鳥文化**…日本で最初の仏教文化。法隆寺が代表的。

> 🖊 **発展**
>
> 法隆寺は世界遺産に登録されている、現存する最古の木造建築。

2 律令政治

❶ **大化の改新**…645年、中大兄皇子と中臣鎌足らが蘇我氏をほろぼし、公地・
〔のちの天智天皇〕 〔のちの藤原鎌足〕
公民など新しい政治のしくみをつくる。
〔豪族が支配していた土地と人を、国が直接治める〕

❷ **律令の作成**…天智天皇のあとつぎ争いに勝利し、即位した天武天皇が、中国
〔壬申の乱〕
にならって律令の作成を始める。
〔律は刑罰、令は政治の決まり〕

❸ **律令政治の成立**…① 701年、大宝律令が完成。
〔唐の律令にならう〕
②律令政治のしくみ…中央には太政官と神祇官の二官と、その下に八省。地方
には国司や郡司、大宰府など。
〔九州地方の政治や外交・防衛を担当〕
③ 710年、都が奈良盆地の平城京に ➡ 奈良時代の始まり。
〔唐の都の長安にならう〕 〔約80年続く〕
④班田収授法…6才以上の人々に口分田があたえられ、その人が死ぬと国に返す。
〔戸籍に登録された人！〕

⑤人々の負担…租・調・庸。雑徭や防人など。

❹ **律令政治のくずれ**…口分田が不足したため、743年に墾田永年私財法を制定
〔新しく開墾した土地の私有を認める〕
➡ 貴族や寺院の私有地増加 ➡ 荘園の誕生。
〔しょうえん〕

> 📖 **参考**
>
> 白村江の戦い（663年）→唐と新羅によってほろぼされた百済の復興を助けようと、朝廷は大軍を送った。しかし唐と新羅の連合軍に大敗。

> ⚠ **注意**
>
> 富本銭→天武天皇の時代につくられた日本で最初の銅銭。
> 和同開珎→708年に発行された通貨。

人々の負担	
租	稲の収穫の約3%を納める
調	絹や魚などの特産物を納める
庸	労役の代わりに麻を約8m納める
出挙	稲を借りて利息付きで返す
雑徭	国司の下で1年に60日以内の労役
兵役	衛士（都の警備）：1年間 防人（北九州警備）：3年間

3 天平文化

❶ **天平文化**…聖武天皇のころに最も栄えた、唐の影響を強く受けた仏教文化。東大寺の正倉院が代表的。

❷ **仏教**…①聖武天皇が、国ごとに国分寺と国分尼寺を建立。都には東大寺を建
〔仏教の力によって、国を守ろうと考えた〕
て、大仏をつくらせる。②唐から来日した鑑真が、正しい仏教を伝える。③書物…歴史書では「古事記」や「日本書紀」、地理書では「風土記」、和歌集では「万葉集」が編さんされる。

合格への
ヒント
● 文化史は図説や資料集をみながら覚えよう！
● 摂政・関白は、役割の違いに注意しながら覚えよう！

社会

理科

数学

英語

国語

4 平安時代の始まりと摂関政治

💡 絶対おさえる！　摂関政治

☑ 藤原氏は娘を天皇のきさきにし、その子を次の天皇に立て、摂政や関白の位につき、政治の実権をにぎった。
☑ 藤原道長・頼通親子のころの 11 世紀前半に最も栄えた。

❶ **平安京**…794 年に桓武天皇が都を平安京（京都市）に移す➡約 400 年間続く平安時代の始まり。

❷ **律令政治の崩壊**…朝廷による律令制度の立て直し➡重い税をのがれて人々が土地から離れる➡税を取ることが難しくなる。

❸ **蝦夷の抵抗**…征夷大将軍の坂上田村麻呂が蝦夷を征討➡朝廷の支配が東北地方まで広がるが、その後も蝦夷は抵抗。

❹ **新しい仏教**…最澄と空海が、仏教の新しい教えを日本に伝える。①最澄が天
　唐にわたった┘　　　　　　　　　比叡山に延暦寺を建てる┘
台宗を始める。②空海が真言宗を始める。
　高野山に金剛峯寺を建てる┘　　毒洗┘

❺ **摂関政治**…藤原氏が摂政や関白の位を独占して権力をにぎる。11 世紀の藤原
　幼い天皇の代わりに政治を行う┘　　成長した天皇を補佐する┘
道長・頼通親子のころが最盛期。

❻ **地方政治の乱れ**…朝廷は国司の権限を強化➡国司の不正が多くなる。農民の
　　　　　　　　　　　　　　　税の一部を自分の収入にするなど┘
戸籍の偽りや逃亡なども増加。

5 国風文化

学問の神様

❶ **遣唐使の派遣停止**…894 年、菅原道真の提案により停止➡唐の文化を基本としながら、日本の風土や生活、日本人の感情に合った国風文化が栄える。

❷ **文学作品**…仮名文字の誕生により、文学作品が多くつくられる。①紀貫之らの「古今和歌集」　②紫式部の「源氏物語」　③清少納言の「枕草子」

❸ **住居や生活様式**…貴族の住居は寝殿造。年中行事の始まり。大和絵。
　　　　　　　　　　　　建物が廊下で結ばれ、広い池や庭がある┘

❹ **浄土信仰**…11 世紀に浄土信仰が広まる➡阿弥陀堂の代表的なものは、藤原頼
　　　　　　　　阿弥陀如来にすがり、死後の極楽浄土への生まれ変わりを願う┘
通の平等院鳳凰堂。

📖 暗記
蝦夷→古くから朝廷に従わない東北地方の人々。

🎵 発展
中国→10世紀はじめに唐がほろび、その後宋が中国を統一。
朝鮮→10世紀前半に高麗がおこり、新羅をほろぼす。

📖 暗記
藤原氏は、娘を天皇のきさきにし、その子を天皇に立てて力をのばした。

漢字から
仮名文字への変化

ひらがな		あいうえお
安以宇衣於	あいうえお	

カタカナ		アイウエオ
阿伊宇江於	アイウエオ	

✒ 基礎力チェック！

次の問いに答えなさい。

(1) 聖徳太子が制定した、役人の心構えを示した憲法を何というか。

(2) 701 年に制定された、唐の律令にならった法を何というか。

(3) 藤原氏による、摂政や関白の位について行った政治を何というか。

(4) 平安時代に栄えた、日本の風土や生活などに合った文化を何というか。

答え

(1) 十七条の憲法
→ 1 参照
(2) 大宝律令
→ 2 参照
(3) 摂関政治
→ 4 参照
(4) 国風文化
→ 5 参照

月　　日

12 歴史 武士の政治の始まりと発展

1 武士の登場と平氏政権

❶ **武士の登場**…都の武官や地方の豪族の地位の上昇➡武士団を形成➡10世紀中
ごろ、平将門が北関東、藤原純友が瀬戸内地方で反乱➡源氏と平氏が有力な勢力。
└白河天皇が始めた　　　　　　　　　　　　　　　　　　　　　　└天皇の子孫

❷ **院政**…天皇が位をゆずり、上皇となってからも院で政治を行う政治。

❸ **平清盛**…保元の乱・平治の乱に勝利して太政大臣となり、政治の実権をにぎ
る➡兵庫の港を整備し日宋貿易を行う。
└武士として初めて

> 🏷️ 発展
>
> 奥州藤原氏→平泉(岩手県)を拠点として東北地方で勢力をもった一族。

2 鎌倉幕府の成立と執権政治

> 💡 **絶対おさえる！ 鎌倉幕府**
>
> ☑ 源頼朝が、国ごとに守護、荘園や公領ごとに地頭を設置し、鎌倉幕府を開く。
> ☑ 承久の乱後、幕府は京都に六波羅探題を設置し、幕府の支配を固める。

❶ **平氏の滅亡**…源義経が平氏を壇ノ浦(山口県)でほろぼす。
└源頼朝の弟

❷ **鎌倉幕府**…源頼朝が守護・地頭を置く。頼朝は征夷大将軍となり、御家人
と御恩と奉公の主従関係を築く。　└荘園などを管理・支配
　　　└軍事・警察

❸ **執権政治**…北条氏が執権の地位につき、代々独占。
└将軍を補佐する役職

❹ **承久の乱**…1221年に後鳥羽上皇が挙兵➡幕府側が勝利➡京都に六波羅探
題を設置➡幕府の支配が西日本にも広がる。　└朝廷を監視
　　　　　　└乱後、隠岐に流される

❺ **御成敗式目**(貞永式目)…1232年、執権の北条泰時が政治の判断の基準を
示すために定める。〔武士の法律の見本！〕

鎌倉幕府のしくみ

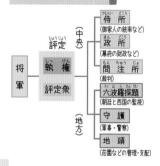

3 鎌倉時代の暮らしと鎌倉文化

❶ **農村のようす**…二毛作が始まる。
└同じ田や畑で米と麦を交互につくる

❷ **定期市**…寺社の門前や交通の要所で開かれる市。

❸ **鎌倉文化**…写実的で力強い文化。①東大寺南大門の金剛力士像(運慶らがつくる)
②「新古今和歌集」 ③鴨長明の「方丈記」 ④琵琶法師が伝えた「平家物語」
└後鳥羽上皇の命　　　　　　　　　　└随筆　　　　　└武士の戦いをえがく

❹ **鎌倉仏教**…法然が浄土宗、親鸞が浄土真宗、一遍が時宗、日蓮が日蓮宗(法
華宗)を開く。禅宗も伝えられ、栄西が臨済宗、道元が曹洞宗を開く。
└座禅によって自らさとりを開く　　　　└座禅

> 🏷️ 発展
>
> 鎌倉時代の武士の一族では、分割相続が行われた。

> 📖 参考
>
> 鎌倉時代の文化は中国の宋の文化の影響を受けている。

4 元寇と鎌倉幕府のおとろえ

❶ **モンゴル帝国**…チンギス・ハンが遊牧民を統一して建国。

❷ **元**…フビライ・ハンが宋をほろぼし、中国全土を支配した国。

❸ **元寇**…フビライ・ハンが日本に服属を要求➡執権の北条時宗が無視➡元軍が
日本に2回襲来(文永の役、弘安の役)。
　　　　└集団戦法と火薬を使った武器で幕府軍を苦しめる

❹ **永仁の徳政令**…幕府が御家人を救うために出す➡効果は一時的で、御家人の
　　　└手放した土地を取り返させる命令
幕府に対する反感が強まる。

❺ **幕府の滅亡**…後醍醐天皇が足利尊氏らの協力を得て、ほろぼす。

> 🏷️ 発展
>
> マルコ・ポーロ→フビライ・ハンに仕えたイタリア人。「世界の記述」で日本を「黄金の国ジパング」としてヨーロッパに紹介。

合格への
ヒント

● 混同しやすい人名は何度も書いて練習しよう！
● 永仁の徳政令は「背景」「経過」「結果」をセットで暗記！

5 南北朝の動乱と室町幕府

💡 **絶対おさえる！ 建武の新政と日明貿易（勘合貿易）**

☑ 後醍醐天皇が天皇中心の建武の新政を行うが、武士の不満が高まり2年ほどで終わる。
☑ 足利義満は日明貿易（勘合貿易）を行って刀や銅、硫黄などを輸出した。

❶ **建武の新政**…後醍醐天皇が行った天皇中心の新しい政治➡貴族を重視する政策を実施➡武士の不満が高まり2年ほどで終わる。

❷ **南北朝時代**…足利尊氏が京都に新しい天皇をたて（北朝）、後醍醐天皇は吉野にのがれ、正統な天皇であると主張（南朝）。
└ 北朝から征夷大将軍に任命される

❸ **室町幕府**…①足利尊氏が開く。②将軍の補佐役として管領を置く。
└ 有力な守護大名から任命

❹ **日明貿易（勘合貿易）**…倭寇を禁じる一方、勘合を用いた貿易を開始。
└ 日本は刀や銅、硫黄などを輸出

❺ **周辺諸国との交易**…朝鮮国や琉球王国、アイヌの人々と行う。
└ 李成桂が高麗をほろぼして建国　　└ 尚氏が建国

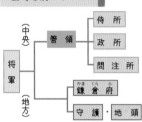

室町幕府のしくみ

（中央）管領 ── 侍所 / 政所 / 問注所
将軍
（地方）鎌倉府 ── 守護・地頭

📖 **暗記**

琉球王国→日本や中国、朝鮮や東南アジアとの中継貿易で繁栄した。

6 産業の発達と民衆の成長

❶ **農業の発達**…二毛作や麻や茶の栽培が広まる。

❷ **商業の発達**…馬借・問が運送業、土倉・酒屋が金融業を営む。座が営業を独占。

❸ **村の自治**…惣がつくられ、寄合を開いて村のおきてを定める。

❹ **民衆の抵抗**…借金の取り消しを求める土一揆が近畿地方を中心に広がる。山城国一揆、加賀の一向一揆などが発生。
└ 土倉や酒屋などをおそう　　└ 京都府南部で発生　　└ 浄土真宗の信仰で結びついた武士や農民の一揆

❺ **応仁の乱**…8代将軍足利義政のあとつぎ問題をめぐり有力な守護大名の細川氏と山名氏が対立して起こった➡下剋上の風潮➡領国を統一して支配する戦国大名が各地に登場。
└ 下の身分の者が上の身分の者に打ち勝つ
「領国内の武士や民衆の行動を取りしまる法！」

❻ **戦国大名**…城下町をつくり、独自の分国法を定めて領国を支配。

⚠ **注意**

座→同業者ごとに組織される団体。
惣→有力な農民を中心とした自治組織。

7 室町文化

❶ **北山文化**…①足利義満の金閣 ②観阿弥・世阿弥の能
└ 猿楽・田楽から発展

❷ **東山文化**…①足利義政の銀閣 ②禅宗の寺の様式を取り入れた書院造 ③雪舟の水墨画
└ 和風建築の基　　└ 墨一色で自然をえがく

❸ **民衆の文化**…①「一寸法師」などの御伽草子 ②狂言
└ 絵入りの物語　　└ 能の合間

⚠ **注意**

北山文化→貴族の文化と武士の文化が混じり合った文化。
東山文化→質素で落ち着いた文化。

基礎力チェック！

次の問いに答えなさい。

(1) 1221年、後鳥羽上皇が幕府をたおそうと起こした乱を何というか。

(2) 後醍醐天皇が始めた天皇中心の新しい政治を何というか。

(3) 足利義政のあとつぎ問題をめぐり守護大名が対立した乱を何というか。

(4) 銀閣に取り入れられている建築様式を何というか。

答え

(1) 承久の乱 → 2 参照
(2) 建武の新政 → 5 参照
(3) 応仁の乱 → 6 参照
(4) 書院造 → 7 参照

13 歴史 中世ヨーロッパのようすと安土桃山時代

1 キリスト教の世界

❶ **キリスト教**…東ローマ帝国（ビザンツ帝国）と結びついた正教会と、ローマ
教皇が指導するカトリック教会に分かれる。
└強大な権威を持つ┘
└西ヨーロッパに広まる

❷ **十字軍**…11～13世紀、イスラム勢力によってうばわれた聖地エルサレムの
奪還目的でローマ教皇により軍を派遣➡失敗。

❸ **ルネサンス（文芸復興）**…古代ギリシャ・ローマの文化を再評価し、人間そ
のものに価値を認める動き。イタリアで始まり、天文学や地理学が発達。火薬
や羅針盤、活版印刷術が実用化。

> 🔎 発展
> 十字軍の遠征失敗により、ローマ教皇の影響力が低下。

> ⚠️ 注意
> ルネサンスに活躍した人物。レオナルド・ダ・ビンチ→「モナ・リザ」をえがいた。ミケランジェロ→「最後の審判」をえがいた。

2 ヨーロッパの進出

❶ **大航海時代**…ヨーロッパ人が世界に進出した時代。キリスト教の布教とアジアの香辛料を直接手に入れるため、ポルトガルやスペインが開始。
└香辛料

　①コロンブス…1492年に西インド諸島に到達。
　└スペインの援助
　②バスコ・ダ・ガマ…1498年にインドに到達。
　└ポルトガルの援助
　③マゼラン…16世紀初めに一行が世界一周に成功。
　└スペインの援助

❷ **スペイン**…アメリカ大陸の先住民を労働させ、銀の鉱山を
開発し、農園（プランテーション）を開く。南アメリカ大陸
などに植民地を広げる。

16世紀ごろの世界

■ ポルトガルとその植民地
■ スペインと領土・植民地

3 宗教改革

❶ **宗教改革**…ローマ教皇が資金集めのために免罪符を売り出したことを批判し、
ルターがドイツで、**カルバン**がスイスで開始。**プロテスタント**と呼ばれる。
└「抗議する者」という意味

❷ **カトリック教会の立て直し**…イエズス会が宣教師を派遣して、アジアなどへ
の海外布教に力を入れる。

> カトリック改革運動の中心！

4 ヨーロッパ人の来航

> 💡 絶対おさえる！ 鉄砲とキリスト教の伝来
> ☑ 1543年、種子島（鹿児島県）に流れ着いたポルトガル人によって鉄砲が伝えられる。
> ☑ 1549年に来日したフランシスコ・ザビエルによってキリスト教が伝えられる。

❶ **鉄砲の伝来**…1543年、ポルトガル人を乗せた中国船が種子島（鹿児島県）に
流れ着き、鉄砲を伝える➡戦国大名が注目し、**堺**（大阪府）や**国友**（滋賀県）
などで生産。

❷ **キリスト教の伝来**…1549年、イエズス会の宣教師フランシスコ・ザビエル
が来日し、各地で布教➡**キリシタン**の増加。
└キリスト教信者

❸ **南蛮貿易**…日本は生糸、鉄砲、火薬などを輸入し、銀を輸出。
└なんばん

> 📖 暗記
> 南蛮人→貿易や布教のために来日したポルトガル人やスペイン人のこと。

社会

理科

数学

英語

国語

● 大航海時代の航路を地図で確認しよう！

● カトリックとプロテスタントの違いを確認しよう！

5 織田信長

└尾張（愛知県）の戦国大名

❶ **織田信長の統一事業**…①桶狭間の戦いで今川義元を破り勢力を広げる。②15
代将軍足利義昭を追放（室町幕府の滅亡）。③長篠の戦いで武田勝頼を破る。
　　　　　　　　　　駿河（静岡県）の大名┘

❷ **経済政策**…琵琶湖のほとりに**安土城**を築き、城下で**楽市・楽座**を行い、自由
に商工業を行えるようにした。関所は廃止。
　└巨大な天守を持つ城

> ✂ 暗記
> 楽市・楽座→市での税を免除
> し、特権的な座を廃止。

❸ **仏教弾圧**…抵抗する比叡山延暦寺や一向一揆を武力で従える。キリスト教優遇。

6 豊臣秀吉

└とよとみひでよし

> 💡 **絶対おさえる！　豊臣秀吉の政策**
>
> ☑ **大阪城**を本拠地として、1590年に全国統一を成し遂げる。
> ☑ **太閤検地**と**刀狩**により、武士と百姓の身分を明確に区別する（**兵農分離**）。

❶ **豊臣秀吉の統一事業**…①信長の後継者争いに勝利。②天皇から関白に任命さ
れる。③大阪城を築く。④1590年に全国統一。
└織田信長の家臣

❷ **兵農分離**…武士と百姓の身分を明確に区別。

（米の体積！）

　①太閤検地…全国の田畑を調査して、予想される収穫量を石高で表す。

　②刀狩…一揆を防ぐため、百姓や寺社から武器を取り上げる。

❸ **キリスト教の禁止**…宣教師の国外追放を命じる（バテレン追放令）➡貿易は
禁止しなかったため、禁教は不徹底。
　　　　　└キリスト教の布教と、軍事力とが
　　　　　　結びついていることを危険視

> ▶ 刀狩令
> ------
> 一　諸国の百姓が刀やわきざし、
> 弓、やり、鉄砲、そのほかの武具を
> 持つことは、固く禁止する。
> （一部要約）

❹ **朝鮮侵略**…明の征服を目指して大軍を朝鮮に派遣（文禄の役、慶長の役）➡
日本軍は苦戦し失敗➡豊臣氏没落の原因。

❺ **安土桃山時代**…信長・秀吉が活躍した時代。

7 桃山文化

❶ **桃山文化**…大名・豪商の権力・富を反映した豪華な文化。

　①**壮大な城**…安土城、大阪城、**姫路城**など。天守を持つ。

　②**濃絵**…狩野永徳らが屏風などにえがいたきらびやかな絵。
　「唐獅子図屏風」が代表作┘

　③茶の湯…千利休が質素な**わび茶**の作法を完成。
　　　└大名や豪商の交際手段

❷ **南蛮文化**…パン、カステラ、時計、活版印刷による出版など。

> ✂ 暗記
> かぶきおどり→17世紀初め
> に出雲の阿国が始めた。

✎ 基礎力チェック！

次の問いに答えなさい。

(1) 1492年に西インド諸島に着いたイタリア出身の航海者を何というか。

(2) ローマ教皇を批判し、ドイツで宗教改革を始めた人物を何というか。

(3) 織田信長が安土城下で行った商工業を活発にする政策を何というか。

(4) 豊臣秀吉が行った田畑を調査して、予想される収穫量を石高で示す政策は。

答え

(1) コロンブス → 2 参照

(2) ルター → 3 参照

(3) 楽市・楽座 → 5 参照

(4) 太閤検地 → 6 参照

14 歴史 江戸時代

1 江戸幕府の成立と支配のしくみ

💡 絶対おさえる！ 江戸幕府の支配のしくみ

☑ **関ヶ原の戦い**に勝利し、征夷大将軍に任命された**徳川家康**が江戸幕府を開く。
☑ 大名統制のため**武家諸法度**が定められ、3代将軍**徳川家光**が参勤交代の制度を追加。

❶ **江戸幕府の成立**…関ヶ原の戦いで石田三成らに勝利した徳川家康が 1603 年に、江戸に幕府を開く。

❷ **幕藩体制**…将軍を中心に、幕府と藩が全国の土地と人々を支配するしくみ。幕府の政治は**老中**を筆頭に行う。

❸ **大名の配置**…親藩・譜代大名を重要な地域に、**外様大名**を江戸から遠い地域に置く。

❹ **大名の統制**…武家諸法度を制定。大名に 1 年おきに江戸と領地を往復させる参勤交代の制度が追加される。
└将軍の代がわりごとに追加

❺ **朝廷の統制**…京都所司代が監視。禁中並公家諸法度を制定。

❻ **身分制度**…武士、百姓、町人に区分。百姓に五人組をつくらせ、年貢の納入や犯罪防止に連帯責任をもたせる。

> 百姓が人口の80%以上を占める

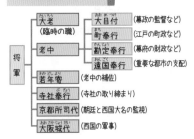

江戸幕府のしくみ

将軍	大老（臨時の職）		
	老中	大目付（幕政の監督など）
		町奉行（江戸の町政など）
		勘定奉行（幕府の財政など）
		遠国奉行（重要な都市の支配）
	若年寄	（老中の補佐）
	寺社奉行	（寺社の取り締まり）
	京都所司代	（朝廷と西国大名の監視）
	大阪城代	（西国の軍事）

⚠️ 注意

親藩→徳川家の一族。
譜代大名→古くから徳川家に従っていた大名。
外様大名→関ヶ原の戦いのころから徳川家に従った大名。

2 貿易から鎖国へ

❶ **朱印船貿易**…東南アジア各地と貿易➡日本町ができる。
└徳川家康が朱印状をあたえる

❷ **キリスト教の禁止**…絵踏や宗門改で禁教を強化。島原・天草一揆を鎮圧。
└キリストや聖母マリアの像を踏ませる

❸ **鎖国下の対外関係**…貿易や外交統制、日本人の出入国の禁止。①清・オランダ…長崎で貿易。オランダは出島で貿易。②朝鮮…対馬藩が交易。朝鮮通信使を派遣。③琉球王国…薩摩藩が交易。琉球使節を派遣。④蝦夷地…松前藩が交易。1669 年、シャクシャインが蜂起。
└将軍の代がわりごと　└アイヌの人々

🎵 発展

1624年、スペイン船の来航禁止→1639年、ポルトガル船の来航禁止→1641年、平戸のオランダ商館を出島に移す。

3 産業の発達と元禄文化

❶ **農業**…①新田開発で耕地増加。②備中ぐわや千歯こきなどの農具や肥料で生産力が向上。③木綿などの商品作物を栽培。
└深く耕す　└効率的に脱穀

❷ **交通**…①東海道・中山道などの五街道を整備。②大阪・江戸間が結ばれ、西廻り航路・東廻り航路が開かれる。
└樽廻船や菱垣廻船が運航
└東北地方と江戸・大阪を結ぶ

❸ **都市**…江戸・大阪・京都の三都が発展。大阪には諸藩が蔵屋敷を置き、年貢米や特産物などを取引。

❹ **工業**…問屋制家内工業➡工場制手工業（マニュファクチュア）。
└問屋が農民に機械を貸し出し、商品をつくらせ買い取る

❺ **元禄文化**…上方（京都・大阪）を中心に栄えた町人文化。①文学…井原西鶴が浮世草子と呼ばれる小説、近松門左衛門が人形浄瑠璃の脚本を書く。松尾芭蕉は俳諧を芸術に。②美術…俵屋宗達や尾形光琳が大和絵の伝統を生かした装飾画をえがき、菱川師宣が浮世絵を確立。

📖 参考

三都→江戸は「将軍のおひざもと」、大阪は「天下の台所」と呼ばれる。

💬 暗記

工場制手工業→大商人や地主らが工場を建設し、農民らを雇って分業で製品を生産するしくみ。

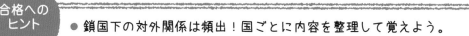

合格への ヒント
- 鎖国下の対外関係は頻出！国ごとに内容を整理して覚えよう。
- 文化史の美術品は、図説をみながら視覚的に覚えよう！

4 幕政の改革

💡 絶対おさえる！ 江戸幕府の改革

☑ 8代将軍徳川吉宗が、公事方御定書の制定や目安箱の設置などの享保の改革を行う。
☑ 老中松平定信が、旗本・御家人の借金の帳消しや出版統制などの寛政の改革を行う。

❶ **徳川綱吉の政治**…朱子学を奨励。生類憐みの令を出す。貨幣の質を落とす。
　└主従関係や上下関係を重視
❷ **新井白石の政治**…貨幣の質をもとにもどし、長崎貿易を制限。
❸ **享保の改革**…8代将軍徳川吉宗による。**上げ米の制**や裁判の基準となる公事
　方御定書を定め、**目安箱**を設置。
　└民衆の意見を聞く
❹ **老中田沼意次の政治**…株仲間の結成や長崎貿易を奨励。
❺ **寛政の改革**…老中松平定信による。倹約令を出し、旗本・御家人の借金を帳
　消しに。昌平坂学問所で朱子学を学ばせる。

🔖 発展
徳川綱吉は、貨幣の質を落として発行する量を増やし、幕府の収入を増やそうとしたが、物価の上昇を招いた。

🔖 発展
上げ米の制→大名が参勤交代で江戸に住む期間を1年から半年に短縮するかわりに、1万石につき100石の米を幕府に納めさせた。

5 新しい学問と化政文化

❶ **国学**…仏教や儒教が伝わる前の日本人の考え方を明らかにする学問。
　「古事記伝」を著した本居宣長が大成。
❷ **蘭学**…オランダ語で西洋の学問・文化を研究。①前野良沢・杉田玄
　白らが「解体新書」を出版。②伊能忠敬が正確な日本地図を作成。
　└ヨーロッパの解剖書を翻訳
❸ **化政文化**…江戸を中心に栄えた町人文化。
　①文学…川柳や狂歌が流行。十返舎一九が「東海道中膝栗毛」、曲亭
　（滝沢）馬琴が「南総里見八犬伝」。小林一茶が俳諧をよむ。
　②錦絵…美人画の喜多川歌麿、風景画の葛飾北斎・歌川広重。
❹ **教育の普及**…諸藩では藩校、町や農村では寺子屋で子どもが学ぶ。
　〔読み・書き・そろばん！〕

外国船の来航

- 1804年 レザノフ来航
- 1808年 フェートン号事件
- 1792年 ラクスマン来航
- 根室
- 浦賀
- 1853年 ペリー来航
- 長崎
- 1837年 モリソン号事件
- 山川

6 幕府のおとろえ

❶ **外国船の出現**…幕府は樺太や蝦夷地を調査し警備を固め、異国船打払令を出す。
　┌ロシアのラクスマンらが来航
　└外国船の撃退を命令
❷ **天保のききん**…百姓一揆や打ちこわしが増加。
❸ **大塩の乱**…大阪町奉行所の元役人・大塩平八郎の反乱。
❹ **天保の改革**…老中水野忠邦による。株仲間の解散や異国船打払令の廃止など。

⚠ 注意
水野忠邦は、アヘン戦争で清がイギリスに敗北したことを知り、異国船打払令を廃止。

✏ 基礎力チェック！

次の問いに答えなさい。

(1) 江戸幕府が大名を統制するために定めた法令を何というか。
(2) 大阪に諸藩が置いた、年貢米などを保管・取引する倉庫を何というか。
(3) 19世紀初めに江戸を中心に栄えた文化を何というか。
(4) 天保の改革を行った老中を何というか。

答え
(1) 武家諸法度 → 4 参照
(2) 蔵屋敷 → 3 参照
(3) 化政文化 → 5 参照
(4) 水野忠邦 → 6 参照

15 [歴史] ヨーロッパの近代化と幕末

1 近代革命

> 💡 **絶対おさえる！ ヨーロッパの近代革命**
> ☑ **イギリス**では**名誉革命**で**権利（の）章典**が定められ、**立憲君主制と議会政治**が確立。
> ☑ **フランス革命**で**人権宣言**を発表し、19世紀初めに、**ナポレオン**が皇帝に就任。

❶ **啓蒙思想**…ロックは社会契約説と抵抗権、モンテスキューは「法の精神」で
　└国王の権力の制限と人民の政治参加を主張
　三権分立、ルソーは社会契約説と人民主権を主張。

❷ **イギリス**…17世紀半ばまで、国王が議会を無視して専制政治。

　①**ピューリタン革命**…国王と議会が対立➡**クロムウェル**率いる議会側が勝利。
　国王を処刑して**共和政**を開始。
　　　　　　　　└国民が政治のあり方を最終的に決定する

　②**名誉革命**…国王を国外に追放し、議会を尊重する国王を迎え、権利（の）章
　典を制定➡**立憲君主制と議会政治**が確立。
　　　　　　　　　└君主による憲法に基づく政治

❸ **アメリカ独立戦争**…イギリスからの独立を目指して勃発➡**独立宣言**を発表
　└人民主権や三権分立が柱
　➡**合衆国憲法**を定め、ワシントンが初代大統領に就任。

❹ **フランス革命** （国王が政治権力のすべてをにぎる！）

　①**旧体制**…絶対王政。第一身分と第二身分は免税の特権を持ち、全人口の約
　　　　　　　└聖職者　　└貴族
　90%を占める第三身分が税を負担。
　　　　　　　└平民

　②**フランス革命**…バスチーユ牢獄を襲撃。**人権宣言**を発表。

　③**ナポレオン**…民法（ナポレオン法典）を定める➡失脚。
　└皇帝に就任

> ⚠ 注意
>
> 権利（の）章典→イギリスで、1689年に制定。国王の権利を制限し、国民の自由と権利の保障を定めた。
> 人権宣言→フランス革命で出された宣言。法と権利における平等、国民主権、私有財産の不可侵などを主張した。

2 19世紀の欧米諸国と産業革命

❶ **アメリカ**…自由貿易や奴隷制をめぐり南北が対立➡**南北戦争**で、リンカン大統領が率いる北部が勝利。
　　　　　　　　　　　　└奴隷制に反対

❷ **ドイツ**…宰相の**ビスマルク**の下、ドイツを統一して、ドイツ帝国を建国。

❸ **ロシア**…積極的に領土を拡張（南下政策）➡工業が急速に発展。皇帝の専制政治が続く。

❹ **産業革命**…イギリスで18世紀に始まる。紡績機・機織機の改良➡蒸気機関を
　　　　　　└「世界の工場」と呼ばれる
　動力として利用➡工場での大量生産。

　①**資本主義**…資本家が労働者を雇って生産・販売を行う➡貧富の差が拡大➡労働者が団結して**労働組合**を結成。

　②**社会主義**…土地や工場などを公有し、平等な社会を目指す。
　　　　　　　└マルクスらが主張

> 🎴 発展
>
> リンカン大統領→南北戦争中に奴隷解放宣言を発表し、「人民の、人民による、人民のための政治」を訴える。

> 🎴 発展
>
> 産業革命→技術革新にともなう産業・社会のしくみの大きな変革。

3 欧米のアジア侵略

❶ **イギリスのアジア進出**…清とインドと三角貿易を行う。

　①**アヘン戦争**…清がアヘンを取りしまるとイギリスが攻撃➡イギリスが勝利
　し、**南京条約**を締結。②**太平天国の乱**…イギリスやフランスが鎮圧。③**インド**
　└上海などの開港、香港を割譲
　大反乱…イギリスの支配に対して反乱➡イギリスの植民地となる。

三角貿易

月　　日

社会
理科
数学
英語
国語

合格への ヒント

● 「○○革命」は頻出！背景・経過・結果を説明できるようにしておこう！
● 資本主義は「自由」、社会主義は「平等」を目指したことをおさえよう。

4 開国と不平等条約

💡 絶対おさえる！ 開国に関する条約

☑ ペリー来航後、1854年に日米和親条約を結び、下田・函館を開港して開国。
☑ 1858年に日米修好通商条約を結び、神奈川・長崎・新潟など5港を開港して貿易開始。

❶ ペリー来航…1853年、浦賀に来航、開国を要求。
　└アメリカの使節
❷ 日米和親条約…1854年、下田・函館を開港し、アメリカ船への水や食料、石炭などの供給を認める➡開国。
❸ 日米修好通商条約…1858年、大老井伊直弼が朝廷の許可を得ずに締結。函館・神奈川（横浜）・長崎・新潟・兵庫（神戸）を開港し貿易開始。アメリカに領事裁判権を認め、日本に関税自主権がない不平等条約。
　　　　　オランダ・ロシア・
　　　　　フランス・イギリス
　　　　　とも結ぶ

📖 暗記

領事裁判権→日本で罪を犯した外国人を、その国の領事が裁く権利。
関税自主権→輸入品への関税率を、独自に決める権利。

5 開国後の政治と経済

❶ 尊王攘夷運動…天皇を尊び、外国勢力を排除する動き。
❷ 安政の大獄…井伊直弼が幕府に反対する大名や公家を処罰➡井伊直弼が元水戸藩士たちに暗殺される（桜田門外の変）。
❸ 貿易開始後…最大の貿易港は横浜。相手はイギリスが中心。生糸・茶などを輸出、安い綿織物などを輸入➡綿織物の国内の産地は打撃。
❹ 物価の上昇…大量の金貨（小判）が国外に持ち出される➡幕府が小判の質を落とす➡物価が急速に上昇、経済が混乱。
　└外国との金銀の交換比率のちがいによる
　　　　　　　　　　　　　　　　└金の流出を
　　　　　　　　　　　　　　　　　防ぐため

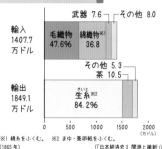

日本の主な貿易品

武器 7.6	その他 8.0	

輸入 1407.7 万ドル：毛織物 47.6%　綿織物※1 36.8

茶 10.5　その他 5.3

輸出 1849.1 万ドル：生糸※2 84.2%

0　500　1000　1500　2000 （万ドル）

※1 綿糸をふくむ。　※2 まゆ・蚕卵紙をふくむ。
（1865年）　　　　　　　　　　　（「日本経済史3 開港と維新」）

6 江戸幕府の滅亡

❶ 倒幕運動…長州藩と薩摩藩が中心。①長州藩…木戸孝允・高杉晋作ら。外国船砲撃➡下関戦争。②薩摩藩…西郷隆盛・大久保利通ら。生麦事件➡薩英戦争。
　└4か国の連合艦隊が下関を攻撃　　　　　　　　　イギリス海軍が鹿児島を攻撃
　③薩長同盟…薩摩藩と長州藩が、坂本龍馬の仲立ちで結束。
❷ 大政奉還…江戸幕府15代将軍徳川慶喜が朝廷に政権を返上。
❸ 王政復古の大号令…朝廷が天皇中心の政府樹立を宣言。
❹ 戊辰戦争…新政府軍と旧幕府軍の戦い➡鳥羽・伏見の戦いで開戦➡五稜郭の戦いで新政府軍が勝利。
　　　　　　　　　　　　　　　　　　　　　　　　　└函館

🎓 発展

「ええじゃないか」→開国後、政治や経済が混乱すると、世直しを期待する一揆が起こり、1867年には人々が「ええじゃないか」とおどり熱狂するさわぎが各地で起こった。

✏️ 基礎力チェック！

次の問いや（　）にあてはまる語句を答えなさい。

(1) 自由貿易や奴隷制をめぐりアメリカで起こった内戦を何というか。
(2) 日本は、アメリカと（　　）を結び、開国した。
(3) 天皇を尊び、外国の勢力を排除しようとする動きを何というか。
(4) 江戸幕府15代将軍徳川慶喜が政権を返上したできごとを何というか。

答え

(1) 南北戦争 → 2 参照
(2) 日米和親条約 → 4 参照
(3) 尊王攘夷運動 → 5 参照
(4) 大政奉還 → 6 参照

16 歴史 明治維新と日本の近代化

1 新政府の成立と改革

💡 絶対おさえる！ 新政府の改革

☑ 新政府は政治の方針である五箇条の御誓文を出し、版籍奉還や廃藩置県を実施。
☑ 学制、徴兵令、地租改正などを実施し、近代国家を目指す。

❶ **明治維新**…明治政府成立にともなう政治・経済・社会の変化。

①五箇条の御誓文…新しい政治の方針。天皇が神に誓う形。②版籍奉還…藩主に土地と人民を政府に返させる。③廃藩置県…藩を廃止して府・県を置き、府知事・県令を中央から派遣して治めさせる➡中央集権国家を目指す。

❷ **身分制度**…皇族以外はすべて平等。解放令でえた身分やひにん身分を廃止。
 └天皇一族は皇族、武士は士族、百姓・町人は平民

❸ **近代国家を目指すための改革**

①学制…満6歳以上の男女をすべて小学校に通わせる義務。

②徴兵令…満20歳以上の男子に兵役の義務。

③地租改正…土地所有者と地価を定めて地券を発行し、**地価の3%を地租として土地所有者に現金で納めさせる。**
 └反対一揆後、2.5%に引下げ

2 富国強兵と文明開化

❶ **富国強兵**…経済を発展させて国力をつけ、軍隊を強くする。
❷ **殖産興業**…近代産業の育成を目指す政策。

①官営模範工場…欧米の技術を導入して建設。**富岡製糸場**など。
 └群馬県

②交通の整備…1872年、新橋・横浜間に鉄道開通。

❸ **文明開化**…欧米の文化を取り入れて、衣食住など生活が変化。

①太陽暦の実施…1日を24時間、1週間を7日とする。

②新しい思想…**中江兆民**がルソーの思想を紹介し、**福沢諭吉**が「学問のすゝめ」で人間の平等と民主主義を説く。
 └のちの自由民権運動に影響

「天は人の上に人をつくらず」！

3 明治初期の外交

❶ **岩倉使節団**…**岩倉具視**を全権大使とし、**大久保利通**などが参加➡欧米に派遣し、不平等条約の改正交渉➡失敗し、欧米を視察。
❷ **征韓論**…**板垣退助**や**西郷隆盛**が主張➡敗れて政府を去る。
 └武力で朝鮮に開国をせまる
❸ **東アジアでの外交**

①清…対等な条約である**日清修好条規**を結ぶ。②朝鮮…江華島事件を口実に、朝鮮にとって不利な**日朝修好条規**を結ぶ➡朝鮮を開国させる。

❹ **領土の画定**…欧米にならって、国境を明確化。

①**樺太・千島交換条約**…樺太がロシア領、千島列島が日本領。

②蝦夷地を**北海道**に改称➡**開拓使**を置き、**屯田兵**などが開拓。
 └農業兼業の兵士

③琉球藩を廃止して**沖縄県**を設置（琉球処分）。

📎 発展

五榜の掲示→民衆に向けて、キリスト教の禁止などを掲げる→1873年までに撤去。

📖 暗記

五箇条の御誓文→広く意見を聞いて政治を行うこと、身分の上下にかかわりなく協力して国を治めていくことなど5か条からなる。

📎 発展

地租改正→政府の財政は安定したが、農民の税負担はほとんど変わらなかったことから、各地で反対の一揆が発生した。

📖 参考

文明開化によって、洋服が流行し、牛肉を食べる習慣が広がった。また、東京を中心にれんが造りの建物が建てられ、ランプやガス灯がつけられた。

明治初期の外交	
1871	・日清修好条規を結ぶ
1872	・琉球藩を置く
1875	・樺太・千島交換条約を結ぶ ・江華島事件が起こる
1876	・日朝修好条規を結ぶ ・小笠原諸島の領有を各国に通告
1879	・沖縄県を置く
1895	・尖閣諸島の日本領への編入が内閣で決定
1905	・竹島の日本領への編入が内閣で決定

合格への ヒント

● 「版籍奉還」と「廃藩置県」の違いは要確認！
● 明治政府が結んだ条約は、内容を説明できるようにしておこう！

4 士族の反乱と自由民権運動

❶ **西南戦争**…1877 年に起こった、西郷隆盛を中心とした鹿児島の士族による反乱。
（不平士族の反乱の中で最大）

❷ **自由民権運動**…国民が政治に参加する権利を求めた運動。①民撰議院設立（の）
建白書…1874 年、板垣退助らが提出。②国会期成同盟…全国の民権派代表者が
大阪に集結して結成。③ 1881 年、国会開設の勅諭➡自由党、立憲改進党を結成。
（板垣退助）（大隈重信）

> **💡 発展**
>
> 西南戦争→徴兵令によって組織された政府軍に敗れる。以降、政府への批判は言論によるものへと変化した。

5 立憲制国家の成立

❶ **内閣制度**…1885 年創設。初代内閣総理大臣は伊藤博文。

❷ **大日本帝国憲法**…天皇が国民にあたえる形で 1889 年発布。

❸ **帝国議会**…**貴族院**と**衆議院**の二院制。衆議院議員の選挙権は**直接国税を 15 円
以上納める満 25 歳以上の男子**が持つ。（総人口の約1.1%）

❹ **教育勅語**…忠君愛国の道徳が示され、教育の柱とされた。

> **▶ 大日本帝国憲法**
>
> 第1条　大日本帝国ハ万世一系ノ天皇之ヲ統治ス
> 第3条　天皇ハ神聖ニシテ侵スベカラズ
>
> （一部）

6 日清戦争・日露戦争と近代日本

💡 絶対おさえる！ 日清戦争と日露戦争

☑ **甲午農民戦争**をきっかけとして**日清戦争**が起こる。講和条約は**下関条約**。
☑ 日本は**日英同盟**を結んで、ロシアに対抗。**日露戦争**の講和条約は**ポーツマス条約**。

❶ **条約改正**…① 1894 年、陸奥宗光外相が領事裁判権の撤廃に成功。② 1911 年、
小村寿太郎外相が関税自主権の回復に成功。

❷ **日清戦争**…①朝鮮で**甲午農民戦争**をきっかけに日清戦争が起こる。日本勝利。
（外国人の排除を目指す）
②**下関条約**で清は朝鮮の独立を認め、日本は賠償金を得る。③ロシア、ドイツ、
フランスが**遼東半島**を清に返還するよう日本に勧告（三国干渉）。
（リアオトン）

❸ **義和団事件**…北京の外国公使館を包囲➡日本などが鎮圧。

❹ **日露戦争**…1902 年日英同盟締結➡1904 年開戦➡両国とも戦争継続困難とな
（ロシアに対抗）
り、アメリカの仲介でポーツマス条約を結ぶ。
（韓国における日本の優越権を認める）

❺ **韓国併合**…日本が韓国を植民地化。
（1910年）

❻ **中国**…1911 年、三民主義を唱えた孫文を中心に辛亥革命➡中華民国建国。
（民族の独立、政治的な民主化、民衆の生活安定）

❼ **日本の産業革命**…軽工業を中心に発展。八幡製鉄所の建設。
（下関条約の賠償金で建設）

> **⚠ 注意**
>
> 下関条約→朝鮮の独立を認める、遼東半島・台湾などを日本にゆずる、賠償金2億両を日本に支払うことが定められた。
> ポーツマス条約→韓国における日本の優越権、旅順や大連の租借権、長春以南の鉄道の利権、北緯50度以南の樺太を日本にゆずる。

✎ 基礎力チェック！

次の問いに答えなさい。

(1) 土地の所有者に地価の３％を現金で納めさせた政策を何というか。

(2) 「学問のすゝめ」を著し、人間の平等を説いた人物を何というか。

(3) 板垣退助が結成した政党を何というか。

(4) 関税自主権の回復に成功した人物を何というか。

答え

(1) 地租改正　→ 1 参照
(2) 福沢諭吉　→ 2 参照
(3) 自由党　→ 4 参照
(4) 小村寿太郎
　　→ 6 参照

17 歴史 二度の世界大戦

1 第一次世界大戦

❶ **ヨーロッパ諸国の対立**…三国協商と三国同盟が対立。
└イギリス・フランス・ロシア / └ドイツ・オーストリア・イタリア

❷ **第一次世界大戦**…セルビア人がオーストリア皇太子夫妻を暗殺➡オーストリ
└1914年〜1918年 アがセルビアに宣戦➡同盟国と連合国に分かれて総力戦に。日本は**日英同盟**を
理由に連合国側で参戦。

❸ **ロシア革命**…レーニンの指導の下、世界最初の社会主義政権➡シベリア出兵
└1917年　　　　　　　　　　　　　　　　　└社会主義の拡大をおそれた国々が出兵

❹ **ソビエト社会主義共和国連邦（ソ連）**…革命政府が干渉戦争に勝利し1922
年に成立。**スターリン**が五か年計画を進める。
└重工業の発展と農業の集団化を強行

2 国際協調

❶ **ベルサイユ条約**…1919年、パリ講和会議で締結。
└ドイツと連合国との講和条約で、ドイツは領土を縮小され、巨額の賠償金も

❷ **国際連盟**…民族自決を唱えたアメリカの**ウィルソン**大統領の提案を基に、世
界平和と国際協調を目的に発足。アメリカは国内の反対により不参加。

❸ **ワシントン会議**…海軍の軍備制限、太平洋地域の現状維持。

❹ **民主主義の広がり**…普通選挙の実施。ワイマール憲法の制定。
└世界で初めて社会権を保障

3 アジアの民族運動

❶ **二十一か条の要求**…1915年、山東省のドイツ権益を引きつぐことなどを中
└シャントン 国に要求➡大部分を認めさせた。

❷ **中国の五・四運動**…学生集会をきっかけとする反日運動。
└ご し　　└1919年

❸ **朝鮮の三・一独立運動**…日本からの独立を宣言しデモ行進。
└ちょうせん └さん いち　　　　　　　　　　└1919年に起こり、朝鮮総督府が武力で鎮圧

❹ **インドの民族運動**…ガンディーの指導により抵抗運動。
└非暴力・不服従

4 大正デモクラシーの時代
たいしょう

💡 絶対おさえる！ 護憲運動と政党政治

☑ 寺内内閣が米騒動で退陣後、原敬首相が本格的な政党内閣を組織。
☑ 満25歳以上の男子に選挙権をあたえる普通選挙法と同時に治安維持法を制定。

❶ **第一次護憲運動**…憲法に基づく政治を守ろうとする運動。

❷ **大戦景気**…第一次世界大戦による好況。輸出が大幅に増加。

❸ **米騒動**…軍隊が鎮圧したが、当時の内閣は退陣。
└1918年

❹ **政党内閣**…原敬が本格的な政党内閣を組織。
└「平民宰相」と呼ばれる　　　　└陸軍・海軍・外務以外の大臣を立憲政友会員から出す

❺ **大正デモクラシー**…吉野作造が民本主義、美濃部達吉が天皇機関説を唱える。
└たいしょう └よしのさくぞう └みんぽん └みのべたつきち └一般民衆の意見を反映して政策を決める考え方
　　　　　　 └自由主義・民主主義の風潮

❻ **社会運動の広がり**…労働争議や小作争議が起こる。差別解放を目指す全国水
└青鞜社や新婦人協会設立 平社が結成。平塚らいてうが女性解放運動。
　　　　　　　　　　　　　 └ストライキなど

❼ **普通選挙法**…加藤高明内閣のときに成立した満25歳以上の男子に選挙権を
└有権者は約4倍に増加 あたえる法律。同時に治安維持法を制定。

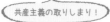
共産主義の取りしまり！

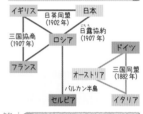

第一次世界大戦前の国際関係

イギリス — 日英同盟(1902年) — 日本
三国協商(1907年) — ロシア — 日露協約(1907年) — ドイツ
フランス — オーストリア — 三国同盟(1882年)
バルカン半島
セルビア — イタリア

🖉 発展

バルカン半島→「ヨーロッパの火薬庫」と呼ばれ、民族や宗教の対立に列強の利害がからまり紛争が続いていた。

🖉 発展

新渡戸稲造→国際連盟の事務次長となり、国際平和のために力をつくした。

⚠ 注意

米騒動→シベリア出兵を見こした米の買いしめにより、値段が急上昇したため、米の安売りを求めた騒動。

📖 暗記

大正時代の文化→進学率の上昇。ラジオ放送の開始。新聞の発行部数の増加。文学では、志賀直哉や芥川龍之介、小林多喜二などが活躍。

● シベリア出兵は頻出！出兵の理由も説明できるようにしよう。
● 大正デモクラシーの時代の政治や思想を整理しておこう！

5 世界恐慌

❶ **世界恐慌**…1929 年、アメリカで株式市場の株価が大暴落➡恐慌が
世界中に広がり、他国も深刻な不況に。①**アメリカ**…**ニューディー
ル（新規まき直し）政策**。_{農業や工業の生産を調整し、積極的に公共事業を行う}②**イギリス・フランス**…**ブロック経済政
策**。③**ソ連**…五か年計画➡世界恐慌の影響を受けず経済成長。
_{└植民地との貿易を拡大する一方、それ以外の国からの輸入に対する関税を高くする}

❷ **ファシズム**…民主主義や自由主義を否定する**全体主義**。

①**イタリア**…ファシスト党が政権をにぎる。
_{└ムッソリーニが率いる}
②**ドイツ**…ヒトラー率いる**ナチス**が政権をにぎる。
_{└ユダヤ人を迫害し、共産主義者などを攻撃}

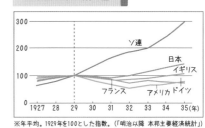

主な国の鉱工業生産

※年平均。1929年を100とした指数。（「明治以降 本邦主要経済統計」）

6 日本の中国侵略

💡 **絶対おさえる！　中国侵略と軍国主義**

☑ **満州事変**は**柳条湖事件**、**日中戦争**は**盧溝橋事件**をきっかけに始まる。
☑ **犬養毅**首相が暗殺された**五・一五事件**、**二・二六事件**後、軍部の発言力が強まる。

❶ **昭和恐慌**…関東大震災と金融恐慌に加え、世界恐慌の影響で深刻な不況に➡
_{└1923年}農産物の価格は暴落し、失業者も増大。

❷ **満州事変**…関東軍が柳条湖で満鉄の線路を爆破、攻撃を開始➡満州主要部を
_{└1931年　　　　　　　　　　　　　　　　　└奉天郊外}占領➡満州国建国宣言➡国際連盟脱退。
_{└清朝最後の皇帝溥儀が元首}

❸ **強まる軍国主義**…軍部が政治を支配。①**五・一五事件**…海軍の青年将校らが
_{└犬養毅首相を暗殺}犬養毅首相を暗殺。②**二・二六事件**…陸軍の青年将校らが東京の中心部を占拠。

❹ **日中戦争**…**盧溝橋**で日中両軍が武力衝突➡戦争の長期化により、国家総動員
_{└北京郊外}法が制定され、政党は**大政翼賛会**に合流。
_{└たいせいよくさんかい}

議会の承認なしに資源や
労働力を戦争に動員！

📎 **暗記**

国際連盟は、満州国の不承認
と日本軍の撤兵を日本に勧
告したため、日本は国際連盟
から脱退した。

📎 **暗記**

戦時下の人々
学徒出陣→それまで徴兵を
猶予されていた文科系の大
学生などを軍隊に召集。
勤労動員→中学生や女学生、
未婚の女性が軍需工場など
に勤務。
疎開→都市の小学生が農村
に集団で避難。

7 第二次世界大戦

❶ **第二次世界大戦**…ドイツがソ連と独ソ不可侵条約を締結後、**ポーランド**に侵
攻➡イギリス・フランスがドイツに宣戦布告。_{└1939年}

❷ **太平洋戦争**…1941 年、ソ連と日ソ中立条約を結ぶ➡日本軍がハワイの**真珠
湾**にあるアメリカ海軍基地などを襲撃し始まる。_{└東条英機内閣と軍部が決定}

❸ **ポツダム宣言**…広島・長崎への原子爆弾（原爆）投下後、宣言を受け入れ降伏。
_{└アメリカ、イギリス、中国の名で発表}

🖊 基礎力チェック！

次の問いに答えなさい。

(1) 第一次世界大戦後に結ばれたドイツと連合国との講和条約を何というか。

(2) 米騒動のあと、本格的な政党内閣を組織した首相はだれか。

(3) 世界恐慌に対してイギリスがとった政策を何というか。

(4) 太平洋戦争中に出された日本に無条件降伏を求めた宣言を何というか。

答え

(1) ベルサイユ条約
→ 2 参照

(2) 原敬　→ 4 参照

(3) ブロック経済　→ 5 参照

(4) ポツダム宣言　→ 7 参照

18

歴史
現代の日本と世界

1 日本の民主化

💡 絶対おさえる！ 戦後改革

- ☑ マッカーサーを最高司令官とする連合国軍最高司令官総司令部（GHQ）の指令で民主化。
- ☑ 経済の民主化政策では、財閥解体や農地改革などが行われた。

❶ **戦後の日本**…領土は北海道・本州・九州・四国とその周辺の島々に限定。本土はアメリカ軍の直接統治の下に置かれる。

❷ **戦後改革**…マッカーサーを最高司令官とする連合国軍最高司令官総司令部（GHQ）の指令により、民主化を進める。極東国際軍事裁判（東京裁判）で戦争をおし進めた政治家や軍人を公職から追放。

①農地改革…地主の小作地を買い上げ小作人に安く売り渡す➡多くの自作農が生まれる。

②財閥解体…日本の経済を支配してきた財閥を解体。
    ↳三井、三菱など

③選挙法改正…満 20 歳以上の男女に選挙権があたえられる。

④治安維持法の廃止…政治活動の自由が認められる。

❸ **日本国憲法**…1946 年 11 月 3 日公布、1947 年 5 月 3 日施行。国
    ↳現在は祝日の「文化の日」   ↳現在は祝日の「憲法記念日」
民主権、基本的人権の尊重、平和主義の 3 つが基本原理。

❹ **教育基本法**…民主主義の教育の基本を示す。
    ↳9年間の義務教育、男女共学など

農地改革による変化

▼ 自作地と小作地の割合

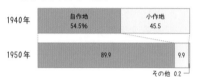

▼ 自作・小作の農家の割合

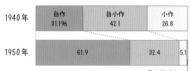

（「完結昭和国勢総覧」ほか）

2 国際連合と冷戦の始まり

❶ **国際連合（国連）**…1945 年発足。世界平和を維持する機関として**安全保障理事会**が設けられる。

❷ **冷たい戦争（冷戦）**…アメリカを中心とする資本主義の西側陣営と、ソ連を
    ↳全面的な戦争には至らず
中心とする共産主義の東側陣営の対立。

①ドイツの分裂…東西に分かれて独立。

②軍事同盟…西側は北大西洋条約機構（NATO）、東側はワルシャワ条約機構を結成。

③中国…国民党と共産党が対立➡共産党が勝利し、**毛沢東**を主席とする**中華人民共和国**成立。国民党は台湾へ。
    ↳蔣介石が率いる

④朝鮮…北緯 38 度線を境に、南をアメリカ、北をソ連が占領➡南に**大韓民国（韓国）**、北に**朝鮮民主主義人民共和国（北朝鮮）**➡ 1950 年に朝鮮戦争➡日本は GHQ の指示で警察予備隊（後の自衛隊）をつくる。

⑤ベトナム…南北の内戦にアメリカが介入➡ベトナム戦争。
    ↳1975年まで続く

❸ **植民地支配の終わり**

①アジア・アフリカ会議…1955 年、平和共存を訴える。
    ↳インドネシアのバンドンで行われた

②「**アフリカの年**」…1960 年に 17 か国が独立。

③南北問題…発展途上国と先進工業国との経済格差の問題。
    ↳植民地だった国が多い

📝 暗記

安全保障理事会の常任理事国→アメリカ、イギリス、ソ連、中国、フランスの5か国。

📝 暗記

朝鮮戦争→北朝鮮が韓国に侵攻して始まる。アメリカ中心の国連軍が韓国を、中国の義勇軍が北朝鮮を支援。1953年に休戦となった。

📝 発展

アジア・アフリカ会議→インドのネルー首相の提案でインドネシアのバンドンで開かれる。

合格への ヒント

● 農地改革・財閥解体・選挙法改正など、GHQ主導の戦後改革は頻出！
● 各陣営がつくった軍事同盟や、冷戦下で起こった戦争を整理して覚えよう！

3 国際関係の変化

💡 絶対おさえる！ 日本の外交

☑ 1951年、日本はサンフランシスコ平和条約と同時に日米安全保障条約を結ぶ。
☑ 1972年、中国と日中共同声明を発表し、国交を正常化させる。

❶ 特需景気…朝鮮戦争で、アメリカ軍向けに軍需物資を生産。

❷ サンフランシスコ平和条約…1951年にアメリカなど48か国と結ぶ。同時に日米安全保障条約締結➡日本は独立回復。

❸ 日米安全保障条約の改定…反対運動（安保闘争）が起こる。
└→1960年

❹ 広がる外交関係…①ソ連…日ソ共同宣言に調印➡ソ連と国交回復
└→1956年
➡国連加盟。②韓国…日韓基本条約。韓国を朝鮮半島の唯一の政府
└→1965年
と承認。③中国…日中共同声明を出し国交正常化➡日中平和友好条約。
└→1972年　　　　　　　　　　　　　　　　　　　　　└→1978年

❺ 沖縄…1972年復帰。交渉の過程で非核三原則が国の方針に。
└→佐藤栄作内閣

> 📎 暗記
> 日米安全保障条約→日本の安全と東アジアの平和を守るため、アメリカ軍が日本に駐留することなどを認めた。

4 日本の高度経済成長

（持たず、作らず、持ちこませず！）

❶ 高度経済成長…1955年から73年まで年平均10％の成長。1973年の石油危機（オイル・ショック）により終わる。
　①産業の発展…技術革新で重化学工業が産業の主軸。新幹線や高速道路が開通し、東京オリンピック・パラリンピック開催。
　　　　　　　　　└→1964年
　②国民生活の変化…「三種の神器」が普及。
　　　　　　　　　　└→テレビ、洗濯機、冷蔵庫
　③公害問題の発生…公害対策基本法制定、環境庁設置。
　　　　　　　　　　　　　　　　　　　　　　└→現在の環境省

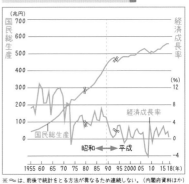

日本の国民総生産の推移

※ ≈ は、前後で統計をとる方法が異なるため連続しない。（内閣府資料ほか）

> 📎 暗記
> 四大公害裁判→新潟水俣病、四日市ぜんそく、イタイイタイ病、水俣病の4つの公害に関する裁判。

5 冷戦後の国際社会と日本

❶ 冷戦の終結…米ソの首脳が宣言➡東西ドイツ統一、ソ連解体。
　　　　　　　　　└→1990年　　　　　　　　└→1991年

❷ 地域紛争…国連平和維持活動（PKO）や非政府組織（NGO）の活躍。

❸ 政治…自民党の長期政権➡1993年、非自民連立内閣成立➡55年体制の終了。
　└→政治の安定と経済成長が実現する一方、政治腐敗も　└→細川護熙が首相

❹ 経済…1980年代後半、バブル経済➡1991年崩壊➡平成不況➡2008年世界金融危機。
　　　　　　　　　　　└→土地が異様に高くなる

❺ 災害…1995年に阪神・淡路大震災、2011年に東日本大震災。

> ⚠ 注意
> 55年体制→自民党を与党、社会党を野党第一党とする体制。

✏ 基礎力チェック！

次の問いに答えなさい。

(1) 世界平和を維持するために1945年に発足した機関を何というか。

(2) 日本がサンフランシスコ平和条約と同時に結んだ条約を何というか。

(3) 高度経済成長が終わるきっかけとなったできごとを何というか。

(4) 1980年代後半に日本で起こった好況を何というか。

答え

(1) 国際連合（国連）→ 2 参照

(2) 日米安全保障条約 → 3 参照

(3) 石油危機（オイル・ショック）→ 4 参照

(4) バブル経済 → 5 参照

19 （公民）現代社会と日本国憲法

1 現代社会の特色

💡 絶対おさえる！ 現代の日本社会の特色

☑ 情報化が進むなか、情報リテラシーを身につけ、情報モラルを守る必要がある。

☑ 人や物、お金、情報などが国境をこえて移動するグローバル化が進展している。

☑ 子どもの割合が減少する一方、高齢者の割合が増加する少子高齢化が進んでいる。

❶ 情報化…社会のなかで情報が果たす役割が大きくなること。情報通信技術

（ICT）の急速な発達や人工知能（AI）の進化による。情報リテラシーや情報

モラルを身につける必要がある。
└ 情報を正しく活用する力
└ 情報を正しく利用する態度

❷ グローバル化…人や物、お金、情報などが国境をこえて広がっていく

こと。国際競争が激しくなり、国際分業も活発化。
└ より良い商品をより安く提供しようと競争

❸ 少子高齢化…合計特殊出生率の減少による少子化と、平均寿命ののび
└ 一人の女性が一生の間に生む子どもの平均人数

による高齢化が進行。生産年齢人口の経済的負担増。
└ 人口にしめる65歳以上の高齢者の割合の増加

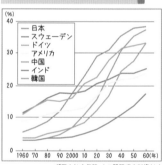

人口にしめる高齢者の割合

（「国立社会保障・人口問題研究所資料」）

🖊 暗記
国際分業→競争力の弱い産業を他国にたよること。

2 私たちの生活と文化

❶ 文化…生活様式や言語、科学、学問、芸術、宗教など。
└ 衣服、食、住まいなど
　①科学技術…人々の暮らしをより便利で快適にする。

　②芸術…絵画や映画、音楽など。人々の生活を豊かにする。

　③宗教…神や仏などを信仰する。

❷ 日本の文化…お盆などの年中行事や冠婚葬祭など。
└ 昔から行われる、日常生活の行事

❸ 伝統文化…能や歌舞伎、茶道や華道（生け花）など。
└ 歴史の中で育まれ、受けつがれてきた文化

❹ 多文化共生…たがいの文化のちがいを認め、ともに生活すること➡持続可能

な社会の実現のために必要。

🖊 暗記
琉球文化→琉球王国のころから受けついできた文化。
アイヌ文化→北海道などの先住民族だったアイヌ民族が受けついだ文化。

3 現代社会の見方や考え方

❶ 社会集団…私たちが生活している集団。家族や学校、地域社会、国など。人

間は社会的存在といわれる。　（最も身近な社会集団！）

❷ 対立と合意…人はそれぞれの考え方がちがうため、問題や争い（対立）が起

こる➡たがいが受け入れられる解決策を話し合い、合意を目指す。

❸ 決まり（ルール）の決定の仕方

　①全会一致…全員の意見が一致。②多数決…より多くの人が賛成する意見を採
　└ いっち

用➡少数の意見も十分に聞き、できるだけ生かす少数意見の尊重が重要。

❹ 契約…たがいの権利を尊重し、保障するための決まり。その決まりを守る責
└ けいやく

任や義務がある。

❺ 効率と公正…対立から合意にいたる決まりをつくるときの判断基準。

　①効率…時間やお金、ものなどをむだなく使うという考え方。

　②公正…特定の人を不当にあつかわないようにする考え方。

🖊 発展
手続きの公正さ→決まりをつくる過程で全員が参加しているか。
機会や結果の公正さ→機会が不当に制限されたり、結果が不当なものになっていないか。

合格への ヒント

● 情報化や少子高齢化で起こる変化を理解しよう！
● 家族や学校生活から、「決まり」や「効率と公正」の重要性を理解しよう。

4 人権保障と法の支配

❶ **基本的人権（人権）**…人間が生まれながらにして持つ権利。近代革命で出された**アメリカ独立宣言**や**フランス人権宣言**などで宣言。18 世紀に**自由権・平等権**、20 世紀に**社会権**が確立。
　└─表現の自由や財産の保障など

❷ **法の支配**…国の政治は人によるのではなく、国民の意思を反映し、国民の権利を保障する**法**によって行うべきとする考え。

❸ **憲法**…国の政治のしくみの基本を定めた法。国の最高法規であり、憲法に違反する法律や条例は無効となる。

❹ **立憲主義**…法の支配に基づき、憲法によって政治権力を制限して人権を保障するという考え方。

📖 参考

ロック→イギリスの思想家。「統治二論」で抵抗権を主張。モンテスキュー→フランスの思想家。「法の精神」で三権分立を主張。ルソー→フランスの思想家。「社会契約論」で人民主権を主張。

🏷 暗記

社会権→人間らしい豊かな生活を保障する権利。1919年のワイマール憲法で初めて保障された。

5 日本国憲法

💡 絶対おさえる！　日本国憲法

☑ 日本国憲法の基本原理は、国民主権、基本的人権の尊重、平和主義の３つ。
☑ 天皇は日本国と国民全体の「象徴」とされ、国事行為のみを行う。

❶ **大日本帝国憲法**…1889 年発布。主権は天皇にあり、国民（臣民）の権利は天皇によってあたえられ、法律の範囲内で保障。

❷ **日本国憲法**…1946 年 11 月 3 日公布、1947 年 5 月 3 日施行。
　①**国民主権**…国の政治を最終的に決める力は国民にあるという考え方。天皇は日本の国と国民全体の「象徴」とされ、**内閣**の助言と承認に基づき国事行為のみを行う。
　　　　　　　　　　└─形式的・儀礼的な行為
　②**基本的人権の尊重**…すべての国民が基本的人権を持つことを保障し、法律におかされない権利として尊重。
　③**平和主義**…国際紛争を解決するための武力行使と戦争を放棄し、戦力と交戦権を持たない。国を防衛するために自衛隊を組織する一方、非核三原則をかかげる。
　　└─陸海空軍など　　　　　　　　└─持たず、作らず、持ちこませず

❸ **憲法改正**…憲法改正原案を国会で審議➡衆議院議員・参議院議員の総議員の３分の２以上の賛成で可決➡国民投票で過半数の賛成が必要。
　　　　　　　　　　　　　　　　　　　　└─満18歳以上の国民による投票

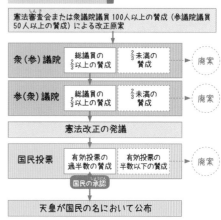

憲法改正の手続き

憲法審査会または衆議院議員 100人以上の賛成（参議院議員 50人以上の賛成）による改正原案

衆（参）議院　総議員の$\frac{2}{3}$以上の賛成　／　$\frac{2}{3}$未満の賛成 ➡ 廃案

参（衆）議院　総議員の$\frac{2}{3}$以上の賛成　／　$\frac{2}{3}$未満の賛成 ➡ 廃案

憲法改正の発議

国民投票　有効投票の過半数の賛成　／　有効投票の半数以下の賛成 ➡ 廃案

国民の承認

天皇が国民の名において公布

✎ 基礎力チェック！

次の問いや（　）にあてはまる語句を答えなさい。

(1) 人や物、お金、情報などが国境をこえて広がることを何というか。

(2) 国の政治を最終的に決める力は国民にあるという考え方を何というか。

(3) 憲法改正には、国会で衆参各議院の総議員の（　　）以上の賛成を経たあと、国民投票で過半数の賛成が必要である。

答え

(1) グローバル化
　→ 4 参照
(2) 国民主権　→ 5 参照
(3) ３分の２　→ 5 参照

Social studies

20 公民 基本的人権と新しい人権

1 基本的人権と個人の尊重

基本的人権の構成

自由権　社会権　参政権など

平等権

個人の尊重

❶ **個人の尊重**…一人一人の個性を尊重し、かけがえのない個人としてあつかうこと。人権保障の出発点。

❷ **基本的人権**…日本国憲法では、平等権、自由権、社会権、参政権などを保障。

2 平等権

💡 絶対おさえる！　差別をなくすために

☑ 男女平等実現のため、**男女雇用機会均等法**や**男女共同参画社会基本法**が制定される。

☑ 公共の交通機関や建物では、**バリアフリー**化が進んでいる。

❶ **平等権**…平等なあつかいを受ける権利。日本国憲法では、法の下の平等、両性の本質的平等などが保障されている。

❷ **男女平等**…家庭や職場での平等を実現するための法律を整備。

①**男女雇用機会均等法**…雇用における男女差別禁止。**セクシュアル・ハラスメント**防止を企業に義務づける。
　└性的ないやがらせ

②**男女共同参画社会基本法**…男女が対等な立場で活躍できる社会の実現を目指す。

❸ **障がいのある人への理解**…バリアフリー化も進められる。
　　　　　　　　　　　　　　　└段差をなくすなど

①**障害者基本法**…障がいのある人の自立と社会参画を支援。

②**障害者差別解消法**…障がいのある人への差別を禁止。

❹ **同和問題**…被差別部落出身者への差別に関する問題。
　　　　　　└江戸時代に差別されていた身分

①**全国水平社**…差別を打ち破るため、大正時代に結成。

②**同和対策審議会の答申**…差別をなくすことが国民にとっての課題であり、国の責務であると宣言。

③**部落差別解消推進法**…国や地方公共団体に、差別解消のための積極的な対策を義務づける。

❺ **アイヌ民族への差別の撤廃**
　└古くから北海道を中心に生活

①**アイヌ文化振興法**…誇りが尊重される社会の実現を目指す。

②**アイヌ民族支援法**…先住民族として法的に位置づけ。

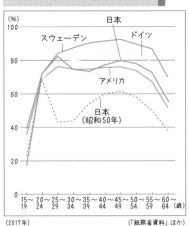

女性が働いている割合(年齢別)

(2017年)　　　　　　　　　　　　　　　「総務省資料」ほか

📎 暗記

バリアフリー→障がい者や高齢者などが安全・快適に暮らせるよう、物理的な障害などを取りのぞくこと。

3 自由権

❶ **自由権**…自由に物事を考え行動することを保障する権利。

精神活動の自由	・思想・良心の自由 ・集会・結社・表現の自由	・信教の自由 ・学問の自由
経済活動の自由	・居住・移転・職業選択の自由	・財産権の保障
身体の自由	・奴隷的拘束・苦役からの自由 ・法定手続きの保障、罪刑法定主義	・拷問の禁止 　など

📎 発展

検閲→国が本の内容などを事前に確認すること。日本国憲法では禁止されている。

● 社会の平等を達成するためにつくられた法律を覚えよう！
●「精神活動」「経済活動」「身体」の自由とは何か、身近な例で考えてみよう。

4 社会権

💡 絶対おさえる！ 社会権の種類

☑ 社会権には、生存権、教育を受ける権利、勤労の権利、労働基本権がある。

☑ 労働基本権は団結権、団体交渉権、団体行動権に分かれる。

❶ 社会権…人間らしい豊かな生活を送るための権利。

①生存権…健康で文化的な最低限度の生活を営む権利。②教育を受ける権利…義務教育は無償とされている。③勤労の権利…働いて賃金を得る権利。④労働
└小学校・中学校の課程
基本権（労働三権）…労働者が使用者と対等な関係で交渉できる権利。団結権、

団体交渉権、団体行動権。 ← ストライキなど！

5 人権を保障するための権利

❶ 参政権…国民が政治に参加する権利。選挙権・被選挙権など。
　　　　　　　　　　　　　　　　　　　　　　└選挙に立候補する権利
❷ 請求権…裁判を受ける権利、国家賠償請求権、刑事補償請求権。
❸ 請願権…国や地方の機関に要望を伝える権利。
└法に基づいて公正に判断
❹ 公共の福祉…社会全体の利益。人権が制限される理由になる。
❺ 国民の義務…普通教育を受けさせる義務、勤労の義務、納税の義務。
└教育を受ける権利を保障するための義務

6 新しい人権

❶ 新しい人権…社会の変化にともない、近年主張されるようになった権利。
└憲法には直接規定されていない
❷ 環境権…住みやすい環境を求める権利。環境基本法が制定され、環境アセス
　　　　　　　　　　　　　　　　　　　　└大規模な開発を行う前に環境への影響を調査する
メント（環境影響評価）も義務づけられる。

❸ 自己決定権…自分の生き方を決定する権利。患者が治療について説明を受け
└尊厳死や安楽死など
同意するインフォームド・コンセントも重要。

❹ 知る権利…国や地方自治体の情報を手に入れることができる権利。国や地方
自治体には情報公開制度が設けられている。

❺ プライバシーの権利…私生活に関する情報を公開されない権利。個人情報保
護制度が設けられている。 ← 個人情報を厳重に管理するための制度

🔖 発展

生活保護→自分の収入や財産では十分な生活ができない人に、生活費や住居費などを援助する制度。生存権を具体化したもの。

📖 暗記

団結権→労働組合をつくる権利。
団体交渉権→使用者と交渉する権利。
団体行動権→ストライキなどを行う権利。

公共の福祉による制限の例	
表現の自由	・他人の名誉を傷つける行為の禁止 ・選挙運動の制限
集会・結社の自由	・デモの規制
居住・移転の自由	・感染症による入院措置
職業選択の自由	・無資格者の営業禁止 ・企業の価格協定（カルテル）などの禁止
労働基本権	・公務員のストライキ禁止
財産権の保障	・不備な建築の禁止

✏ 基礎力チェック！

次の問いに答えなさい。

(1) 雇用における男女差別を禁止した法律を何というか。

(2) 社会権のうち健康で文化的な最低限度の生活を営む権利を何というか。

(3) 大規模な開発を行う前に、環境への影響を調査する制度を何というか。

(4) 新しい人権のうち、国や地方自治体の情報を手に入れる権利は。

答え

(1) 男女雇用機会均等法
　　→ 2 参照

(2) 生存権 → 4 参照

(3) 環境アセスメント
　　（環境影響評価）
　　→ 6 参照

(4) 知る権利 → 6 参照

Social studies

21 公民 民主政治

1 政治と民主主義

❶ 政治…人々の間に起こる対立を、共通の課題として考えて調整し、社会を成り立たせていくこと。

❷ 民主主義（民主政治）…国民の意思に基づいて行われる政治をみんなで話し合い、決定するという考え方。
一人一人が政治に参加することが求められる
①直接民主制…国民や住民が直接話し合って決める方法。②間接民主制（議会制民主主義）…選挙で選ばれた代表者が議会で話し合って決める方法。世界の多くの国で採用。

> 🔎 発展
> 政治→一般には、国や地方公共団体の運営のことをいう。

2 政党の役割

> 💡 **絶対おさえる！ 与党と野党**
>
> ☑ 選挙や議会では、政治について同じ考えを持つ人がつくる政党が重要な役割を果たす。
> ☑ 内閣を組織し政権を担当する政党を与党、それ以外の政党を野党という。

❶ 政党…政治によって実現しようとする内容（政策）について、同じ考えを持つ人たちがつくる団体のこと。選挙や議会で重要な役割を果たす。

❷ 政党政治…政党を中心に運営される政治。国により二大政党制や多党制などがみられる。
2つの政党が議席のほとんどをしめる
①与党…内閣を組織し政権を担当する
3つ以上の主要な政党あり
政党。②野党…与党以外の政党。

❸ 連立政権（連立内閣）…複数の政党によって組織される内閣。1つの政党で議席が過半数に達しないときに誕生。

❹ 日本の政党政治…1955年から長い間、自由民主党（自民党）が単独で政権を担当。1990年代以降は連立政権がつくられる。

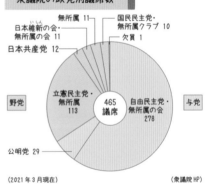

衆議院の政党別議席数

無所属 11
日本維新の会・無所属の会 11
国民民主党・無所属クラブ 10
日本共産党 12
欠員 1
立憲民主党・無所属 113
465議席
自由民主党・無所属の会 278
公明党 29
野党
与党

（2021年3月現在）　　（衆議院HP）

3 世論とマスメディア

❶ 世論…社会のさまざまな問題に関して、多くの国民に共有されている意見。世論を知るために行われる調査を世論調査という。

❷ 公約…選挙のとき、政治家が有権者に行う約束のこと。政権をとったときの政策や実施方法を明記したものを政権公約（マニフェスト）と呼ぶ。

❸ マスメディア…新聞、テレビ、ラジオなど。世論と政治を結ぶ役割を果たし、世論に大きな影響をあたえる。

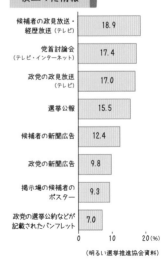

選挙のときに役立った情報

候補者の政見放送・経歴放送（テレビ） 18.9
党首討論会（テレビ・インターネット） 17.4
政党の政見放送（テレビ） 17.0
選挙公報 15.5
候補者の新聞広告 12.4
政党の新聞広告 9.8
掲示場の候補者のポスター 9.3
政党の選挙公約などが記載されたパンフレット 7.0

0　10　20（%）

（明るい選挙推進協会資料）

4 政治参加

❶ 利益団体（圧力団体）…自分たちの政策を実現させるために、議員などに意見を述べる団体。日本経済団体連合会など。

❷ 情報公開制度…国や地方公共団体の仕事の仕方を調べたり、監視したりするための手段。

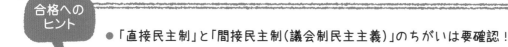

合格への
ヒント

● 「直接民主制」と「間接民主制（議会制民主主義）」のちがいは要確認！

5 選挙のしくみ

💡 絶対おさえる！ 選挙制度

☑ 衆議院議員選挙では、小選挙区比例代表並立制が採られている。
☑ 選挙の主な課題の１つに、一票の格差がある。

❶ **選挙の方法**…日本では公職選挙法で定められている。

❷ **選挙の基本原則**

　①普通選挙…一定の年齢に達したすべての国民が選挙権を持つ。
　　　　　　└ 日本では満18歳以上

　②平等選挙…１人が一票を投票。

　③直接選挙…候補者に直接投票する。

　④秘密選挙…誰に投票したか他人に知られないようにする。
　　　　　　└ 無記名で投票する

❸ **日本の選挙制度**

　①小選挙区制…１つの選挙区から１人の代表者を選出。

　②大選挙区制…１つの選挙区から２人以上の代表者を得票の多い順
　　に選出。

　③比例代表制…得票数に応じて各政党の議席数を決定。得票の少な
　　い政党も議席が得やすい。

❹ **衆議院議員と参議院議員の選挙**

> 小選挙区制と
> 比例代表制の組み合わせ！

　①衆議院…小選挙区比例代表並立制。小選挙区制と、全国を 11 のブロックに
　　分けて行う比例代表制を組み合わせたもの。

　②参議院…１つまたは２つの都道府県単位の選挙区選挙と、全国を１つの単位
　　とする比例代表選挙。
　　　　　　　　└ 1区に1～6人の代表を選ぶ

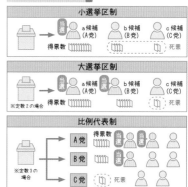

主な選挙制度

小選挙区制

大選挙区制

比例代表制

🔍 発展

死票→落選して議席を得られなかった政党や候補者の得票。小選挙区制で多く、大選挙区制や比例代表制では少ない傾向にある。

🔍 発展

期日前投票制度→有権者が投票しやすいように、投票日前に投票できる制度。

6 選挙の課題

❶ **投票率の低下**…投票に行かず棄権する人の増加による➡一部の人たちによっ
て政治の重要なことが決められることになる。

❷ **一票の格差**…選挙区ごとの有権者数のちがいにより、一票の価値に差がある
こと。最高裁判所は、一票の格差を日本国憲法に反すると判決を下す場合があ
り、是正が進められている。
　　　　　　　└ 「法の下の平等」などに反する

✏ 基礎力チェック！

次の問いに答えなさい。

(1) 内閣を組織し政権を担当する政党を何というか。

(2) 選挙のときに政党が発表する政策などを明記したものを何というか。

(3) 選挙の基本原則のうち、１人が一票を投票する原則を何というか。

(4) 得票数に応じて各政党の議席数を決定する選挙制度を何というか。

答え

(1) 与党 → 2 参照

(2) 政権公約（マニフェスト）
　　→ 3 参照

(3) 平等選挙 → 5 参照

(4) 比例代表制 → 5 参照

22

公民
国会と内閣

---

1 国会の地位としくみ

❶ **国会**…主権を持つ国民が直接選んだ**国会議員**による組織。
└不逮捕特権や免責特権を持つ
　①**国権の最高機関**…国の政治で重要な地位にある。
　②**唯一の立法機関**…国会のみ法律をつくることができる。

❷ **二院制（両院制）**…衆議院と参議院の２つの議院で構成。
　両議院の意見が一致すると国会の議決になる。

衆議院と参議院の比較(2021年5月現在)		
	衆議院	参議院
議員定数	465人	245人 ※2022年の選挙から248人になる予定
任期	4年（解散あり）	6年（3年ごとに半数を改選）
選挙権	18歳以上	18歳以上
被選挙権	25歳以上	30歳以上
選挙区	小選挙区　289人 比例代表　176人	選挙区　147人 比例代表　98人

---

2 国会の運営

💡 絶対おさえる！ 国会の種類と衆議院の優越

☑ 国会には、**常会**（通常国会）や**臨時会**（臨時国会）、**特別会**（特別国会）がある。
☑ 衆議院は参議院よりも任期が短く解散があるため、**衆議院の優越**が認められている。

❶ **国会の種類**
　①**常会（通常国会）**…毎年１回、１月中に召集される。
　②**臨時会（臨時国会）**…内閣が必要と認めたときなどに召集。
　③**特別会（特別国会）**…衆議院解散後、総選挙の日から30日以内に召集。新たに内閣総理大臣が指名される。
　④**参議院の緊急集会**…衆議院の解散中の緊急時に召集。

❷ **国会での審議**
　①**委員会**…分野別に数十人の国会議員で組織。
　└本会議に先立ち審議
　②**本会議**…議員全員からなり出席議員の過半数の賛成で可決。

❸ **衆議院の優越**…衆議院の議決が参議院の議決よりも優先されること。衆議院が参議院よりも任期が短く解散があるため。

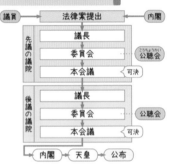

法律ができるまで

---

3 国会の仕事

❶ **法律の制定（立法）**…参議院が、衆議院と異なる議決をしたときや、参議院が60日以内に議決しないとき、衆議院で出席議員の３分の２以上の多数で再び可決されたときは法律になる。
　└国会が定める決まり

❷ **予算の審議・議決**…先に衆議院に提出。参議院が衆議院と異なった議決をし、両院協議会で意見が一致しなかったときなどは衆議院の議決が優先。

❸ **内閣総理大臣の指名**…両院協議会で意見が一致しなかったときなどには衆議院が指名した人が内閣総理大臣となる。

❹ **その他の主な仕事**
　①内閣が外国と結ぶ**条約の承認**。②ふさわしくない行いをした裁判官を辞めさせるかどうか判断する**弾劾裁判所**の設置。③国の政治について調査する（国政調査権）。証人喚問や政府に対する記録の提出を求めることができる。④衆議院・参議院それぞれの総議員の３分の２以上の賛成による**憲法改正の発議**。
　└両議院の7人ずつの国会議員で組織
　└証人を呼んで質問

📎 発展

両院協議会→衆議院と参議院の議決が異なったときに開かれる協議会。予算、条約、内閣総理大臣の指名については必ず開かれる。

📎 発展

公聴会→衆議院・参議院に設けられている委員会が必要と認めたとき、専門家や利害関係者を招いて意見を聞く会。

合格への
ヒント
● 国会の仕事を覚えておこう！「弾劾裁判所」「憲法改正の発議」は頻出！
● 「衆議院の優越」が認められる理由を確認しよう！

4 行政のしくみと内閣

💡 絶対おさえる！　内閣

☑ 内閣は、国会で指名される**内閣総理大臣**（首相）とその他の**国務大臣**で構成される。
☑ 内閣不信任の決議の可決➡内閣は10日以内に**衆議院の解散**を行うか、**総辞職**しなければならない。

❶ 行政…国会が定めた法律や予算に基づき国の政治を行うこと。
└国の行政と地方行政
❷ 内閣…行政機関の仕事を指揮監督する機関。

①**内閣総理大臣**（首相）…国会議員のなかから、国会の議決によって
└与党の党首がなるのが一般的
指名され、天皇が任命する。②**国務大臣**…内閣総理大臣によって任命
され、過半数は国会議員から選出しなければならない。
❸ 閣議…内閣の方針や意思を決定する会議。　全会一致によって決定！
❹ 内閣の主な仕事

①法律案や予算案を作成し、国会に提出する。②法律を実施するため
の**政令**を定める。③外国と交渉（**外交**）し、条約を締結する。④天皇
の国事行為に対し、助言と承認をあたえる。⑤最高裁判所長官を指名
し、その他の裁判官を任命する。

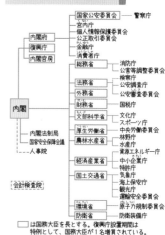
国の主な行政機関

5 議院内閣制

❶ 議院内閣制…内閣が国会の信任に基づいて成立し、国会に対
して連帯して責任を負うしくみ。
❷ 内閣不信任の決議…衆議院で可決されると、内閣は10日以
内に衆議院の解散を行うか**総辞職**しなければならない。
└内閣総理大臣と国務大臣全員が辞職すること

6 行政の役割と課題

❶ 公務員…「**全体の奉仕者**」として行政を担当する職員。
└国家公務員と地方公務員
❷ 行政権の拡大…現代の国家において行政の役割が大きくなっ
ている状況。公務員の数や**財政**の規模が増大した。
└政府の経済活動
❸ 行政改革…無駄がない効率的な行政を目指す改革。公務員の数を減らし、効
率的な組織にする取り組みや、**規制緩和**など。　自由な経済活動をうながす！

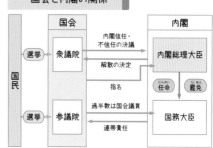
国会と内閣の関係

✎ 基礎力チェック！

次の問いに答えなさい。

(1) 毎年1回、1月中に召集される国会を何というか。

(2) 国会が持つ国の政治について調査する権限を何というか。

(3) 内閣が国会の信任に基づいて成立するしくみを何というか。

(4) 行政の許認可権を見直し自由な経済活動をうながす改革を何というか。

答え

(1) 常会（通常国会）
　　→ 2 参照
(2) 国政調査権　→ 3 参照
(3) 議院内閣制　→ 5 参照
(4) 規制緩和　→ 6 参照

23 公民 裁判所と地方自治

1 裁判所のしくみと働き

💡 絶対おさえる！ 裁判所の種類としくみ

☑ 裁判所は、司法権の最高機関である最高裁判所と、下級裁判所に分けられる。
☑ 三審制により、判決に不服な場合には控訴し、さらに上告することができる。

❶ 司法（裁判）…争いや事件を法に基づいて解決する働き。

❷ 裁判所…最高裁判所と下級裁判所（高等裁判所、地方裁判所、家庭裁判所、簡易裁判所）に分けられる。
└司法権の最高機関　└全国に8か所

❸ 三審制…1つの事件について3回まで裁判を求めることができるしくみ
➡より慎重に審議して誤りをなくし、人権を保障するため。第一審の判決に不服な場合には第二審の裁判所に控訴し、さらに第三審の裁判所に上告することができる。

❹ 司法権の独立…ほかの機関などから独立し、裁判官はみずからの良心に従い、憲法と法律にのみ拘束されるという原則。
└判決を下す

三審制のしくみ

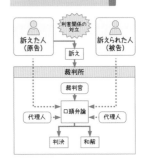

※判決ではない決定や命令が不服の場合の訴えをさす。

2 裁判の種類と人権

❶ 民事裁判…貸したお金を返してもらえないなど私人の間の争いについての裁判。このうち、国や地方公共団体を相手にした裁判を行政裁判という。訴えた人は原告、訴えられた人は被告。
└個人や企業など

❷ 刑事裁判…殺人や傷害、詐欺などの犯罪について、有罪か無罪かを決める裁判。警察官と検察官が捜査して被疑者を捜し、証拠を集める➡検察官が被疑者を被告人として起訴➡裁判官や裁判員は被告人が有罪か無罪かを決め、有罪の場合には刑罰を言いわたす。
└罪を犯した疑いのある人　└裁判所に訴えること

❸ 裁判での主な人権保障　（裁判官が発行！）
①捜索や逮捕には、原則として令状が必要。②取り調べでは自分に不利なことを言わなくてよい（黙秘権）。③拷問は禁止され、強制による自白は証拠にならない。④弁護人（弁護士）をたのむ権利が保障されている。

🔧 発展

再審請求➡判決確定後、新たな証拠によって判決に疑いが生じたとき、裁判のやり直しを請求できるしくみ。

民事裁判の手続き

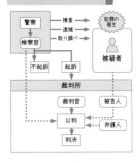

3 司法制度改革

❶ 法科大学院の創設…法曹の数を増やすことが目的。
└裁判官、検察官、弁護士

❷ 日本司法支援センター（法テラス）…借金や相続などの法的トラブルについて解決に役立つ法律相談などを無料で提供。

❸ 裁判員制度…殺人など重大な刑事事件の第一審に国民が裁判員として参加する制度。裁判官とともに被告人が有罪・無罪かどうか評議し、有罪の場合どのような刑罰にするかを決定。
└満20歳以上の国民の中から、くじと面接で選出

❹ 取り調べの可視化…警察官や検察官の取り調べを録画・録音。

❺ 被害者参加制度…被害者が被告人や証人に質問できる制度。

刑事裁判の手続き

月　　　日

● 「民事裁判」と「刑事裁判」の違いを確認しよう！
● 司法制度改革のなかでも、我々国民が直接関係する「裁判員制度」は頻出！

4 三権分立

💡 絶対おさえる！ 三権分立のしくみ

☑ **三権分立**は、国の政治権力を立法、司法、行政に分け、**均衡**を保つしくみ。
☑ 最高裁判所は**違憲審査**の最終決定権を持つことから「憲法の番人」。

❶ **三権分立**…国の政治権力を立法、司法、行政の3つに分け、それぞれ独
立した機関に担当させる。三権が抑制し合うことで権力の行き過ぎを防ぐ。

❷ **国民審査**…最高裁判所裁判官の任命が適切か国民が審査。

❸ **違憲審査制**…裁判所が持つ、法律や命令・規則などが憲法に違反してい
ないかを審査する権限。最高裁判所は「憲法の番人」と呼ばれる。

三権分立のしくみ

5 地方自治と地方公共団体

❶ **地方自治**…住民の意思と責任で地方の政治に取り組むしくみ。

　①**住民自治**…その地域に住む住民自身がみんなで問題を解決。

　②**団体自治**…地方公共団体が独自に政策を決定・実行。

❷ **地方公共団体（地方自治体）**…地方自治を行う単位。

❸ **地方分権**…仕事や財源を国から地方公共団体に移すこと。**地方分権一括法**で、国から地方公共団体に多くの権限が移行。

📝 暗記

「民主主義の学校」…地方自治は住民の生活に身近な民主主義を行う場であることから、このように呼ばれる。

6 地方公共団体のしくみ

❶ **首長**…地方公共団体の長。住民の直接選挙で選ばれる。

❷ **地方議会**…地方公共団体の議会。予算作成や**条例**の制定など。

❸ **直接請求権**…住民が政治の要求を首長などに請求できる権利。

❹ **地方財政**…地方公共団体が税金などをもとに行う経済活動。

　①**地方税**…住民などが地方公共団体に納める税金。

　②**国庫支出金**…国から地方公共団体に支給される資金。

　③**地方交付税交付金**…地方公共団体間の収入の格差を調整するために国から交付される資金。**使い道は自由**。

　④**地方債**…地方公共団体の借金。

住民の選挙権、被選挙権

	選挙権	被選挙権
市（区）町村長	18歳以上	25歳以上
都道府県の知事	18歳以上	30歳以上
都道府県・市（区）町村議会の議員	18歳以上	25歳以上

直接請求権

内容	必要な署名	請求先
条例の制定・改廃	有権者の50分の1以上	首長
事務の監査		監査委員
議会の解散	有権者の3分の1以上	選挙管理委員会
議員・首長の解職		
主要な職員の解職		首長

✏️ 基礎力チェック！

次の問いに答えなさい。

(1) 第一審の判決に不服な場合に、第二審に訴えることを何というか。

(2) 民事裁判において訴えられた人を何というか。

(3) 地方議会が制定する、その地域のみに適用される決まりを何というか。

(4) 地方公共団体に国から交付される使い道が自由な資金を何というか。

答え

(1) 控訴 → ❶ 参照
(2) 被告 → ❷ 参照
(3) 条例 → 6 参照
(4) 地方交付税交付金
　 → 6 参照

24 公民 消費生活と生産・労働

1 消費生活

1. **商品**…形のある財と、形のないサービスとに分かれる。
   └食品や衣類など   └映画や旅行など
2. **経済**…商品を生産し消費するなかで、暮らしを豊かにするしくみ。
3. **家計**…消費生活の単位。収入と支出によって成り立つ。

   ①収入…給与収入、事業収入、財産収入など。
     └会社員など   └個人商店など
   ②支出…生活に必要な財・サービスに使う消費支出と、非消費支出に分けられ、
     収入からこれらを引いた残りが貯蓄。   └税金や社会保険料など

4. **消費者主権**…消費者がみずからの意思と判断で商品を購入。
5. **契約**…売買が成立すること。契約自由の原則がある。

> 💬 暗記
>
> 希少性→求める量に対して、財・サービスが不足した状態のこと。求める量と実際の量との関係で決まる。

2 消費者の権利の保護

> 誰とどのような内容の契約を結ぶかは自由!

💡 絶対おさえる! 消費者保護・支援

☑ **クーリング・オフ制度**は、一定期間内であれば無条件で契約を解除できる制度。
☑ 消費者支援の法律には、**製造物責任法（PL法）**、**消費者契約法**などがある。

1. **消費者問題**…商品の購入などをめぐって起こるトラブル。
2. **消費者の4つの権利**…アメリカのケネディ大統領が宣言。
3. **日本の消費者問題への対応**

   ①**クーリング・オフ制度**…訪問販売などで商品を購入した場合、一定期間内であれば無条件で契約を解除できる制度。   └訪問販売では契約後8日以内

   ②**消費者保護基本法**…2004年に消費者の自立支援を基本理念とする消費者基本法に改正。

   ③**製造物責任法（PL法）**…欠陥商品で消費者が被害を受けたときの企業の責任について定める。

   ④**消費者契約法**…契約上のトラブルから消費者を保護する。

   ⑤**消費者庁**…各省庁が行っていた消費者政策をまとめて行う。
     └2009年にできる

> ⚠️ 注意
>
> 製造物責任法（PL法）→製品の欠陥によって損害を受けたことを証明すれば、損害賠償を求めることができる。

3 流通のしくみ

1. **流通**…生産された商品が消費者に届くまでの流れ。
2. **商業**…商品の流通を専門的に行う業種。
   ①**卸売業者**…商品を大量に仕入れて小売業者に売る。
     └卸売市場、商社、輸入代理店など
   ②**小売業者**…消費者に直接製品を売る。
     └商店、スーパーマーケット、コンビニエンスストア、百貨店など
3. **流通の合理化**…流通にかかる労力や費用の削減。

   ①**大規模小売業者**…商品を生産者から直接仕入れる。②**フラ**
     └百貨店やスーパーマーケット、家電量販店など
   ンチャイズ店やチェーン店…大量の商品をまとめて仕入れる。③**インターネット・ショッピング**➡流通経路の短縮、商品を保管する費用の大幅な削減。

流通の合理化

合理化する前
生産者　卸売業者　小売業者　消費者

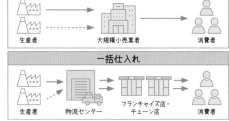

直接仕入れ
生産者　大規模小売業者　消費者

一括仕入れ
生産者　物流センター　フランチャイズ店・チェーン店　消費者

合格への
ヒント
● 消費者の権利を保護するための法律を覚えよう！
●「卸売業者」と「小売業者」の違いを確認しよう！

4 企業の種類と株式会社のしくみ

💡 絶対おさえる！ 企業

☑ 企業は利潤を追求する私企業と、国や地方公共団体が運営する公企業に分けられる。
☑ 株式会社の株主は、株主総会に出席し配当を受け取る権利が保障されている。

❶ 私企業と公企業

①私企業…民間が経営する利潤（利益）を目的とする企業。

②公企業…国や地方公共団体の資金で運営される企業。
　　　　└公共の目的のために活動

❷ 大企業と中小企業…資本金や従業員数による分類。中小企業は日本の

全企業の約99％、全売上高の約48％をしめる。

❸ ベンチャー企業…起業してからの年数が短く、独自の先進技術を活用し

て急成長する企業。（会社を起こすこと！）

❹ 企業の社会的責任（CSR）…利潤の追求だけでなく、消費者の安

全や従業員の生活の安定など、企業が果たすべき責任。

❺ 株式会社…株式の発行で得た資金をもとに設立された企業。
　　　　　└法人企業の中で最も数が多い
①株式…資金を投資した人の、権利や義務を定めた証書。②株主…企

業の株式を持っている人。株主総会に出席する権利や配当を受け取る
　　　　　　　　　　　　　　　　　　　　　　└利潤の一部
権利がある。倒産しても投資額以上は責任を負わない（有限責任）。
　　　　└とうさん

❻ 証券取引所…株式が売買される市場。利潤の見通しなどによって株
　　　└とりひきじょ
価が変動する。

中小企業の
日本経済にしめる割合

事業所数	中小企業 99.0%
従業者数	67.9
製造品出荷額等	47.5

(2018年)　　　　（「日本国勢図会」2020/21版）

株式会社のしくみ

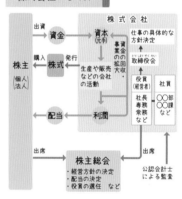

5 労働者の権利

❶ 労働者…使用者に対して弱い立場にあるため、労働組合を結成し、労

働条件の向上を使用者に要求できる。

❷ 労働三法…労働基準法、労働組合法、労働関係調整法。
　　　　　労働組合を結成する権利を保障する┘　└労働者と使用者の対立を予防・解決する

❸ ワーク・ライフ・バランス…仕事と個人の生活との両立。その実現が求めら

れている。フレックスタイムやテレワークも増加。

❹ 雇用…かつては終身雇用制や年功序列賃金が一般的➡非正規労働者が増加。
　　└こよう　　　　└1つの企業で定年まで┘　└年齢とともに賃金が上昇　　└パートやアルバイト、派遣労働者など
使用者にとって労働者の数を調整しやすい。

✏ 暗記
労働基準法→労働時間や休日などの労働条件の最低限の基準を定めた法律。

✏ 基礎力チェック！

次の問いに答えなさい。

(1) 契約上のトラブルから消費者を保護するための法律を何というか。

(2) 生産された商品が消費者に届くまでの流れを何というか。

(3) 独自の先進技術を活用して急成長する企業を何というか。

(4) 労働条件の最低限の基準を定めた法律を何というか。

答え

(1) 消費者契約法 → 2 参照

(2) 流通 → 3 参照

(3) ベンチャー企業
　　→ 4 参照

(4) 労働基準法 → 5 参照

25 公民 市場経済と金融政策

1 市場経済のしくみ

💡 絶対おさえる！ 需要と供給の関係

☑ 消費者が買おうとする量を需要量、生産者が売ろうとする量を供給量という。
☑ 需要量と供給量が一致したときの価格を均衡価格という。

❶ 市場…さまざまな商品が自由に売買される場。

❷ 市場経済…市場がすみずみまで行きわたっている経済。

❸ 需要量と供給量…需要量は消費者が商品を買おうとする量、供給量は生産者が売ろうとする量。

①需要量が供給量を上回った場合…価格は上がる。
└商品の量に対して「買いたい」人が多くいる状態。希少性が高い
②需要量が供給量を下回った場合…価格は下がる。
└商品の量に対して「買いたい」人が少ない状態

❹ 均衡価格…需要量と供給量が一致する価格。

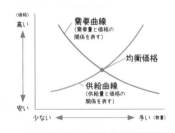
需要と供給の関係

2 価格の働き

❶ 市場価格…市場で決められる価格。商品の需要と供給の関係を示す指標の働きをする。

❷ 独占（寡占）価格……1つの企業が単独で、あるいは少数の企業が決めた価格。

①独占…市場で商品を供給する企業が1社のみの状態。

②寡占…市場で商品を供給する企業が少数の状態。

❸ 独占禁止法…企業の競争をうながすことを目的とする法律。公正取引委員会が監視や指導を行っている。

❹ 公共料金…電気や水道など、国や地方公共団体が決定・認可して定める料金
➡国民の生活に大きな影響をあたえるため。

> ⚠ 注意
> かつては電気やガス、水道は安定的に提供されるために、特定の地域を1社が独占する「独占価格」であった。しかし最近では、電気やガスの小売りが自由化されたので、価格が安くなる場合もある。

3 金融の働き

❶ 金融…資金が余っている家計・企業から、資金が足りない家計・企業に、資金を融通するしくみ。

①直接金融…株式や社債の発行などにより直接借り入れて資金を集めるしくみ。

②間接金融…金融機関からの借り入れで資金を集めるしくみ。

❷ 金融機関…間接金融を担う機関。銀行が代表例。

①利子（利息）…お金を借りた場合に支払う必要があるもの。

②金利（利子率、利率）…借り入れた金額（元金）に対する利子の比率。

③為替…はなれた場所への送金に利用される振りこみなど。

❸ 現金通貨と預金通貨

①現金通貨…紙幣や硬貨。

②預金通貨…企業どうしの取引で主に使われる。日本に流通している貨幣全体の約9割をしめる。

> 🔎 発展
> 利子→一般的に、金融機関が借りる側から受け取る利子は、預金している人々に支払う利子より高いため、その差が金融機関の収入となる。

● 「欲しい人が多く数が少ないもの」は高くなり、「欲しい人が少なく数が多いもの」は安くなる！

社会

理科

数学

英語

国語

4 景気変動と金融政策

💡 絶対おさえる！ 日本銀行の役割

☑ **日本銀行**は、**発券銀行、政府の銀行、銀行の銀行**といった役割を担う。

☑ 日本銀行は景気を安定させるために**公開市場操作**という**金融政策**を行っている。

❶ **日本銀行**…日本の**中央銀行**であり、特別な働きを持つ。

①**発券銀行**…日本銀行券と呼ばれる紙幣を発行する。
　　　　　　└千円札、二千円札、五千円札、一万円札の4種類

②**政府の銀行**…政府が管理する資金の出し入れを行う。

③**銀行の銀行**…一般の銀行に資金の貸し出しや預金の受け入れなどを行う。

❷ **景気変動**…社会全体の需要と供給の動きに応じて、景気が好景気と不景気をくり返すこと。 〔経済全体の状態！〕

①**好景気（好況）**…商品が多く売れ企業の生産が増え、家計収入が増加➡
　インフレーションが起こる。
　└物価が上がり続ける

②**不景気（不況）**…商品は売れず企業の生産が減り、家計収入が減少➡**デフレーション**が起こる。
　└物価が下がり続ける

❸ **戦後の日本経済**

①**高度経済成長**…国民総生産が年平均10%程度成長。
　└1955〜1970年代半　└GNP

②**バブル経済**…地価や株価が異常に高くなる好景気。
　└1980年代後半〜1991年

③**平成不況**…バブル経済崩壊後の不景気。
　└1990年代〜

❹ **金融政策**…物価の変動をおさえ景気を安定させる政策。公開市場
　└日本銀行が行う
操作（オペレーション）が中心的手段。
└一般の金融機関との間で国債の売買を行う

5 経済活動のグローバル化と金融

❶ **貿易**…国と国との間で行われる商品の取引のこと。

❷ **為替相場（為替レート）**…異なる通貨を交換する際の比率。

①**円高**…外国通貨に対する円の価値が高まる。
　└1ドル＝100円→1ドル＝90円

②**円安**…外国通貨に対する円の価値が低くなる。
　└1ドル＝100円→1ドル＝110円

❸ **産業の空洞化**…工場の海外移転などにより、
国内の雇用が減り、産業が衰退すること。

円高→輸出中心の
日本企業に不利。
円安→輸入中心の
日本企業に不利。

景気変動

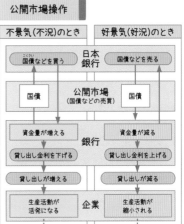

好景気

後退

回復

不景気

公開市場操作

基礎力チェック！

次の問いに答えなさい。

(1) 企業の競争をうながすことを目的とする法律を何というか。

(2) 企業が金融機関からの借り入れで資金を集めるしくみを何というか。

(3) 好景気のときに起こる物価が上がり続ける現象を何というか。

(4) 1ドル＝100円が1ドル＝90円になるのは円高と円安のどちらか。

答え

(1) 独占禁止法 → **2** 参照

(2) 間接金融 → **3** 参照

(3) インフレーション
　　　　→ **4** 参照

(4) 円高 → **5** 参照

26 公民 財政と国民の福祉、これからの経済

1 財政のしくみと税金

💡 絶対おさえる！ 税金の種類

☑ **税金**は納める人によって**直接税**と**間接税**に分けられる。
☑ **所得税**では、所得が多いほど税率が高くなる**累進課税**がとられている。

❶ **財政**…国や地方公共団体（政府）の経済的な活動。
❷ **予算**…１年間の政府の収入（**歳入**）と支出（**歳出**）の計画。
　①歳入…税金（**租税**）など。
　②歳出…医療や年金などの**社会保障**、公共事業など。
❸ **さまざまな税金**
　①**国税**…国に納める。
　②**地方税**…地方公共団体に納める。
　③**直接税**…税金を納める人と税金を負担する人が同じ。
　└所得税や法人税など
　④**間接税**…税金を納める人と税金を負担する人が異なる。
　└消費税や酒税など
❹ **累進課税**…所得が高い人ほど、所得や財産などに対する**税率**（税金の割合）を高くするしくみ。所得税などの直接税でとられる➡所得の格差を小さくする効果。
❺ **逆進性**…所得が低い人ほど、所得にしめる税率が高くなる傾向。消費税などの間接税にみられる。

国の一般会計予算

歳入 106兆6097億円	歳出 106兆6097億円
租税・印紙収入 所得税 17.5%	社会保障関係費 33.6%
消費税 19.0	国債費 22.3
法人税 8.4	地方交付税交付金など 15.0
その他の租税 8.9	公共事業関係費 5.7
公債金 40.9	文教および科学振興 5.1
	防衛関係費 5.0
	その他 13.3
その他 5.3	

（2021年度当初予算）　　　（財務省）

2 財政の役割と課題

❶ **政府の主な役割**　　「インフラ」ともいう！
　①**資源配分の調整**…道路や公園、水道などの**社会資本**の整備、学校教育などの**公共サービス**の提供。
　②**経済格差の是正**…税金や社会保障のしくみを整備し不当な経済格差をなくす。
　③**景気の安定化**…増税・減税、公共投資の増減などによる。中央銀行の**金融**政策と協力し合う。
❷ **財政政策**…歳入や歳出を通じて景気の安定をはかろうとする政府の政策。
　└社会資本の整備などへの支出
　①**不景気**…公共投資の増加や減税➡景気を回復させる。
　②**好景気**…公共投資の削減や増税➡景気をおさえる。
❸ **公債**…税金だけでは収入が足りない場合に政府が発行する債券。期限が来れば返済し、利子も支払う必要がある。
　①**国債**…国が発行する公債。
　②**地方債**…地方公共団体が発行する公債。
❹ **公債発行の課題**…借金であるため、発行しすぎると将来の世代に借金の返済を負わせることになる。

📎 暗記

公共サービス→一般に多くの人たちが利用できるサービスで、そのサービスを利用するための料金をとることが難しいもの。消防や警察、ごみ処理などもふくまれる。

金融政策と財政政策

	不景気（不況）のとき	好景気（好況）のとき
日本銀行の金融政策（公開市場操作）	国債などを銀行から買い、銀行から企業への資金の貸し出しを増やそうとする（買いオペレーション）。	国債などを銀行へ売り、銀行から企業への資金の貸し出しを減らそうとする（売りオペレーション）。
政府の財政政策	●公共投資を増やして企業の仕事を増やす。 ●減税をして企業や家計の消費を増やそうとする。	●公共投資を減らして企業の仕事を減らす。 ●増税をして企業や家計の消費を減らそうとする。

景気が回復する　　景気がおさえられる

●「累進課税」の内容と、制度が導入されている意味を確認しよう。
● 景気状況による財政政策の違いを覚えておこう！

社会 / 理科 / 数学 / 英語 / 国語

3 社会保障

💡 絶対おさえる！ 日本の社会保障制度

☑ 日本の**社会保障制度**は、社会保険、公的扶助、社会福祉、公衆衛生の4つが基本的柱。
☑ **介護保険**制度は40歳以上の人が加入し、必要になったときに給付を受ける制度。

❶ **社会保障**…病気などで生活が困難なとき、国が生活を保障。
❷ **日本の社会保障の4つの柱**…生存権の考え方に基づく。
  └日本国憲法第25条
  ①**社会保険**…加入者が保険料を負担し合い、病気や高齢の人など
   に給付。医療保険、年金保険、介護保険など。
  ②**公的扶助**…最低限の生活が困難な人に生活費などを支給。
  ③**社会福祉**…高齢者や障がい者、子どもなどを支援。
  ④**公衆衛生**…人々の健康の保持・増進のため病気の予防など。
❸ **少子高齢化と社会保障**
  ①**介護保険制度**…介護サービスが必要になったときに給付。
   └社会保険の1つ
  ②**後期高齢者医療制度**…75歳以上の高齢者が加入。
❹ **社会保障と財政との関係**
  ①**大きな政府**…社会保障を充実させる代わりに、税金などの負担が大きい高福
   祉高負担。スウェーデンなど。
  ②**小さな政府**…社会保障を削減する代わりに国民の負担が軽い低福祉低負担。
   アメリカなど。

日本の社会保障制度

種類	仕事の内容
社会保険	医療保険　介護保険　年金保険 雇用保険　労災保険
公的扶助	生活保護 ・生活扶助・住宅扶助 ・教育扶助・医療扶助　など
社会福祉	高齢者福祉　児童福祉 障がい者福祉　母子・父子・寡婦福祉
公衆衛生	感染症対策　上下水道整備 公害対策　など

40歳以上の人の加入を義務づけ！

4 公害の防止と環境保全

❶ **公害**…大気汚染や騒音などで健康や生活が損なわれること。
❷ **四大公害病**…熊本県などの**水俣病**、富山県の**イタイイタ
   イ病**、三重県の**四日市ぜんそく**、**新潟水俣病**。
❸ **環境の保全**…①公害対策基本法（1967年）➡環境基本法（1993年）。
  ②**環境庁（現・環境省）**…公害対策や自然環境保護を扱う。
  ③**循環型社会**…環境への負荷をできる限り減らす社会。
  ④**3R**…リデュース、リユース、リサイクル。
   └ごみの削減　└再使用　└再生利用

四大公害

	被害地域	原因
新潟水俣病	新潟県阿賀野川流域	水質汚濁
四日市ぜんそく	三重県四日市市	大気汚染
イタイイタイ病	富山県神通川流域	水質汚濁
水俣病	熊本県・鹿児島県八代海沿岸	水質汚濁

🔖 発展

エシカル消費→環境や社会、
人に配慮した商品を選んで
消費すること。

✏ 基礎力チェック！

次の問いや（　）にあてはまる語句を答えなさい。

(1) 税金を納める人と実際に負担する人が異なる税金を何というか。
(2) 景気の安定を図るために政府が行う政策を（　　）という。
(3) 最低限の生活が困難な人に生活費などを支給する社会保障のしくみは。
(4) 1993年に制定された環境保護のための法を（　　）という。

答え

(1) 間接税　→ 1 参照
(2) 財政政策　→ 2 参照
(3) 公的扶助　→ 3 参照
(4) 環境基本法
　　→ 4 参照

27

公民

国際社会と日本

1 国際社会における国家

❶ **国家**…国民、領域、主権の３つの要素がそろって成り立つ。

❷ **国家の主権**…ほかの国に干渉されたりせず、国内の政治や外交について
決める権利。主権を持つ国を主権国家という。 └国旗や国歌を持つ

❸ **主権国家の領域**…主権がおよぶ範囲のことで、領土、領海、領空。

　①排他的経済水域…領海を除く、沿岸から200海里以内の海域。沿岸国
　には漁業資源や鉱産資源を開発する権利がある。

　②公海…排他的経済水域の外側の海域。どこの国の船も自由に航行や漁業
　ができる（公海自由の原則）。

❹ **国際法**…国際社会で守るべきルール。**条約**と**国際慣習法**。 └公海自由の原則など

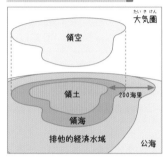
領域と排他的経済水域

* 1海里は1852m　※領海は、日本では12海里。

2 国際連合のしくみ

💡 絶対おさえる！ 国際連合の機関

☑ **国際連合（国連）の安全保障理事会における常任理事国は拒否権を持つ。**
☑ **UNESCO や WHO といった専門機関は、国連と連携して活動している。**

❶ **国際連合（国連）**…世界の平和と安全の実現のため1945年に設立。本部は
アメリカのニューヨークにある。

　①総会…すべての加盟国が平等に一票を持つ。 └主権平等の原則による

　②安全保障理事会…アメリカ、イギリス、フランス、ロシア、中国の常任理事
　└加盟国は決定に従う義務あり　国５か国と、総会で選ばれる非常任理事国10か国で構成。常任理事国は拒
　否権を持ち、１か国でも反対すると重要な問題について決議できない。 └任期2年

　③国際司法裁判所…国家間における争いを国際法に基づき平和的な解決をは
　かる裁判所。

　④専門機関…**国連教育科学文化機関**や**世界保健機関**など。
　　　　　　　　　　└UNESCO　　　　　　　　　└WHO
❷ **平和維持活動（PKO）**…地域紛争などで国連が行う活動。
　　　　　　　　　　　　　　　　　　　　　　　└停戦や選挙の監視など

日本も自衛隊が参加！

国際連合の主要機関

国際司法裁判所／安全保障理事会／信託統治理事会（活動停止中）／総会／事務局／経済社会理事会

3 地域主義の動き

❶ **地域主義**…特定の地域で国どうしがまとまり、経済や環境、安全保障などの
└リージョナリズムとも　分野で協調・協力関係を強めようとする動き。

ヨーロッパ連合（EU）	経済・外交・安全保障などで協力。多くの加盟国が共通通貨ユーロを導入。
東南アジア諸国連合（ASEAN）	経済・政治・安全保障などで協力。日本や中国、韓国を加えた会議も活発。
アジア太平洋経済協力会議（APEC）	太平洋を取り囲む地域の貿易自由化などで経済協力。21か国・地域が参加。

❷ **貿易の自由化**…特定の国と国との間で**自由貿易協定（FTA）**や**経済連携協定
（EPA）**を結んでいる。

📖 参考

ヨーロッパ連合（EU）は、アメリカ合衆国などの大国に対抗するために結成された。

合格への
ヒント

● 安全保障理事会の常任理事国は暗記しておこう！
● EU、ASEANなどの地域・経済共同体は日本語でも書けるようにしておこう。

4 地球環境問題

❶ **地球温暖化**…大気中に二酸化炭素などの温室効果ガスが増加することで、地球の表面温度が上昇する問題。　（「地球サミット」とも！）

①国連環境開発会議…気候変動枠組条約や生物多様性条約などを調印。
└→1992年
②京都議定書…先進国に温室効果ガス排出量の削減を義務づけたもの。地球温暖化防止京都会議で採択。
└→1997年
③パリ協定…途上国をふくむ各国が独自の目標を立てて温室効果ガス削減に取り組むとした協定。
└→2015年

❷ **再生可能エネルギー**…資源を確保する必要がなく、二酸化炭素を排出しないエネルギー。太陽光、風力、地熱など。

世界の
二酸化炭素排出量

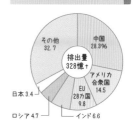

その他 32.7
中国 28.3%
排出量 328億t
アメリカ合衆国 14.5
日本 3.4
EU 28ヵ国 9.8
ロシア 4.7
インド 6.6

(2017年)　（「世界国勢図会」2020/21年版）

📖 参考

京都議定書は、のちにアメリカ合衆国が離脱を表明し、先進国と発展途上国が対立するなど、課題が残った。

5 国際社会における問題

💡 絶対おさえる！ 発展途上国の課題

☑ 発展途上国と先進工業国との経済格差を、南北問題という。
☑ 発展途上国では、貧困や飢餓の問題が深刻化している。

❶ **南北問題**…かつて植民地であった国が多い発展途上国（途上国）と先進工業国（先進国）との間でみられる経済格差の問題。

❷ **南南問題**…途上国の間の経済格差の問題。

❸ **貧困問題**…世界には飢餓状態の人々が約8億人。フェアトレード（公正貿易）やマイクロクレジット（少額融資）で支える。

❹ **現代の戦争や軍縮の動き**
①現代の戦争…地域紛争やテロリズム（テロ）が世界に広がる民族紛争から発生➡難民の発生。国連難民高等弁務官事務所（UNHCR）などが支援。
└→人種や宗教を理由に、迫害を受けることを避けるため、外国などに避難した人々
②軍縮…1968年に核拡散防止条約が採択➡2017年に核兵器禁止条約が採択。

❺ **政府開発援助（ODA）**…先進工業国の政府が行う、発展途上国への経済的な支援や技術援助。

❻ **持続可能な社会を目指して**…「人間の安全保障」を推進。

🔖 暗記

新興国→発展途上国のうち、近年経済が急成長した国。

🔖 暗記

SDGs（持続可能な開発目標）→国連で定めた、2030年までに達成すべき17の目標。貧困や飢餓をなくすなど。

✏️ 基礎力チェック！

次の問いに答えなさい。

(1) 国連の主要機関のうち、すべての加盟国が参加するものを何というか。

(2) アジア太平洋経済協力会議の略称を何というか。

(3) 2015年に結ばれた地球温暖化防止のための協定を何というか。

(4) 発展途上国間でみられる経済格差の問題を何というか。

答え

(1) 総会 → 2 参照
(2) APEC → 3 参照
(3) パリ協定
　　→ 4 参照
(4) 南南問題
　　→ 5 参照

社会
理科
数学
英語
国語

点数がグングン上がる！
理科の勉強法

 基礎力UP期（4〜8月）

▶「なぜ？」を考えながら覚えよう！

　理科はよく暗記科目だと言われるが、完全な丸暗記が必要なわけではない。物理・化学・生物・地学の4分野すべて、「なぜ？」を考えながら学習をすることが大切だ。つまり、「原理に納得したうえで知識を覚えること」が必要なんだ。「なんで鉄ってさびるんだろう？」「なんで月の見え方って変わるんだろう？」など、気になることを普段からメモしておいたり、教科書の重要語句の説明の部分に線を引いたりすることを意識しよう。本書には現象の仕組みや用語の定義も細かく書いてある。必ず読み込み、印をつけるようにしよう。

▶ 暗記も大切！ 「消える化ノート術」で覚えよう

　一方、重要語句の暗記ができていないと、いつまで経ってもテストの得点が安定しないのも事実。理科の重要用語の暗記には「消える化ノート術」がおすすめだ。学校の授業で先生が黒板に書いた重要なポイントをまとめるときや、問題集で間違えてしまった問題をノートに整理するときに、重要語句をオレンジペンで書くんだ。すると、赤いチェックシートをかぶせたときに消えるので、オリジナルの用語集になる（とくに、化学・生物・地学は暗記が多いので相性がいい）。教科書や参考書のようにすでに重要語句が記載されている場合には、赤いチェックシートをかぶせたときに消せるような緑マーカーの使用も有効なので試してみて。
　もちろん本書のオレンジの箇所も赤シートで消える。まさにこれが「消える化」だ。参考に作ってみてほしい。

 復習期（9月〜12月）

▶ 自分の苦手な単元を把握しよう！

　全分野をすでに学習済みのみなさんは、「絶対おさえる！」と「合格へのヒント」を読み込んでみよう。とくに、「合格へのヒント」には、その単元の学習の注意点が記載してある。すべて読み込むことで、自身の苦手な単元が明確になるはずだ。

▶ 重要語句を自分で説明できるようになろう！

ただ、すべてに目を通しても、なかなか問題を解ききることができないのが理科の難しさ。「これは覚えたはず」という知識でも、いざ問題として問われると間違えてしまうことも多い。

問題を解ききることができない大きな要因は、原理の本質をとらえることができておらず、自分の言葉で重要語句の説明ができるまでは理解ができていないことだ。そこでおすすめしたいのが「なりきり先生勉強法」。教科書や参考書の重要用語を、まるで自分が先生になったかのように、「この用語の意味は○○でね……」と、友達や親に解説するんだ。恥ずかしい人は、ひとりごとでも構わない。最初はなかなかスムーズに説明できないかもしれないが、逆にうまくいかないことで、正確に理解できている単元と理解できていない単元を区別できる。

とくに本書の内容では、「絶対おさえる！」やオレンジの重要語句を中心に、内容を説明する練習をしてみよう。余力がある人は右側の「注意」「参考」まで説明できると完璧。うまく説明ができなかったときには、教科書に戻り、知識の整理をしたうえでリベンジしよう！　この時期に原理の正確な理解ができていると、記述問題の苦手意識も少しずつなくなってくるはずだ。

 まとめ期（1月〜受験直前）

▶ 差がつく入試問題①「表・グラフが出てくる」問題

この時期に本書を手にとってくれたみなさんは、優先度を考えながら復習を。すべてを読み込みたい気持ちは抑え、まずは全分野の「絶対おさえる！」「基礎力チェック」に目を通そう。

それが終わったら、過去問演習に取り組もう。理科の入試問題で差がつくのが、「表・グラフが出てくる」問題と「実験」の問題の2つ。「表・グラフが出てくる」問題は、問題文と表・グラフを見比べ、見落としている条件がないよう重要箇所に印をつけながら、細心の注意を払って解こう。グラフの横軸・縦軸の単位に注目して、グラフが何を表しているか把握しよう。

▶ 差がつく入試問題②「実験」の問題

「実験」の問題では、「目的」を考える習慣が大切になる。実験をするということは、何か「明らかにしたいこと」があるはず。光合成の実験なら、他の条件を揃えたうえで「光をなくしたらどうなるか？」「葉緑体がない部分だとどうなるか？」という対照実験をすることで、光合成の原理を明らかにする。「実験」の問題は、問題文が長文になることも多く苦手な人も多いが、「この問題で明らかにしたいことは何か？」を意識することで一気に解きやすくなるんだ。また、解き終わった直後に実験の目的と手法を要約する習慣が身につくと得点アップ間違いなし！そして解ききれない問題があったら、新しく知った知識を直接本書に書き込むようにしよう。

理科は、重要語句の整理や「なぜ」を考え続けることで、他教科と比べて直前まで成績が伸びる。当日まで自分の勉強のやり方を信じて、勉強を続けていこう！

Science

1

物理

光

1 光の性質

① **光源**…みずから光を出す物体。

② **光の直進**…光源から出た光があらゆる方向にまっすぐ進むこと。

③ **光の色**…太陽の光はいろいろな色の光が混ざっている。プリズムを使うと、光の色が分かれたようすを見ることができる。

プリズム

白色光

📖 参考

虹は太陽の光が空気中の水滴を進むときに、光が分かれて色が見える自然現象である。

2 光の反射

① **光の反射**…光が鏡などの物体の表面に当たってはね返ること。

・**入射角**…入射光（鏡などに入ってくる光）と鏡などの面に垂直な直線の間の角。

・**反射角**…反射光（反射して出ていく光）と鏡などの面に垂直な直線の間の角。

💡 **絶対おさえる！ 光の反射の法則**

☑ 光が反射するとき、入射角と反射角はつねに**等しい**。
　これを**光の反射の法則**という。

・**乱反射**…凹凸のある物体に当たった光が、さまざまな方向に反射すること。

② **鏡にうつる物体の見かけの位置**…鏡にうつる物体を見るとき、鏡に対して物体と対称の位置から光が届くように見える。

--- 光の反射

入射光　入射角　反射角　反射光

鏡

入射角＝反射角

3 光の屈折

① **光の屈折**…光が異なった物質の境界をななめに進むときに、境界面で折れ曲がること。

・**屈折角**…屈折光（屈折して進む光）と境界面に垂直な直線の間の角。

⚠ 注意

境界面に垂直に進む光は、屈折せずに直進する。

💡 **絶対おさえる！ 入射角と屈折角の関係**

☑ 光が空気中から水中やガラス中に進むとき、屈折角は入射角より**小さく**なる。
☑ 光が水中やガラス中から空気中に進むとき、屈折角は入射角より**大きく**なる。

▶ 光の屈折

空気中→水中（ガラス中）

入射角

空気
水（ガラス）

屈折角

入射角＞屈折角

水中（ガラス中）→空気中

屈折角

空気
水（ガラス）

入射角

入射角＜屈折角

② **全反射**…光が水中やガラス中から空気中に進むときに、境界面ですべての光が反射すること。入射角がある大きさ以上になると起こる。

空気
水

光源

すべて反射する

📖 参考

通信ケーブルなどで使われている光ファイバーは、全反射を利用している。

● 光の反射や光の屈折、凸レンズを通過するときの光の進み方は自力でかけ
るように練習しておこう！

4 凸レンズの性質

❶ **光軸**…凸レンズの中心を通り、凸レンズの面に
垂直な軸。

❷ **焦点**…光軸に平行に入った光が、凸レンズで
屈折して１つに集まる点。

❸ **焦点距離**…凸レンズの中心から焦点までの距
離。

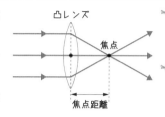

> ⚠ 注意
> 焦点は、凸レンズの両側に1
> つずつある。

> ⚠ 注意
> 光は凸レンズに入るときと出
> るときに屈折しているが、作
> 図では、中央で1回屈折して
> いるように表す。

5 凸レンズがつくる像

❶ **実像**…物体が焦点よ
り外側にあるときに、
凸レンズで屈折した
光が１点で集まって
できる像。スクリーン
にうつすことができる。像の向きは、実物と**上下左右が逆向き**になる。

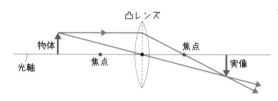

> 🔧 発展
> 凸レンズを半分おおっても
> 像はすべてうつる。ただし、
> 光の量が少なくなるので暗
> くなる。

❷ **虚像**…物体が焦点より内側にあ
るときに、凸レンズを通して見る
ことができる像。スクリーンにう
つすことはできない。像の向き
は、実物と**上下左右が同じ向き**
で、像の大きさは実物より大きい。

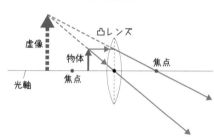

> 📖 参考
> 虫めがねで見える像は虚像
> である。

物体の位置	像の位置	実物と比べた像の大きさ
焦点距離の2倍よりも遠い位置	焦点距離の2倍の位置と焦点の間	小さい
焦点距離の2倍の位置	焦点距離の2倍の位置	同じ
焦点距離の2倍の位置と焦点の間	焦点距離の2倍よりも遠い位置	大きい
焦点上	像はできない	―
焦点の内側	（凸レンズをのぞくと見える）	大きい

✎ 基礎力チェック！

次の問いに答えなさい。

(1) 光が反射するとき、入射角と反射角の大きさは等しい。これを何の法
則というか。

(2) 水中から空気中に進む光がすべて反射する現象を何というか。

(3) 光軸に平行に入った光が屈折して１つに集まる点を何というか。

(4) 凸レンズを通して見える、物体より大きな像を何というか。

答え
(1) 光の反射の法則
→ 2 参照
(2) 全反射
→ 3 参照
(3) 焦点
→ 4 参照
(4) 虚像
→ 5 参照

2 音と力

物理

1 音の伝わり方

❶ **音源（発音体）**…音を出している物体。**振動**することで音を出す。

❷ **音の伝わり方**…音源の振動が空気を振動させて、その振動が次々と**波**として伝わり、耳にある鼓膜を振動させることで音が聞こえる。

❸ **音を伝えるもの**…音は空気のような気体中だけでなく、**液体中や固体中も伝わる**。真空中では音は伝わらない。

📖 参考
空気中を伝わる音の速さは、約340m/s(15℃)である。一般的に、気体中より固体や液体中のほうが音は速く伝わる。

📖 参考
光の速さは約30万km/s。

2 音の性質

❶ **振幅**…音源の振動の振れ幅。

❷ **振動数**…音源が1秒間に振動する回数。単位はヘルツ（記号：Hz）。

💡 **絶対おさえる！ 音の大きさと高さ**

☑ 音の大きさ…振幅が**大きい**ほど大きい。
☑ 音の高さ…振動数が**多い**ほど高い。

❸ **弦の振動と音**

・音の大きさ…弦を強くはじくと振幅が大きくなり、大きい音が出る。

・音の高さ…弦の長さを**短く**したり、弦の張り方を強くしたりすると、振動数が多くなり、高い音が出る。

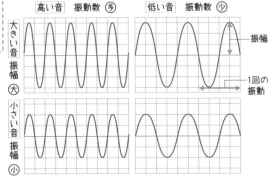

---音の波形

高い音 振動数 多

低い音 振動数 少

大きい音 振幅 大

小さい音 振幅 小

振幅

1回の振動

※横軸は時間、縦軸は振幅を表す。

♪ 発展
弦を細くすると高い音が出る。

3 力の性質

❶ **力のはたらき**

・物体の**形**を変える。

・物体を**支える**。

・物体の運動の状態（**速さや向き**）を変える。

❷ **いろいろな力**

・**重力**…物体が地球の**中心**に向かって**引かれる力**。

・**弾性力（弾性の力）**…変形した物体がもとにもどろうとして生じる**力**。

・**垂直抗力**…面が物体におされたとき、面が物体を垂直におし返す力。

・**摩擦力**…物体を動かすときにふれ合う面からはたらく、動こうとしている向きと**反対向き**の力。

・**磁力（磁石の力）**…磁石の極と極の間にはたらく、引き合ったり、しりぞけ合ったりする力。

・**電気力（電気の力）**…こすった下じきなど、電気がたまった物体が引き合ったり、しりぞけ合ったりする力。

📖 参考
重力は、地球上にあるすべての物体にはたらく。

📖 参考
物体がもとにもどろうとする性質を弾性という。

⚠ 注意
重力、磁力、電気力は、物体どうしがはなれていてもはたらく。

社会

理科

数学

英語

国語

> 合格への
> ヒント
> ● 音の高さと大きさは、音の波形と合わせて理解しておこう！
> ● 力の三要素を意識しながら矢印をかく練習をしておこう！

4 力のはかり方と力の表し方

❶ 力の大きさ…単位はニュートン（記号：N）。1Nは、約100gの物体にはたらく重力の大きさに等しい。

❷ 力の大きさとばねののびの関係

> 💡 **絶対おさえる！ フックの法則**
>
> ☑ ばねののびは、ばねを引く力の大きさに比例する。これを**フックの法則**という。

❸ 力の三要素…力のはたらく点（作用点）、力の大きさ、力の向き。

❹ 重さと質量

・重さ…物体にはたらく重力の大きさ。ばねばかりではかることができる。単位はニュートン（記号：N）。場所によって変わる。

・質量…物体そのものの量。上皿てんびんではかることができる。単位はグラム（記号：g）やキログラム（記号：kg）。場所が変わっても変わらない。

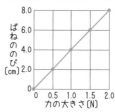

📖 参考

ばねののびとばねを引く力の大きさの関係を表すグラフは原点を通る直線になる。

📖 参考

月の重力の大きさは地球の重力の大きさの約$\frac{1}{6}$である。

5 2力のつり合い

❶ 力のつり合い…1つの物体に2つ以上の力がはたらいて、物体が静止しているとき、物体にはたらく力は「つり合っている」という。

❷ 2力のつり合い

> 💡 **絶対おさえる！ 2力がつり合う条件**
>
> ☑ 2力の大きさが等しい。
> ☑ 2力の向きが反対。
> ☑ 2力が同一直線上にある。

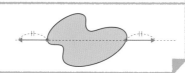

例 ・床に置いた物体にはたらく**重力**と**垂直抗力**はつり合っている。

・物体に力を加えて動かないとき、**加えた力**と**摩擦力**はつり合っている。

📖 参考

・重力と垂直抗力

・加えた力と摩擦力

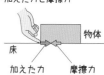

✏ 基礎力チェック！

次の問いに答えなさい。

(1) 音を出している物体を何というか。

(2) 振動数が多いほど、音の高さはどうなるか。

(3) ばねののびは、ばねを引く力の大きさに比例する。これを何の法則というか。

(4) 机に置いた物体にはたらく重力とつり合う力を何というか。

答え

(1) 音源（発音体）
　→ 1 参照

(2) 高くなる。　→ 2 参照

(3) フックの法則
　→ 4 参照

(4) 垂直抗力　→ 5 参照

3

物理
電流の性質

---

1 回路と電流・電圧

❶ **回路**…電流が流れる道すじ。

　・**直列回路**…電流の流れる道すじが1本でつながっている回路。

　・**並列回路**…電流の流れる道すじが枝分かれしている回路。

❷ **回路図**…電気用図記号を使って回路を表した図。

❸ **電流と電圧**

　・**電流**…回路を流れる電気の流れ。単位はアンペア（記号：A）やミリアンペア（記号：mA）。1 A＝1000mA。

　・**電圧**…回路に電流を流そうとするはたらき。単位はボルト（記号：V）。

❹ **電流計と電圧計の使い方**…電流計ははかりたい点に直列につなぎ、電圧計ははかりたい区間に並列につなぐ。大きさが予想できないときは、はじめは最も大きい値がはかれる−端子(たんし)を用いる。

> 📖 参考
>
> 電気用図記号
>
> | 電源 | スイッチ |
> |---|---|
> | （−極）（＋極） | |
> | 電球 | 抵抗器 |
> | | |
> | 電流計 | 電圧計 |
> | Ⓐ | Ⓥ |

> ⚠️ 注意
>
> 電流計、電圧計の目盛りは、最小目盛りの$\frac{1}{10}$まで目分量で読みとる。

---

2 回路による電流・電圧

❶ 回路に流れる電流

> 💡 **絶対おさえる！　直列回路・並列回路の電流**
>
> ☑ **直列回路の電流**…どの点を流れる電流も等しい。
> ☑ **並列回路の電流**…枝分かれした電流の大きさの和は、枝分かれする前の電流の大きさや、合流したあとの電流の大きさに等しい。

▶ 直列回路の電流　　　　　　　▶ 並列回路の電流

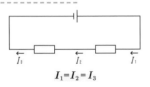

$(I:電流)$

$$I_1 = I_2 = I_3$$

$$I = I_1 + I_2 = I'$$

> 📖 参考
>
> 電流を表す記号には、Intensity of an electric currentのIを用いることが多い。

❷ 回路に加わる電圧

> 💡 **絶対おさえる！　直列回路・並列回路の電圧**
>
> ☑ **直列回路の電圧**…各区間に加わる電圧の和は、電源の電圧に等しい。
> ☑ **並列回路の電圧**…各区間に加わる電圧はどれも同じで、それらは電源の電圧に等しい。

▶ 直列回路の電圧　　　　　　　▶ 並列回路の電圧

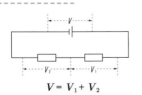
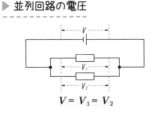

$(V:電圧)$

$$V = V_1 + V_2$$

$$V = V_1 = V_2$$

> 📖 参考
>
> 回路の導線部分にもわずかな電圧が加わっているが、0Vと考えてよい。

> 📖 参考
>
> 電圧を表す記号には、VoltageのVを用いることが多い。

> ⚠️ 注意
>
> 記号と単位の記号Vをまちがえないように注意する。

● 直列回路では電流が、並列回路では電圧が等しいことに注意しよう！
● オームの法則はグラフの読みとりが頻出！

社会

理科

数学

英語

国語

3 電圧と電流の関係

❶ **電気抵抗（抵抗）**…電流の流れにくさ。単位はオーム（記号：Ω）。

❷ **電圧と電流の関係**

▶ 電圧と電流の関係

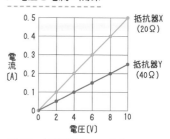

抵抗器Ｘより抵抗器Ｙのほうが
電流が流れにくい。
⇒抵抗器Ｙのほうが抵抗が大きい。

> 💡 **絶対おさえる！ オームの法則**
>
> ☑ 抵抗器に流れる電流の大きさは、抵抗器に加わる電圧の大きさに
> 比例する。これを**オーム**の法則という。
>
> $$抵抗〔Ω〕 = \frac{電圧〔V〕}{電流〔A〕} \quad \left(R = \frac{V}{I} \right)$$
> ※R:抵抗、V:電圧、I:電流

❸ **回路全体の抵抗（合成抵抗）**

・直列回路の全体の抵抗…各抵抗の大きさの和に等しい。

・並列回路の全体の抵抗…各抵抗の大きさより小さくなる。

▶ 直列回路の全体の抵抗

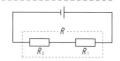

$R = R_1 + R_2$
（R:抵抗）

▶ 並列回路の全体の抵抗

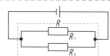

$$\frac{1}{R} = \frac{1}{R_1} + \frac{1}{R_2}$$

> 📖 参考
>
> オームの法則の式は、次のように変形できる。
>
> $$V = R \times I, \quad I = \frac{V}{R}$$

❹ **物質の種類と電気抵抗**

・**導体**…抵抗が小さく、電流が流れやすい物質。

・**不導体（絶縁体）**…抵抗が非常に大きく、ほとんど電流が流れない物質。

> 🔎 発展
>
> 電流の流れやすさが導体と不導体の中間程度の物質を半導体という。コンピュータやスマートフォンなどに利用されている。

4 電流のはたらき

❶ **電力（消費電力）**…1秒間あたりに消費される電気エネルギーの量。単位はワット（記号：W）。**電力〔W〕＝電圧〔V〕×電流〔A〕**

❷ **発熱量**…電流を流したときに発生する熱の量。単位はジュール（記号：J）。
発熱量〔J〕＝電力〔W〕×時間〔s〕

❸ **電力量**…一定時間電流が流れたときに消費されるエネルギーの総量。単位はジュール（記号：J）。**電力量〔J〕＝電力〔W〕×時間〔s〕**

> 📖 参考
>
> 1gの水を1℃上昇させるのに必要な熱量は、約4.2J。

> 📖 参考
>
> 電力量の単位にはワット時(Wh)やキロワット時(kWh)が使われることもある。

✐ 基礎力チェック！

次の問いに答えなさい。

(1) 電圧の大きさをはかるとき、電圧計ははかりたい区間に、直列、並列のどちらにつなぐか。

(2) 電流の流れにくさを何というか。

(3) 20Ωの抵抗器に3Vの電圧を加えたとき、抵抗器に流れる電流の大きさは何Aか。

(4) 1秒間あたりに消費される電気エネルギーの量を何というか。

答え
(1) 並列
→ 1 参照
(2) 電気抵抗(抵抗)
→ 3 参照
(3) 0.15A
→ 3 参照
(4) 電力(消費電力)
→ 4 参照

4 物理 静電気と電流、電流と磁界

1 静電気と電流

❶ **静電気**…2種類の物質をこすり合わせたときに発生する電気。

・**電気力（電気の力）**…電気には**＋の電気**と**－の電気**があり、同じ種類の電気には**しりぞけ合う力**がはたらき、ちがう種類の電気には**引き合う力**がはたらく。

・**帯電**…－の電気が移動することによって物体が電気を帯びること。

❷ **放電**…電気が空間を移動したり、たまっていた電気が流れたりする現象。気体の圧力の低い空間で起こる場合は**真空放電**という。

❸ **陰極線（電子線）**…真空放電管に大きな電圧を加えたときにできる**電子の流れ**。－極から＋極に向かって直進する。電極板に電圧を加えると**＋極側に曲がる**。

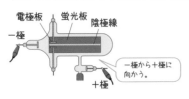
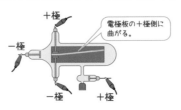

・**電子**…質量をもつ非常に小さな粒子で、－の電気を帯びている。

❹ **放射線**…X線、α（アルファ）線、β（ベータ）線、γ（ガンマ）線など。目に見えず、物質を通りぬける性質（**透過性**）や物質を変質させる性質がある。放射線を出す物質を**放射性物質**という。

・**放射線の利用**…医療や農業などさまざまな分野で利用されている。

・**放射線の影響**…放射線を浴びる（**被曝**する）と、人体に影響がでる可能性がある。

2 電流による磁界

❶ **磁界**…**磁力（磁石による力）**がはたらく空間。

・**磁界の向き**…方位磁針の**N極**が指す向き。

・**磁力線**…磁界の向きをつなぐ曲線。N極からS極に向かって矢印をつける。磁力線の間隔がせまいところほど磁界が**強い**。

❷ **導線のまわりの磁界**…導線を中心とした同心円状の磁界ができる。

・**磁界の向き**…**電流の向き**を逆にすると逆になる。

・**磁界の強さ**…電流が**大きい**ほど、導線に**近い**ほど強い。

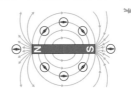
電流の向き
磁界の向き

❸ **コイルのまわりの磁界**…コイルの内側にはコイルの軸に平行な磁界ができる。コイルの外側は棒磁石のまわりの磁界によく似た磁界ができる。

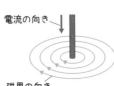
磁界の向き
電流の向き

参考

摩擦によって起きた電気を**摩擦電気**ともいう。

参考

雷は、雲にたまった静電気が放電される自然現象である。

注意

電子は－極から＋極に移動し、電流は＋極から－極に流れる。

参考

放射線を出す能力を**放射能**という。

参考

導線のまわりの磁界は、**右ねじ**の進む向きに電流を流すと、右ねじの回る向きにできる。

ねじの進む向き（電流の向き）
ねじの回る向き（磁界の向き）

参考

コイルの内側の磁界は、**右手の4本の指先**を電流の向きに合わせたとき、**親指の向き**になる。

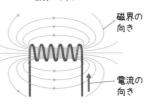
電流の向き
コイルの内側の磁界の向き

社会

理科

数学

英語

国語

**合格への
ヒント**

● 棒磁石や電流のまわりにできる磁界の向きの考え方を整理しておこう！
● 誘導電流は、強さを変える方法と向きの変化に注意しよう！

3　電流が磁界から受ける力

❶ 電流が磁界から受ける力…磁界の中でコイルに電流が流れると、コイルは力を受ける。

> 💡 **絶対おさえる！　電流が磁界から受ける力**
>
> ☑ 力の向き…**電流の向き**と**磁界の向き**の両方に垂直である。**電流の向き**や**磁界の向き**を逆にすると逆になる。
> ☑ 力の大きさ…電流が**大きい**ほど、磁界が**強い**ほど大きい。

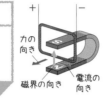
力の向き
磁界の向き
電流の向き

🔍 発展

フレミングの左手の法則→左手の親指、人さし指、中指をたがいに直角にして、中指を電流の向き、人さし指を磁界の向きに合わせると、親指が力の向きになる。

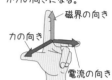
磁界の向き
力の向き
電流の向き

❷ モーター（電動機）…電流が磁界から受ける力を利用して、連続的にコイルが回転するようにした装置。電流の向きは半回転ごとに逆になる。

4　電磁誘導 (でんじ ゆうどう)

❶ 電磁誘導…コイルの中の磁界が変化することで、電圧が生じてコイルに電流が流れる現象。

❷ 誘導電流…電磁誘導によって流れる電流。誘導電流の向きは、コイルに棒磁石を入れるときと出すときで逆になり、コイルに出し入れする極を逆にすると逆になる。

🔍 発展

電磁誘導では、コイルの中の磁界の変化をさまたげるような向きの磁界をつくる誘導電流が流れる。

⚠ 注意

棒磁石をコイルの中で静止させると誘導電流は流れない。

> 💡 **絶対おさえる！　誘導電流の大きさ**
>
> ☑ 棒磁石を**速く**動かすほど大きい。
> ☑ 棒磁石の磁力が**強い**ほど大きい。
> ☑ コイルの巻数が**多い**ほど大きい。

棒磁石
N
コイル
検流計

❸ 発電機…電磁誘導を利用して、電流を発生させる装置。

5　直流と交流

❶ 直流…一定の向きに流れる電流。例 乾電池 (かんでんち)。
❷ 交流…電流の向きと大きさが周期的に変化する電流。例 家庭用コンセント。

📖 参考

1秒間に電圧が変化する回数を周波数という。

✎ 基礎力チェック！

次の問いに答えなさい。

(1) 真空放電管に大きな電圧を加えたときにできる電子の流れを何というか。

(2) 磁界の向きをつないでできる曲線を何というか。

(3) コイルの中の磁界が変化して、コイルに電流が流れる現象を何というか。

(4) 電流の向きと大きさが周期的に変化する電流を何というか。

答え

(1) 陰極線（電子線）
　　→ 1 参照
(2) 磁力線
　　→ 2 参照
(3) 電磁誘導
　　→ 4 参照
(4) 交流　→ 5 参照

5 物理 力の合成・分解、水圧と浮力

1 力の合成

① **力の合成**…2つの力と同じはたらきをする1つの力を求めること。

② **合力**…力の合成によって求めた1つの力。

▶ 一直線上にあり、向きが同じ2力の合力

向きは2力と同じで、大きさは2力の和になる。

▶ 一直線上にあり、向きが反対の2力の合力

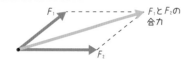

向きは力の大きいほうと同じで、大きさは2力の差になる。

▶ 一直線上にない、2力の合力

F_1とF_2の合力

2力をとなり合う2辺とする平行四辺形の対角線で表される。

> 📖 参考
>
> ・3力のつり合い
>
> F_1とF_2の合力は、F_3とつり合っている。

2 力の分解

① **力の分解**…1つの力を同じはたらきをする2つの力に分けること。

② **分力**…力の分解によって求めた2つの力。

③ **物体を2本のひもで引くときの力**…ひもを引く力は、重力とつり合う力を2本のひもの方向に分解した力になる。

・ひもを持つ手の間の距離が大きいほど、ひもを引く力は大きくなる。

▶ ひもを持つ手の間の距離が小さいとき

▶ ひもを持つ手の間の距離が大きいとき

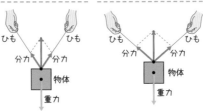

④ **斜面上の物体にはたらく力**…物体にはたらく重力は、斜面に平行な分力と斜面に垂直な分力に分けられる。斜面に垂直な分力は斜面からの垂直抗力とつり合っている。

・斜面の傾きが大きいほど、斜面に平行な分力は大きくなり、斜面に垂直な分力は小さくなる。

▶ 傾きが小さいとき

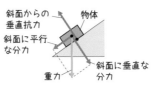

▶ 傾きが大きいとき

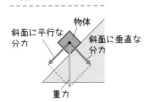

> 📖 参考
>
> ひもを持つ手の間の距離が大きくなると、ひもの間の角度は大きくなる。

> 📖 参考
>
> 包丁でかたい食材が切れるのは、包丁が食材に下向きに加える力が小さくても、食材を左右におす分力が大きくなるため。
>
>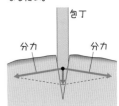

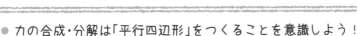

社会
理科
数学
英語
国語

3 水圧

❶ **水圧**…水中にある物体にはたらく圧力。物体より上にある水の重力によって生じる。

💡 **絶対おさえる！ 水圧のはたらき方**

☑ 水圧は、物体のそれぞれの面に垂直に、あらゆる向きからはたらく。
☑ 水圧は、水面からの深さが深いほど**大きくなる**。

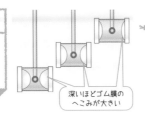

深いほどゴム膜の
へこみが大きい

⚠ 注意

同じ深さではたらく水圧の
大きさは等しい。

🎵 発展

水圧の大きさは、水面からの
深さに比例する。

4 浮力（ふりょく）

❶ **浮力**…水中にある物体にはたらく上向きの力。物体の上面に下向きにはたらく水圧と、物体の下面に上向きにはたらく水圧の差によって生じる。

💡 **絶対おさえる！ 浮力の大きさ**

☑ 浮力は、水中にある物体の体積が大きいほど**大きくなる**。
☑ 物体全体が水中に沈（しず）んだとき、浮力の大きさは水の深さに関係しない。

▶ 浮力が生じる理由

水圧⑪

水圧⑧

上面にはたらく水圧と下面に
はたらく水圧の差によって上
向きの力が生じる。

🎵 発展

浮力の大きさは、物体がおし
のけた体積分の水にはたら
く重力の大きさに等しい。

📖 参考

浮力の求め方

💡 **絶対おさえる！ 浮力の求め方**

☑ 浮力〔N〕＝空気中での物体の重さ〔N〕−水中での物体の重さ〔N〕

❷ **物体の浮き沈み（う）**

・浮力より重力のほうが**大きい**とき…物体は沈んでいく。
・浮力より重力のほうが**小さい**とき…物体は浮いていく。水面に浮き上がった物体にはたらく浮力と重力はつり合っている。

浮力

重力

浮力と重力は
つり合っている。

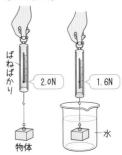

2.0N　1.6N

物体　水

浮力の大きさは、
2.0−1.6＝0.4〔N〕

✎ 基礎力チェック！

次の問いに答えなさい。

(1) 2つの力と同じはたらきをする1つの力を何というか。

(2) 斜面の傾きが大きくなると、斜面上の物体にはたらく重力の斜面に平行な分力の大きさはどうなるか。

(3) 水圧の大きさは、水面からの深さが深くなるとどうなるか。

(4) 水中にある物体にはたらく上向きの力を何というか。

答え

(1) 合力
→ 1 参照
(2) 大きくなる。
→ 2 参照
(3) 大きくなる。
→ 3 参照
(4) 浮力
→ 4 参照

6 物体の運動

物理

1 速さ

❶ **速さ**…一定時間に移動する距離。単位はメートル毎秒（記号：m/s）やキロメートル毎時（km/h）など。

💡 **絶対おさえる！ 速さの求め方**

☑ 速さ〔m/s〕＝ $\dfrac{\text{移動距離〔m〕}}{\text{移動にかかった時間〔s〕}}$

❷ **瞬間の速さ**…時間の経過とともに時々刻々と変化する速さ。

❸ **平均の速さ**…ある時間の間、同じ速さで移動したと考えて求めた速さ。

❹ **速さの調べ方**

・ストロボ写真…一定の時間間隔で発光するストロボスコープで撮影する。

・記録タイマー…一定の時間間隔でテープに打点して記録する。

▶ だんだん速くなる運動を記録したテープ

調べ始める打点　　　　　←テープが動いた向き

打点の重なっているところは使わない。

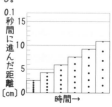
2 物体に力がはたらくときの運動

❶ **だんだん速くなる運動**

・斜面を下る物体の運動…運動の向きと同じ向きに一定の大きさの力がはたらき続けるので、物体の速さは一定の割合で増加する。

➡斜面の傾きが大きいほど、運動の向きに物体にはたらく力が大きくなり、速さが変化する割合は大きくなる。

・自由落下運動…物体が鉛直下向きに落下するときの運動。速さの変化の割合が最も大きい。

▶ 傾きが小さいとき　▶ 傾きが大きいとき

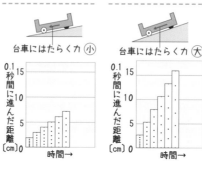

台車にはたらく力 小　　台車にはたらく力 大

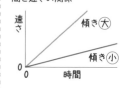
❷ **だんだんおそくなる運動**

・斜面を上る物体の運動…運動の向きと逆向きに力がはたらき続けるので、物体の速さは一定の割合で減少する。

➡斜面の傾きが大きいほど、運動の向きと逆向きにはたらく力が大きくなるので、速さが変化する割合は大きくなる。

・摩擦のある水平面上を進む物体の運動…運動の向きと逆向きに摩擦力がはたらくので、速さはだんだん小さくなる。

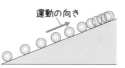

運動の向き

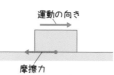

運動の向き

摩擦力

● はたらく力と運動の関係は、グラフと一緒におさえよう！
● 「慣性の法則」や「作用・反作用の法則」は、身近な現象をイメージしよう！

3 物体に力がはたらかないときの運動

❶ **等速直線運動**…物体が一定の速さで一直線上を移動する運動。物体に力がはたらかないとき、物体は等速直線運動をする。

・速さはつねに一定である。

・移動距離は時間に比例する。

▶ 等速直線運動のようす

・時間と速さの関係　　・時間と移動距離の関係

📖 参考

等速直線運動における移動距離と時間のグラフの傾きは、速さが速いほど大きい。

4 慣性の法則

❶ **慣性**…物体がそれまでの運動を続けようとする性質。

💡 絶対おさえる！ 慣性の法則

☑ 物体に力がはたらいていないか、力がはたらいていてもつり合っているとき、静止している物体は静止し続け、運動している物体はそのままの速さで等速直線運動を続ける。これを慣性の法則という。

📝 電車が動き出すとき、車内の乗客は静止し続けようとして進行方向と反対の向きに傾く。走っている電車が止まるとき、車内の乗客はそのまま運動し続けようとして進行方向に傾く。

📖 参考

・電車が動き出すとき
進行方向 ⟶

・電車が止まるとき
進行方向 ⟶

5 作用・反作用の法則

❶ **作用・反作用の法則**…物体に力（作用）を加えると、同時に物体から、**一直線上にあり、大きさが等しく、向きが反対の力**（反作用）を受ける。これを、作用・反作用の法則という。

BがAをおし返す力（反作用）　　AがBをおす力（作用）

AがBをおすと、AはBにおし返されてBと反対の向きに動く。

❷ **作用・反作用の2力とつり合う2力のちがい**

・作用・反作用の2力…2つの物体のそれぞれにたがいにはたらく。

・つり合う2力…1つの物体にはたらく。

⚠ 注意

作用・反作用の2力もつり合う2力も、一直線上にあり、大きさが等しく、向きは反対であるので注意する。

✏ 基礎力チェック！

次の問いに答えなさい。

(1) 時間の経過とともに時々刻々と変化する速さを何というか。

(2) 物体が一定の速さで、一直線上を移動する運動を何というか。

(3) 物体がそれまでの運動を続けようとする性質を何というか。

(4) 物体A、Bの間で力がはたらくとき、物体Aが物体Bに加える力を作用とすると、物体Aが物体Bから受ける力を何というか。

答え

(1) 瞬間の速さ
→ 1 参照

(2) 等速直線運動
→ 3 参照

(3) 慣性
→ 4 参照

(4) 反作用
→ 5 参照

Science

7 物理 仕事とエネルギー

1 仕事

❶ **仕事**…物体に力を加えて力の向きに動かしたとき、力は物体に「仕事をした」という。単位はジュール（記号：J）。

> 📖 参考
>
> 1Nの力を加えて物体を1m動かしたときの仕事が1Jである。

> 💡 **絶対おさえる! 仕事の大きさの求め方**

> ☑ **仕事〔J〕=物体に加えた力の大きさ〔N〕×力の向きに動いた距離〔m〕**

> 📖 参考
>
> 仕事の単位ジュールは、熱量や電力量の単位と同じである。

・**重力にさからってする仕事**…物体を一定の速さである高さまで持ち上げるとき、物体にはたらく重力と反対の向きに、**重力と同じ大きさの力を加える**。

・**摩擦力にさからってする仕事**…水平な面の上で物体を一定の速さで引くとき、面と物体の間にはたらく摩擦力と反対の向きに、**摩擦力と同じ大きさの力を加える**。

▶ **重力にさからってする仕事**

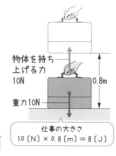

物体を持ち上げる力 10N
0.8m
重力10N

仕事の大きさ
10〔N〕× 0.8〔m〕= 8〔J〕

▶ **摩擦力にさからってする仕事**

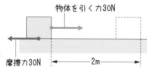

物体を引く力30N

仕事の大きさ
30〔N〕× 2〔m〕= 60〔J〕

摩擦力30N　2m

> ⚠️ 注意
>
> 力を加えても物体が動かないときや、加えた力とは垂直な向きに物体が動くとき、仕事の大きさは0である。

❷ **仕事の原理**…道具を使って仕事をしても、道具を使わないときと仕事の大きさは変わらない。これを仕事の原理という。同じ仕事をするとき、力を加える距離を大きくすると、物体に加える力の大きさは小さくなる。

・**動滑車を使う**…動滑車を1個使うと、加える力の大きさは$\frac{1}{2}$になるが、動かす距離は2倍になる。

・**斜面を使う**…加える力の大きさは小さくなるが、動かす距離は大きくなる。

・**てこを使う**…物体から支点、支点から力点までの距離の比が1：2のとき、加える力の大きさは$\frac{1}{2}$になるが、動かす距離は2倍になる。

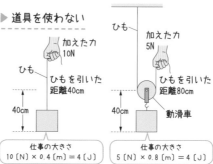

▶ 道具を使わない

加えた力 10N
ひも
ひもを引いた距離40cm
40cm

仕事の大きさ
10〔N〕× 0.4〔m〕= 4〔J〕

▶ 動滑車を使う

加えた力 5N
ひも
ひもを引いた距離80cm
40cm
動滑車

仕事の大きさ
5〔N〕× 0.8〔m〕= 4〔J〕

> 📖 参考
>
> 斜面を使って仕事をしたとき、斜面の傾きが小さいほど、小さな力で物体を持ち上げることができる。

❸ **仕事率**…1秒間あたりにする仕事。単位はワット（記号：W）。

> 💡 **絶対おさえる! 仕事率の求め方**

> ☑ 仕事率〔W〕= $\dfrac{仕事〔J〕}{かかった時間〔s〕}$

例 60Jの仕事を20秒かかってしたときの仕事率は、

$\dfrac{60〔J〕}{20〔s〕}$ = 3〔W〕

> 📖 参考
>
> 仕事率の単位ワットは、電力の単位と同じである。

● 「仕事」と「仕事率」は定義のちがいに注意。仕事率は「仕事の効率」！
● 力学的エネルギー保存の法則はふりこで整理しよう！

社会

理科

数学

英語

国語

2 力学的エネルギー

❶ **エネルギー**…ほかの物体に仕事ができる能力。単位はジュール（記号：J）。

❷ **位置エネルギー**…高い位置にある物体がもつエネルギー。物体の**位置が高い**ほど、また、物体の**質量が大きい**ほど位置エネルギーは大きくなる。

❸ **運動エネルギー**…運動している物体がもつエネルギー。物体の**速さが大きい**ほど、また、物体の**質量が大きい**ほど運動エネルギーは大きくなる。

❹ **力学的エネルギー**…位置エネルギーと運動エネルギーの和を力学的エネルギーという。

▶ 力学的エネルギーの移り変わり

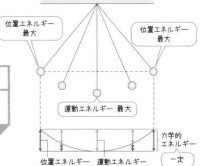

💡 **絶対おさえる！　力学的エネルギー保存の法則**

☑ 摩擦や空気抵抗がなければ、力学的エネルギーは一定に保たれる。これを力学的エネルギー保存の法則という。

3 エネルギーの変換

❶ **エネルギー保存の法則**…エネルギーがほかのエネルギーに変換されるとき、エネルギーの総量はつねに一定に保たれる。これをエネルギー保存の法則という。

❷ **エネルギー変換効率**…エネルギーが目的のエネルギーに変換される割合。

❸ **熱の移動**

・**熱伝導**（伝導）…接している物体の間で、温度の高い部分から温度の低い部分に熱が伝わる現象。

・**対流**…液体や気体の温度の異なる部分が流動して熱が運ばれる現象。

・**熱放射**（放射）…温度の高い物体から出た光や赤外線などが、別の物体に当たって熱が移動し、温度が上昇する現象。

📖参考

エネルギーには、電気エネルギー、弾性エネルギー、光エネルギー、音エネルギー、化学エネルギー、核エネルギーなどがある。

✎ 基礎力チェック！

次の問いに答えなさい。

(1) 道具を使って仕事をしても、道具を使わないときと仕事の大きさは変わらない。このことを何というか。

(2) 1秒間あたりにする仕事を何というか。

(3) 物体の質量が大きいほど、位置エネルギーの大きさはどうなるか。

(4) 位置エネルギーと運動エネルギーの和を何というか。

答え

(1) 仕事の原理
→ 1 参照
(2) 仕事率
→ 1 参照
(3) 大きくなる。
→ 2 参照
(4) 力学的エネルギー
→ 2 参照

8 （化学） 物質の性質、気体の性質

1 いろいろな物質

❶ 有機物と無機物

- 有機物…炭素をふくみ、熱すると黒くこげて、二酸化炭素や水を発生させる物質。例 砂糖、デンプン、ろう、エタノール、プラスチック。
- 無機物…有機物以外の物質。例 食塩、水、ガラス、鉄。

❷ 金属と非金属

- 金属…金属には共通の性質がある。例 鉄、銀、銅、アルミニウム。

> 💡 **絶対おさえる！ 金属の性質**
>
> ☑ みがくと特有の光沢が出る（金属光沢）。
> ☑ 電気をよく通す（電気伝導性）。
> ☑ 熱をよく伝える（熱伝導性）。
> ☑ たたくとうすく広がる（展性）。
> ☑ 引っぱると細くのびる（延性）。

- 非金属…金属以外の物質。例 ガラス、プラスチック、ゴム、木。

❸ 密度…物質1 cm³ あたりの質量。単位はグラム毎立方センチメートル（記号：g /cm³）。密度は物質の種類によって決まっている。

> 💡 **絶対おさえる！ 密度の求め方**
>
> ☑ 密度〔g/cm³〕= $\dfrac{物質の質量〔g〕}{物質の体積〔cm³〕}$

例 質量54 g、体積20cm³ の物質の密度は、

$$\dfrac{54〔g〕}{20〔cm^3〕} = 2.7〔g/cm^3〕$$

❹ 密度と浮き沈み…液体中の物質の浮き沈みは、液体と物質の密度で決まる。

- 物質の密度が液体の密度より小さい➡物質は液体に浮く。
- 物質の密度が液体の密度より大きい➡物質は液体に沈む。

2 ガスバーナーの使い方

❶ 火をつけるとき

①ガス調節ねじと空気調節ねじが閉まっていることを確認する。
②元栓を開く（コックがあるときはコックも開く）。
③マッチに火をつけ、ガス調節ねじを開いて点火する。
④ガス調節ねじを回して、炎の大きさを調節する。
⑤空気調節ねじだけを開いて、青色の炎に調節する。

空気調節ねじ
コック
ガス調節ねじ

❷ 火を消すとき

①空気調節ねじを閉める。
②ガス調節ねじを閉める。
③（コックがあるときはコックを閉じて）元栓を閉じる。

参考
ものを外観で判断するときは物体、材料で判断するときは物質という。

⚠ 注意
二酸化炭素は炭素をふくんでいるが無機物である。また、炭素も無機物である。

⚠ 注意
磁石につくのは、鉄などの一部の金属の性質で、金属に共通する性質ではない。

参考
水の密度は1g/cm³である。

参考
質量を求めるときは、次の式で求める。
物質の質量〔g〕
＝密度〔g/cm³〕×
　物質の体積〔cm³〕

⚠ 注意
ガスバーナーのねじは、右に回すと閉まり、左に回すと開く。

参考
空気が不足しているときは、オレンジ色の長い炎になる。

合格への ヒント
- 密度の求め方は、単位を意識しながら覚えよう！
- 気体は、「発生方法」「水へのとけやすさ」「密度」「集め方」「性質」に注意！

3 気体の集め方

① 水上置換法（すいじょうちかんぽう）…水にとけにくい
気体の集め方。
例 水素、酸素、二酸化炭素。

② 上方置換法…水にとけやすく、
空気より密度が小さい気体の
集め方。例 アンモニア。

③ 下方置換法…水にとけやすく、
空気より密度が大きい気体の
集め方。例 二酸化炭素。

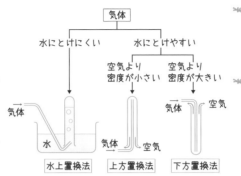

⚠️ **注意**
気体を集めるとき、はじめに
出てきた気体には空気がふ
くまれているので集めない。

📖 **参考**
二酸化炭素は少ししか水に
とけないので、水上置換法で
も集めることができる。

4 気体の発生方法と性質

① **酸素**…二酸化マンガンにうすい過酸化水素水（オキシドール）を加えると発
生する。
・無色・無臭（むしゅう）で、水にとけにくく、空気より少し密度が大きい。
・ものを燃やすはたらき（助燃性）がある。

② **二酸化炭素**…石灰石にうすい塩酸を加えると発生する。
・無色・無臭で、水に少しとけ、空気より密度が大きい。
・石灰水（せっかいすい）を白くにごらせる。
・水溶液（すいようえき）は酸性を示す。

③ **水素**…マグネシウムや鉄などの金属にうすい塩酸を加えると発生する。
・無色・無臭で、水にとけにくく、物質の中で最も密度が小さい。
・火をつけると音を立てて燃え、水ができる。

④ **アンモニア**…塩化アンモニウムと水酸化カルシウムの混合物を加熱すると発
生する。
・無色で刺激臭（しげきしゅう）があり、有毒である。水によくとけ、空気より密度が小さい。
・水溶液はアルカリ性を示す。

⚠️ **注意**
酸素そのものは燃えない。

📖 **参考**
アンモニアの噴水（ふんすい）実験

スポイトをおしてアンモニ
アで満たしたフラスコに水
を入れると、アンモニアが水
にとけて、フェノールフタレ
イン溶液を入れたビーカー
の水がフラスコの中に吸い
上げられ、赤色の噴水が噴き
出す。

✏️ 基礎力チェック！

次の問いに答えなさい。

(1) 炭素をふくみ、熱すると二酸化炭素や水を発生させる物質を何という
か。

(2) 物質 1 cm³ あたりの質量を何というか。

(3) 水にとけやすく、空気より密度が小さい気体を集める方法を何という
か。

(4) 火をつけると音を立てて燃え、水ができる気体は何か。

答え

(1) 有機物
→ 1 参照
(2) 密度
→ 1 参照
(3) 上方置換法
→ 3 参照
(4) 水素
→ 4 参照

9 [化学] 水溶液の性質、物質のすがたと変化

1 物質のとけ方と濃さ

❶ **物質が水にとけるようす**…物質が水にとけると**透明**になり、液の濃さはどの部分も均一になる。また、時間がたっても下のほうが濃くなることはない。

❷ **水溶液**

- 溶質…液体にとけている物質。
- 溶媒…溶質をとかしている液体。
- 溶液…溶質が溶媒にとけた液。溶媒が水のとき、水溶液という。

❸ **純粋な物質（純物質）と混合物**

- 純粋な物質（純物質）…1種類の物質でできているもの。例 酸素、水。
- 混合物…いくつかの物質が混じり合ったもの。例 食塩水、空気、ろう。

❹ **質量パーセント濃度**…溶質の質量が溶液の質量の何%にあたるかという割合。

> 💡 **絶対おさえる！ 質量パーセント濃度の求め方**
>
> ☑ 質量パーセント濃度〔%〕$= \dfrac{\text{溶質の質量〔g〕}}{\text{溶液の質量〔g〕}} \times 100$
>
> $= \dfrac{\text{溶質の質量〔g〕}}{\text{溶質の質量〔g〕}+\text{溶媒の質量〔g〕}} \times 100$

例 水80gに砂糖20gをとかした水溶液の質量パーセント濃度は、

$\dfrac{20\,〔g〕}{20\,〔g〕+80\,〔g〕} \times 100 = 20$ より、20%

📖 参考

透明な水溶液には、無色だけでなく、硫酸銅水溶液のように色（青色）がついているものもある。

📖 参考

物質が水にとけるようす

水　　砂糖の粒子

📖 参考

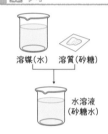

溶媒（水）　溶質（砂糖）

水溶液（砂糖水）

2 溶解度と再結晶

❶ **飽和水溶液**…溶質がそれ以上とけることのできなくなった水溶液。

❷ **溶解度**…水100gに物質をとかして**飽和水溶液**にしたときの、とけた物質の質量。物質によって決まっていて、水の温度によって変化する。溶解度と温度との関係を表したグラフを**溶解度曲線**という。

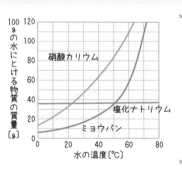

❸ **再結晶**…固体の物質をいったん水にとかし、溶解度の差を利用して再び結晶をとり出すこと。

- 水の温度による溶解度の差が大きい物質…水溶液を**冷やす**。
- 水の温度による溶解度の差が小さい物質…水溶液の水を**蒸発**させる。

❹ **ろ過**…ろ紙などを使って、液体と固体を分ける操作。ろ紙の穴より小さい粒子だけがろ紙を通りぬける。

ガラス棒
ろうと
ろ紙

📖 参考

溶解度は、固体では、ふつう、水の温度が高くなるほど大きくなる。気体では、ふつう、水の温度が低くなるほど大きくなる。

📖 参考

結晶は、物質によってさまざまな形をしている。

⚠ 注意

ろ過では、ろうとのあしの長いほうをビーカーにつける。ろ過する液体はガラス棒に伝わらせながら入れる。

合格への ヒント

● 「質量パーセント濃度」は分母が溶媒ではなく「溶液」であることに注意！
● 再結晶の計算はグラフの問題が頻出なので練習しておこう！

3 物質のすがたの変化

❶ **状態変化**…温度によって、物質の状態が変わること。温度を上げると、**固体→液体→気体**と変化し、温度を下げると**気体→液体→固体**と変化する。

❷ **状態変化と体積・質量**…物質の状態が変わると**体積**は変化するが、質量は変化しない。

▶ 状態変化と粒子の運動のようす

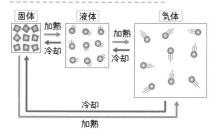

⚠注意

物質の状態が変化しても、別の物質になるわけではない。

📖参考

ドライアイスのように、固体→気体、気体→固体へ状態が変化する物質もある。

📖参考

物質が固体→液体→気体と変化したとき、体積は大きくなるが質量は変わらないので、密度は小さくなる（水は例外）。

💡 **絶対おさえる！ 状態変化と体積の関係**

☑ 物質が固体→液体→気体と変化したとき、体積は**大きく**なる。（水は例外）
☑ 水は、固体→液体と変化したとき、体積は**小さく**なる。

4 状態変化と温度の関係

❶ **融点と沸点**…純粋な物質では、物質によって決まっている。

・**融点**…固体がとけて液体に変化するときの温度。
・**沸点**…液体が沸騰して気体に変化するときの温度。

❷ **蒸留**…液体を沸騰させて、出てくる気体を冷やして再び液体としてとり出すこと。混合物を沸点のちがいにより分離することができる。

・**水とエタノールの混合物の分離**…エタノールは水より**沸点が低い**ため、混合物を沸騰させると、はじめに出てくる気体には**エタノール**が多くふくまれている。

▶ 水の状態変化と温度

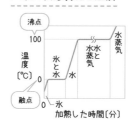

📖参考

純粋な物質は状態が変化している間、加熱しても温度は上がらない。

▶ 水とエタノールの混合物の分離

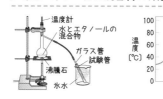

混合物では、沸点は一定にならない。

⚠注意

蒸留の実験では、ガラス管の先が集めた液体につかないように注意する。

✏ **基礎力チェック！**

次の問いに答えなさい。

(1) 水85gに食塩15gをとかした水溶液の質量パーセント濃度は何％か。

(2) 溶質がそれ以上とけることのできなくなった水溶液を何というか。

(3) 固体のろうがとけて液体に変化したとき、体積はどうなるか。

(4) 液体を沸騰させて、出てくる気体を冷やして再び液体としてとり出すことを何というか。

答え

(1) 15% → **1** 参照
(2) 飽和水溶液 → **2** 参照
(3) 大きくなる。 → **3** 参照
(4) 蒸留 → **4** 参照

Science

10 化学 いろいろな化学変化①

1 化学変化と分解

❶ **化学変化（化学反応）**…もとの物質とは異なる別の物質ができる変化。

❷ **分解**…1種類の物質が2種類以上の物質に分かれる化学変化。

❸ **熱分解**…加熱によって起こる分解。

例 **炭酸水素ナトリウムの熱分解**

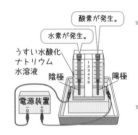

炭酸水素ナトリウム

→炭酸ナトリウム＋水＋二酸化炭素

・炭酸水素ナトリウムと炭酸ナトリウムの比較

	炭酸水素ナトリウム	炭酸ナトリウム
水へのとけ方	少しとける	よくとける
水溶液にフェノールフタレイン溶液を加えたときの変化	うすい赤色（弱いアルカリ性）	濃い赤色（強いアルカリ性）

・水…青色の塩化コバルト紙を赤色に変える。

・二酸化炭素…石灰水を白くにごらせる。

例 **酸化銀の熱分解** 酸化銀→銀＋酸素

❹ **電気分解**…電気を流すことによって起こる分解。

例 **水の電気分解** 水→水素＋酸素

・**陰極**➡**水素**が発生…マッチの火を近づけると音を立てて気体が燃える。

・**陽極**➡**酸素**が発生…火のついた線香を入れると線香が激しく燃える。

2 物質の成り立ち

❶ **原子と分子**

・**原子**…物質をつくっている最小の粒子。

💡 絶対おさえる！ 原子の性質

☑ 化学変化によって、**それ以上分けることができない。**

☑ 化学変化によって、**新しくできたり、なくなったり、ほかの種類の原子に変わったりしない。**

☑ 種類によって、**質量や大きさが決まっている。**

・**元素**…物質をつくっている原子の種類。

・**分子**…いくつかの原子が結びついてできた粒子。物質の性質をもつ最小の粒子である。物質には、分子をつくるものとつくらないものがある。

❷ **単体と化合物**

・**単体**…1種類の元素からできている物質。例 酸素、水素、銅、炭素。

・**化合物**…2種類以上の元素からできている物質。

例 水、二酸化炭素、アンモニア、酸化銅、酸化マグネシウム。

⚠ 注意

炭酸水素ナトリウムの熱分解の実験の注意点

・加熱する試験管の口は少し下げる。

→生じた水が加熱部分に流れこみ、試験管が割れるのを防ぐため。

・火を消す前にガラス管を水槽の水から出す。

→水槽の水が逆流して加熱した試験管が割れるのを防ぐため。

📖 参考

純粋な水は電気が流れにくいので、水の電気分解では、少量の水酸化ナトリウムをとかした水を用いる。

📖 参考

水の電気分解では、水素と酸素の体積の比は2：1である。

📖 参考

原子の構造→p88

📖 参考

原子説はドルトンが、分子説はアボガドロが発表した。

⚠ 注意

物質には、分子をつくるものとつくらないものがある。

・分子をつくる単体→酸素、水素、窒素など。

・分子をつくらない単体→銅、マグネシウム、炭素など。

・分子をつくる化合物→水、二酸化炭素など。

・分子をつくらない化合物→酸化銅、酸化マグネシウムなど。

月　　日

● 水の電気分解では陰極と陽極でそれぞれ何が発生するかに注意！
● 元素名と元素記号は代表的なものは必ず覚えておこう！

社会

理科

数学

英語

国語

3 物質の表し方

❶ **元素記号**…元素をアルファベット1文字または2文字で表した記号。

❷ **周期表**…元素を原子番号の順に並べた表。

❸ **化学式**…物質を元素記号と数字で表したもの。

　例 水素：H_2（水素原子が2個結びついている）

　例 水：H_2O（水素原子2個と酸素原子1個が結びついている）

❹ **化学反応式**…化学変化を化学式を使って表したもの。

元素	元素記号
水素	H
炭素	C
窒素	N
酸素	O
硫黄	S
ナトリウム	Na
マグネシウム	Mg
鉄	Fe
銅	Cu

参考
周期表では、縦の列に化学的性質のよく似た元素が並んでいる。

参考
原子番号は、原子の構造にもとづいてつけられた番号である。

参考
化学反応式の例
・炭酸水素ナトリウムの熱分解
$2NaHCO_3 \rightarrow Na_2CO_3 + CO_2 + H_2O$
・酸化銀の熱分解
$2Ag_2O \rightarrow 4Ag + O_2$

💡 絶対おさえる！ 化学反応式のつくり方（例 水の電気分解）

1「→」の左側に反応前の物質を、右側に反応後の物質を書く。
　水→水素＋酸素
2 それぞれの物質を化学式で表す。
　$H_2O \rightarrow H_2 + O_2$
3「→」の左側と右側で**原子の種類と数**が等しくなるようにする。
　$2H_2O \rightarrow 2H_2 + O_2$

4 物質どうしが結びつく化学変化

❶ **物質どうしが結びつく化学変化**…2種類以上の物質が結びつく化学変化によってできる物質は化合物である。

　例 鉄と硫黄が結びつく化学変化　鉄＋硫黄→硫化鉄　（Fe + S → FeS）

・加熱前の物質と加熱後の物質の比較

	加熱前の物質 （鉄と硫黄の混合物）	加熱後の物質 （硫化鉄）
磁石を近づける	引きつけられる。	引きつけられない。
うすい塩酸を加える	水素が発生する。	硫化水素が発生する。

鉄粉と硫黄の粉末の混合物

⚠ 注意
鉄と硫黄の混合物を加熱すると、熱や光を出して激しく反応し、加熱をやめても反応が進む。

参考
硫化水素は、卵の腐ったにおい（腐卵臭）のする有毒な気体である。

✏ 基礎力チェック！

次の問いに答えなさい。

(1) 1種類の物質が2種類以上の物質に分かれる化学変化を何というか。

(2) 物質をつくっている最小の粒子を何というか。

(3) 物質を元素記号と数字で表したものを何というか。

(4) 鉄と硫黄が結びついてできる物質は何か。

答え
(1) 分解
→ 1 参照
(2) 原子
→ 1 参照
(3) 化学式
→ 3 参照
(4) 硫化鉄
→ 4 参照

10 いろいろな化学変化① 083

11 化学
いろいろな化学変化②

1 物質が酸素と結びつく化学変化

❶ **酸化**…物質が酸素と結びつくこと。酸化によってできた化合物を酸化物という。 物質 ＋ 酸素 → 酸化物

❷ **燃焼**…物質が熱や光を出しながら激しく酸素と結びつくこと。

❸ **金属が酸素と結びつく化学変化**

例 鉄の酸化 鉄＋酸素→酸化鉄

スチールウール（鉄）を加熱すると、スチールウールが熱や光を出しながら激しく酸化（燃焼）して、酸化鉄ができる。

・加熱前の物質と加熱後の物質の比較

	加熱前の物質（スチールウール）	加熱後の物質（酸化鉄）
電流を流す	流れやすい。	流れにくい。
うすい塩酸を加える	水素が発生する。	気体は発生しない。

> 📖 **参考**
> 鉄くぎのさびは、鉄が空気中の酸素とゆっくり結びついてできたものである。

例 **マグネシウムの酸化**

マグネシウム＋酸素→酸化マグネシウム

$(2Mg + O_2 \rightarrow 2MgO)$

マグネシウムを加熱すると、マグネシウムが熱や光を出しながら激しく酸化（燃焼）して、酸化マグネシウムができる。

マグネシウム

例 銅の酸化 銅＋酸素→酸化銅 $(2Cu + O_2 \rightarrow 2CuO)$

銅を加熱すると、銅がおだやかに酸化して、酸化銅ができる。

> 📖 **参考**
> 銅の酸化では、熱や光を出さずおだやかに反応する。

❹ **金属以外の物質が酸素と結びつく化学変化**

例 炭素の酸化 炭素＋酸素→二酸化炭素 $(C + O_2 \rightarrow CO_2)$

木や木炭を加熱すると、炭素が酸化して、二酸化炭素が発生する。

例 **水素の酸化**

水素＋酸素→水 $(2H_2 + O_2 \rightarrow 2H_2O)$

水素と酸素の混合気体に点火すると、激しく反応して水ができる。

水素と酸素を2：1の割合で混合した気体　点火装置

塩化コバルト紙

点火すると一瞬炎が出て袋がしぼみ、中がくもる。青色の塩化コバルト紙は赤色に変化する。

> 📖 **参考**
> 金属が酸素と結びつく化学変化では、加熱後の物質の質量は、加熱前の物質の質量より大きくなるが、炭素が酸素と結びつく化学変化では、加熱後の物質の質量は、加熱前の物質の質量より小さくなる。

例 **有機物の酸化**

有機物＋酸素→二酸化炭素＋水

ロウやエタノールなどの有機物を燃焼させると、有機物にふくまれている炭素や水素が酸化されて、二酸化炭素と水ができる。

2 酸化物から酸素をうばう化学変化

❶ **還元**…酸化物から酸素をうばう化学変化。還元は酸化と同時に起こる。

　　　　　┌─── 還元 ───┐
物質Aの酸化物 ＋ 物質B → 物質A ＋ 物質Bの酸化物
　　　　　└─── 酸化 ───┘

> 📖 **参考**
> 物質Bは物質Aより酸素と結びつきやすい。

● 酸素と結びつく反応が「酸化」、酸素がうばわれる反応が「還元」！
● 酸化・還元反応の代表的な化学反応式は必ずチェックしておこう！

社会

理科

数学

英語

国語

例 酸化銅の炭素による還元

酸化銅＋炭素→銅＋二酸化炭素

$(2CuO + C \rightarrow 2Cu + CO_2)$

酸化銅と炭素の粉末の混合物を試験管に入れ
て加熱すると、試験管の中に銅が残り、二酸化
炭素が発生する。

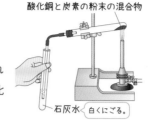

酸化銅と炭素の粉末の混合物

石灰水 白くにごる。

💡 **絶対おさえる！ 酸化銅の炭素による還元**

☑ **酸化銅は還元されて、銅に変化する。**
☑ **炭素は酸化されて、二酸化炭素に変化する。**

還元と酸化は
同時に起こる！

例 酸化銅の水素による還元

酸化銅＋水素→銅＋水　　$(CuO + H_2 \rightarrow Cu + H_2O)$

酸化銅を加熱して、水素を入れた試験管に入れる
と、酸化銅は銅に変化し、試験管に水滴が生じる。

・酸化銅は還元されて、銅に変化する。
・水素は酸化されて、水に変化する。

還元と酸化は
同時に起こる！

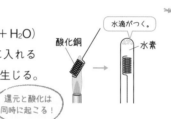

水滴がつく。

酸化銅　　水素

📖 参考

炭素や水素のほかにも、エタ
ノールや砂糖、デンプン、ブ
ドウ糖などでも酸化銅を還
元することができる。これら
の物質は、銅よりも酸素と結
びつきやすい物質である。

3 熱の出入りがともなう化学変化

❶ **発熱反応**…化学変化が起こるとき、熱を放出し、**まわりの温度が上がる反応。**

例 鉄粉の酸化（化学かいろ）

鉄粉と活性炭の混合物に食塩水を数滴たらしてガラス棒でよくかき混ぜる
と、鉄が酸化されて、温度が上がる。

📖 参考

食塩水は、反応を起こりやす
くするために入れる。

❷ **吸熱反応**…化学変化が起こるとき、熱を吸収し、**まわりの温度が下がる反応。**

例 アンモニアの発生

塩化アンモニウムと水酸化バリウムを混ぜ合わせると、アンモニアが発生
して、温度が下がる。

📖 参考

実験で発生するアンモニア
は有毒なので、水でぬらした
ろ紙に吸収させる。

✏️ 基礎力チェック！

次の問いに答えなさい。

(1) 物質が酸素と結びつく化学変化を何というか。

(2) 物質が熱と光を出して激しく酸素と結びつくことを何というか。

(3) 酸化物から酸素をうばう化学変化を何というか。

(4) 化学変化が起こるとき、熱を吸収し、まわりの温度を下げる反応を何
というか。

答え

(1) 酸化
→ 1 参照
(2) 燃焼
→ 1 参照
(3) 還元
→ 2 参照
(4) 吸熱反応
→ 3 参照

12 化学変化と物質の質量
（化学）

1 化学変化の前後での物質の質量

① 質量保存の法則

💡 **絶対おさえる！ 質量保存の法則**

☑ 化学変化の前後で物質全体の質量は変化しない。これを**質量保存**の法則という。

・質量保存の法則が成り立つ理由…化学変化の前後で、物質をつくる原子の組み合わせは変化するが、**物質の原子の種類と数は変化しない**から。

② 沈殿が生じる反応

例 うすい硫酸と水酸化バリウム水溶液の反応

硫酸＋水酸化バリウム→硫酸バリウム＋水

・硫酸バリウムの沈殿が生じる。

・化学変化の前後で物質全体の質量は変わらない。

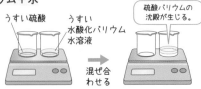

うすい硫酸
うすい水酸化バリウム水溶液
硫酸バリウムの沈殿が生じる。
混ぜ合わせる

③ 気体が発生する反応

例 炭酸水素ナトリウムとうすい塩酸の反応

炭酸水素ナトリウム＋塩酸→塩化ナトリウム＋二酸化炭素＋水

・二酸化炭素が発生する。

・化学変化の前後で物質全体の質量は変わらない。

・ふたを開ける

➡発生した二酸化炭素が空気中に出ていくので、質量は小さくなる。

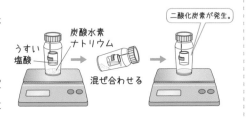

うすい塩酸
炭酸水素ナトリウム
二酸化炭素が発生。
混ぜ合わせる

④ 金属が酸素と結びつく反応

例 銅と酸素の反応

銅＋酸素→酸化銅

・酸化銅ができる。

・化学変化の前後で物質全体の質量は変わらない。

・ピンチコックを開く

➡丸底フラスコの中に空気が入ってくるので、質量は大きくなる。

ピンチコック
酸素
銅の粉末
加熱する
酸化銅ができる。

合格への
ヒント

● 質量保存の法則は、数学の比の計算に注意！
● 銅やマグネシウムの酸化前後の質量比は、覚えてしまおう！

2 化学変化と物質の質量の割合

❶ **金属を加熱したときの酸化物の質量**…結びついた酸素の質量の分だけ増加する。➡ 結びついた酸素の質量＝酸化物の質量－金属の質量

❷ **化学変化における物質の質量の割合**

💡 **絶対おさえる！ 化学変化における物質の質量の割合**

☑ 化学変化に関係する物質の質量の比はつねに一定である。

📖 参考

金属を加熱した回数と質量変化

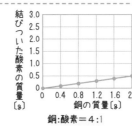

📖 例 銅の酸化　銅＋酸素→酸化銅　（$2Cu + O_2 \rightarrow 2CuO$）

▶ 銅の質量と酸化銅の質量との関係　　▶ 銅の質量と酸素の質量との関係

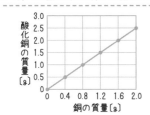

銅:酸化銅＝4:5

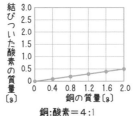

銅:酸素＝4:1

📖 参考

酸化物の質量は、加熱した金属の質量に比例する。
結びついた酸素の質量は、加熱した金属の質量に比例する。

📖 例 マグネシウムの酸化

マグネシウム＋酸素→酸化マグネシウム　（$2Mg + O_2 \rightarrow 2MgO$）

▶ マグネシウムの質量と酸化　　　▶ マグネシウムの質量と
　マグネシウムの質量との関係　　　酸素の質量との関係

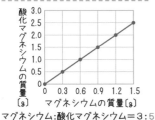

マグネシウム:酸化マグネシウム＝3:5

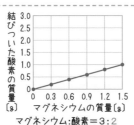

マグネシウム:酸素＝3:2

✎ 基礎力チェック！

次の問いに答えなさい。

(1) 化学変化の前後で物質全体の質量が変化しないことを何の法則というか。

(2) 密閉容器内で炭酸水素ナトリウムとうすい塩酸を反応させると、反応後の物質全体の質量は、反応前の質量と比べてどうなるか。

(3) 0.8 g の銅をじゅうぶんに加熱したところ、1.0 g の酸化銅ができた。このとき、銅と結びついた酸素の質量は何 g か。

(4) 0.6 g のマグネシウムと結びつくことができる酸素の質量は何 g か。ただし、マグネシウムと酸素は 3：2 の質量の割合で結びつくものとする。

答え

(1) 質量保存の法則
　→ 1 参照
(2) 変わらない。
　→ 1 参照
(3) 0.2 g
　→ 2 参照
(4) 0.4 g
　→ 2 参照

13 水溶液とイオン、電池とイオン

化学

1 水溶液と電流

① 電解質と非電解質

- 電解質…水にとかすと電流が流れる物質。例 塩化銅、塩化水素。
- 非電解質…水にとかしても電流が流れない物質。例 砂糖、エタノール。

② 電解質の水溶液の電気分解

例 塩化銅水溶液の電気分解

塩化銅→銅＋塩素　（$CuCl_2 → Cu + Cl_2$）

- 陰極➡銅が付着する。
- 陽極➡塩素が発生する。塩素は、水にとけやすい、プールを消毒したときのような特有の刺激臭がある、漂白作用があるなどの性質がある。

例 塩酸の電気分解

塩酸→水素＋塩素　（$2HCl → H_2 + Cl_2$）

- 陰極➡水素が発生する。
- 陽極➡塩素が発生する。

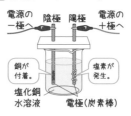

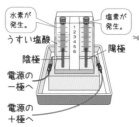

⚠ 注意
塩酸の電気分解では、発生する水素と塩素の体積は同じであるが、塩素は水にとけやすいので、集まる体積は水素よりも少ない。

2 イオン

① 原子の構造
…原子核と電子からできている。＋の電気の量と－の電気の量は等しく、電気的に中性である。

- 原子核…陽子と中性子からできている。
- 電子…－の電気をもつ。
- 陽子…原子核の中にあり、＋の電気をもつ。
- 中性子…原子核の中にあり、電気をもたない。

陽子
中性子
原子核
電子

📖 参考
陽子と中性子の質量はほぼ同じだが、電子の質量は非常に小さい。

② 同位体…同じ元素で、中性子の数が異なるもの。

③ イオン…原子が電気を帯びたもの。

- 陽イオン…原子が電子を失って、＋の電気を帯びたもの。
- 陰イオン…原子が電子を受けとって、－の電気を帯びたもの。

📖 参考
非電解質の水溶液にはイオンが存在しないので、電流が流れない。

④ イオンを表す化学式

水素イオン	H^+	塩化物イオン	Cl^-
銀イオン	Ag^+	水酸化物イオン	OH^-
亜鉛イオン	Zn^{2+}	硝酸イオン	NO_3^-
バリウムイオン	Ba^{2+}	硫酸イオン	SO_4^{2-}

📖 参考
OH^-やSO_4^{2-}などの異なる種類の原子でできているイオンを多原子イオンという。

⑤ 電離…物質が水にとけて陽イオンと陰イオンに分かれること。

例 塩化ナトリウムの電離：$NaCl → Na^+ + Cl^-$

塩化水素の電離　　　　：$HCl → H^+ + Cl^-$

社会 理科 数学 英語 国語

合格への ヒント

● 塩化銅や塩酸の電気分解では、陰極と陽極でそれぞれ何が発生するかに注意！
● 代表的なイオンの名称と化学式は必ず覚えておこう！

3 金属のイオンへのなりやすさ

❶ 金属片に水溶液を加えたときの反応

	硫酸銅水溶液	硫酸亜鉛水溶液	硫酸マグネシウム水溶液
銅片	−	反応しない。	反応しない。
亜鉛片	銅が付着する。	−	反応しない。
マグネシウム片	銅が付着する。	亜鉛が付着する。	−

・イオンになりやすい金属の単体…イオンになりにくい金属の陽イオンに電子をあたえて、自身は陽イオンになる。

・イオンになりにくい金属の陽イオン…イオンになりやすい金属の単体から電子を受けとって金属の単体になる。

💡 絶対おさえる！ 金属のイオンへのなりやすさ

☑ 銅、亜鉛、マグネシウムのイオンへのなりやすさの順

　　　Mg ＞ Zn ＞ Cu
　　　⓪大　←―――――→　⓪小

📖 **参考**

亜鉛片に硫酸銅水溶液を加えたときの変化
・亜鉛片→亜鉛原子が電子を2個失って亜鉛イオンになる。($Zn→Zn^{2+}+2e^-$)
・硫酸銅水溶液中の銅イオン→銅イオンが電子を2個受けとって銅原子になる。($Cu^{2+}+2e^-→Cu$)
⇒亜鉛は銅よりもイオンになりやすい。
（e^-：電子1個を表す記号）

✐ **発展**

水溶液中で、金属の陽イオンへのなりやすさをイオン化傾向という。

4 電池

❶ 電池（化学電池）…化学変化を利用して、化学エネルギーを電気エネルギーに変換してとり出す装置。電解質の水溶液と2種類の金属板を用いる。2種類の金属板のうち、イオンになりやすいほうの金属が−極になる。

❷ ダニエル電池…硫酸亜鉛水溶液と硫酸銅水溶液をセロハンで区切り、硫酸亜鉛水溶液に亜鉛板、硫酸銅水溶液に銅板を入れてつくった電池。
　・−極：$Zn → Zn^{2+} + 2e^-$
　・＋極：$Cu^{2+} + 2e^- → Cu$

❸ 燃料電池…水素と酸素が化学変化を起こすときに電気エネルギーをとり出す電池。有害な物質を発生しない。

▶ **ダニエル電池のしくみ**

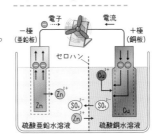

📖 **参考**

ダニエル電池のセロハンには小さな穴が開いており、陽イオンと陰イオンが少しずつ移動することにより、電気的なかたよりを防いでいる。

📖 **参考**

使うと電圧が下がりもとにもどらない電池を一次電池、外部から電流を流して電圧を回復させ、くり返し使うことができる電池を二次電池（蓄電池）という。二次電池で、電圧を回復させることを充電という。

✏ 基礎力チェック！

次の問いに答えなさい。

(1) 水にとかすと電流が流れる物質を何というか。

(2) 物質が水にとけて陽イオンと陰イオンに分かれることを何というか。

(3) 銅、亜鉛、マグネシウムのうち、最もイオンになりやすい金属はどれか。

(4) ダニエル電池で、亜鉛板と銅板のうち、−極になるのはどちらか。

答え

(1) 電解質 → 1 参照
(2) 電離 → 2 参照
(3) マグネシウム → 3 参照
(4) 亜鉛板 → 4 参照

酸・アルカリとイオン

1 酸性の水溶液とアルカリ性の水溶液の性質

❶ 酸性の水溶液の性質

- ・青色リトマス紙を赤色に変える。
- ・緑色の BTB 溶液の色を黄色に変える。
- ・pH 試験紙につけると黄色～赤色になる。
- ・マグネシウムリボンを入れると水素が発生する。
- ・電流が流れる。 ← 電解質の水溶液

❷ アルカリ性の水溶液の性質

- ・赤色リトマス紙を青色に変える。
- ・緑色の BTB 溶液の色を青色に変える。
- ・pH 試験紙につけると青色になる。
- ・フェノールフタレイン溶液を赤色に変える。
- ・電流が流れる。 ← 電解質の水溶液

📖 参考
アルカリ性の水溶液はさわるとぬるぬるしている。

📖 参考
中性の水溶液は、青色リトマス紙、赤色リトマス紙、緑色のBTB溶液の色を変化させない。

📖 参考
pH試験紙の色の変化

酸性 ←— 中性→アルカリ性

2 酸・アルカリとイオン

❶ 酸…水にとかすと電離し、水素イオン（H^+）を生じる化合物。

例 塩化水素：$HCl \rightarrow H^+ + Cl^-$
硫酸　　　：$H_2SO_4 \rightarrow 2H^+ + SO_4^{2-}$
硝酸　　　：$HNO_3 \rightarrow H^+ + NO_3^-$

💡 絶対おさえる！ 酸性の正体

☑ 酸→水素イオン（H^+）＋陰イオン

▶ 水素イオンの移動

赤色に変化した部分が陰極側に移動。

pH試験紙
陰極　H^+ Cl^-　陽極

塩酸をしみこませたろ紙
硝酸カリウム水溶液をしみこませたろ紙

▶ 水酸化物イオンの移動

青色に変化した部分が陽極側に移動。

pH試験紙
陰極　Na^+ OH^-　陽極

水酸化ナトリウム水溶液をしみこませたろ紙
硝酸カリウム水溶液をしみこませたろ紙

❷ アルカリ…水にとかすと電離し、水酸化物イオン（OH^-）を生じる化合物。

例 水酸化ナトリウム：$NaOH \rightarrow Na^+ + OH^-$
水酸化バリウム　：$Ba(OH)_2 \rightarrow Ba^{2+} + 2OH^-$
水酸化カルシウム：$Ca(OH)_2 \rightarrow Ca^{2+} + 2OH^-$

💡 絶対おさえる！ アルカリ性の正体

☑ アルカリ→陽イオン＋水酸化物イオン（OH^-）

📖 参考
電解質の水溶液に電圧を加えると、水素イオン（H^+）は＋の電気を帯びているので陰極に、水酸化物イオン（OH^-）は－の電気を帯びているので陽極に向かって移動する。

❸ 酸性・アルカリ性の強さ…pH（ピーエイチ）を使って表す。pH の値は 0 ～ 14 まであり、中性のときの pH は 7 である。

- ・酸性の強さ…pH が 7 より小さいときは酸性で、値が小さいほど酸性は強い。
- ・アルカリ性の強さ…pH が 7 より大きいときはアルカリ性で、値が大きいほどアルカリ性は強い。

社会

理科

数学

英語

国語

合格への
ヒント

● リトマス紙・BTB溶液・フェノールフタレイン溶液の変化を覚えておこう！
● 酸・アルカリが何を生じる化合物かを正確に覚えておこう！

3 中和と塩

❶ **中和**…酸の水溶液とアルカリの水溶液を混ぜ合わせたときに起こる、**水素イオ
ンと水酸化物イオン**が結びついて水が生じ、たがいの性質を打ち消し合う反応。

📖 参考
中和は発熱反応である。

💡絶対おさえる！ 中和

☑ **水素イオン＋水酸化物イオン→水**
（　　H$^+$　＋　　OH$^-$　　→ H$_2$O）

❷ **塩**…酸の陰イオンとアルカリの陽イオンが結びついてできた物質。

💡 絶対おさえる！ 中和と塩

☑ **酸＋アルカリ→塩＋水**

酸	→	H$^+$	＋	陰イオン
アルカリ	→	陽イオン	＋	OH$^-$
酸＋アルカリ	→		塩	＋ 水

　　例 塩酸と水酸化ナトリウム水溶液の中和

　　　塩化水素＋水酸化ナトリウム→塩化ナトリウム＋水

　　　（HCl ＋ NaOH → NaCl ＋ H$_2$O）

　　例 硫酸と水酸化バリウム水溶液の中和

　　　硫酸＋水酸化バリウム→硫酸バリウム＋水

　　　（H$_2$SO$_4$ ＋ Ba(OH)$_2$ → BaSO$_4$ ＋ 2H$_2$O）

📖 参考
塩には水にとけるものと、水にとけにくいものがある。塩化ナトリウムは水にとけるが、硫酸バリウムは水にとけにくいので、沈殿ができる。

❸ **中和が起こるときのイオンの変化のようす**

　　例 塩酸に水酸化ナトリウム水溶液を少しずつ加える。

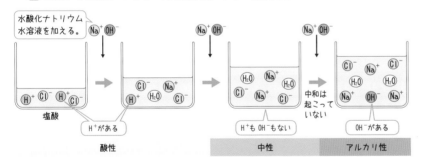

📖 参考
塩酸に水酸化ナトリウム水溶液を少しずつ加えていったときのイオンの数の変化
H$^+$→少しずつ減っていき、やがてなくなる。
Cl$^-$→変化しない。
Na$^+$→ふえ続ける。
OH$^-$→中和が起こらなくなるとふえる。

✎ 基礎力チェック！

次の問いに答えなさい。（　　　）にはイオンの名称を入れなさい。

(1) 酸性の水溶液に緑色のBTB溶液を入れると、何色に変化するか。

(2) 水にとかすと電離し、（　　　）を生じる化合物をアルカリという。

(3) 酸性の水溶液とアルカリ性の水溶液を混ぜ合わせたときに起こる、たがいの性質を打ち消し合う反応を何というか。

(4) 塩酸と水酸化ナトリウム水溶液を混ぜ合わせたときに生じる塩を何というか。

答え

(1) 黄色
　→ 1 参照
(2) 水酸化物イオン
　→ 2 参照
(3) 中和
　→ 3 参照
(4) 塩化ナトリウム
　→ 3 参照

15 植物の体のつくりと分類
生物

1 被子植物の花のつくり

❶ 種子植物…花を咲かせ、種子をつくってなかまをふやす植物。**被子植物**と**裸子植物**に分けられる。

❷ 被子植物…種子植物のうち、胚珠が子房の中にある植物。

例 アブラナ、アサガオ、サクラ。

❸ **被子植物の花のつくり**…外側から、がく、花弁、おしべ、めしべの順についている。

- やく…おしべの先端にある小さな袋。やくの中には花粉が入っている。

- 柱頭…めしべの先端の部分。

- 子房…めしべのもとのふくらんだ部分。

- 胚珠…子房の中にある小さな粒。

❹ **合弁花と離弁花**

- 合弁花…花弁がくっついている花。例 アサガオ、ツツジ、タンポポ。

- 離弁花…花弁が1枚1枚離れている花。例 アブラナ、エンドウ、サクラ。

❺ 受粉…花粉がめしべの先の柱頭につくこと。
- 虫媒花…花粉が昆虫によって運ばれる花。

- 鳥媒花…花粉が鳥によって運ばれる花。

- 風媒花…花粉が風によって運ばれる花。

❻ **果実や種子のでき方**

💡 **絶対おさえる！ 受粉後の花の変化**

☑ 受粉後、**子房**は成長して**果実**になり、子房の中の胚珠は**種子**になる。

⚠注意

被子植物には、ヘチマのように、雌花と雄花があるものや、イネのように、花弁やがくがなく、おしべとめしべが殻のようなものでおおわれた花もある。

📖参考

種子は動物や水、風によって運ばれるなど、いろいろな方法で散布される。

2 裸子植物の花のつくり

❶ 裸子植物…胚珠がむき出しになっている植物。

例 マツ、イチョウ、ソテツ。

❷ **マツの花のつくり**…雌花と雄花がある。

- 雌花のりん片…胚珠がむき出しになっている。

- 雄花のりん片…花粉のうがあり、中に花粉が入っている。

▶ マツの花のつくり

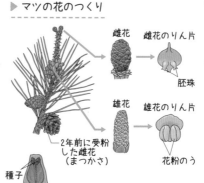

⚠注意

マツの花には、がくや花弁はない。

⚠注意

裸子植物は子房がないので果実はできない。

● 「裸子植物」と「被子植物」のつくりのちがい、「単子葉類」と「双子葉類」のつくりのちがいを正確に覚えておこう！

社会

理科

数学

英語

国語

3 被子植物の子葉、葉脈、根のつくり

① 双子葉類と単子葉類（そうし・しょうるい）…被子植物は、双子葉類と単子葉類に分類できる。

・双子葉類…子葉は 2 枚、葉脈は網状脈、根は主根と側根からなる。

・単子葉類…子葉は 1 枚、葉脈は平行脈、根はひげ根からなる。

	子葉	葉脈	根
双子葉類	子葉が2枚	網状脈	主根　側根 主根・側根がある。
単子葉類	子葉が1枚	平行脈	ひげ根

📖 参考

どの根にも、先端近くに、根毛とよばれる小さな毛のようなものがある。根毛によって、根と土のふれ合う面積が大きくなり、水や水にとけた養分を吸収しやすくなっている。

4 種子をつくらない植物

① シダ植物　例 イヌワラビ、ゼンマイ、スギナ。

・種子をつくらず胞子（ほうし）でふえる。

・根（き）・茎・葉の区別がある。

② コケ植物　例 スギゴケ、ゼニゴケ。

・種子をつくらず胞子でふえる。

・根・茎・葉の区別がない。

・仮根があり、体を地面などに固定するはたらきをしている。

▶ ゼニゴケ

▶ イヌワラビ

葉の裏

葉　葉の柄

茎
根

胞子のう

胞子

雌株　雄株

胞子のう　仮根

📖 参考

胞子は胞子のうという袋でつくられる。イヌワラビの胞子のうは葉の裏にある。

📖 参考

スギゴケやゼニゴケには雌株と雄株があり、胞子のうは雌株の先についている。

5 植物の分類

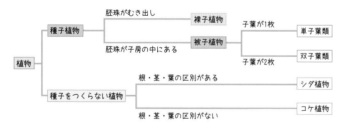

植物
├ 種子植物
│　├ 胚珠がむき出し → 裸子植物
│　└ 胚珠が子房の中にある → 被子植物
│　　　├ 子葉が1枚 → 単子葉類
│　　　└ 子葉が2枚 → 双子葉類
└ 種子をつくらない植物
　　├ 根・茎・葉の区別がある → シダ植物
　　└ 根・茎・葉の区別がない → コケ植物

✏ 基礎力チェック！

次の問いに答えなさい。

(1) 受粉して成長すると果実になる、めしべのもとのふくらんだ部分を何というか。

(2) 胚珠がむき出しになっている種子植物のなかまを何というか。

(3) シダ植物は何をつくってなかまをふやすか。

答え

(1) 子房
→ 1 参照
(2) 裸子植物
→ 2 参照
(3) 胞子
→ 4 参照

16 動物の体のつくりと分類

生物

1 食べるものによる体のつくりのちがい

❶ **肉食動物**…ライオンのように、ほかの動物を食べて生きる動物。

❷ **草食動物**…シマウマのように、植物を食べて生きる動物。

❸ **肉食動物と草食動物の歯のちがい**

・肉食動物…獲物をとらえるための**犬歯**、かみ砕くための**臼歯**が発達。

・草食動物…草をかみ切るための**門歯**、草をすりつぶすための**臼歯**が発達。

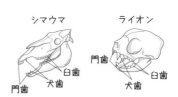
シマウマ / ライオン
門歯 / 臼歯 / 犬歯 / 門歯 / 犬歯 / 臼歯

❹ **肉食動物と草食動物の目のつき方のちがい**

・肉食動物…**前向き**についている。立体的に見える範囲が広く、獲物との距離をつかみやすい。

・草食動物…**横向き**についている。広範囲を見わたすことができ、敵を早く見つけやすい。

シマウマ / ライオン
視野 / 視野 / 立体的に見える範囲

📖 参考

肉食動物と草食動物のあしのちがい
・肉食動物→鋭いつめをもち、獲物をおそうのに適している。
・草食動物→ひづめをもつ動物がおり、長い距離を走るのに適している。

2 背骨のある動物

❶ **脊椎動物**…背骨をもつ動物。

💡 **絶対おさえる！ 脊椎動物の分類**

☑ **脊椎動物**は、**魚類**、**両生類**、**は虫類**、**鳥類**、**哺乳類**の5つに分けられる。

❷ **生活場所**

・水中…魚類、両生類の子。

・陸上…両生類の親、は虫類、鳥類、哺乳類。

❸ **体の表面のようす**

・うろこ…体を乾燥から守る。魚類、は虫類。

・うすく湿った皮膚…両生類。

・羽毛、毛…体温が下がりにくくなっている。鳥類は羽毛、哺乳類は毛でおおわれている。

❹ **呼吸のしかた**

・えらで呼吸…魚類。両生類の子はえらと皮膚で呼吸する。

・肺で呼吸…は虫類、鳥類、哺乳類。両生類の親は肺と皮膚で呼吸する。

❺ **子のうまれ方**

・卵生…親が卵をうみ、卵から子がかえるうまれ方。**魚類、両生類**は水中に殻のない卵をうみ、**は虫類、鳥類**は陸上に殻のある卵をうむ。

・胎生…母親の体内である程度育った子がうまれるうまれ方。**哺乳類**。

🔖 発展

子が成長して子をつくれるようになる前に体の形が大きく変化することを変態といい、変態の前を幼生、変態の後を成体という。

🔖 発展

まわりの温度が変わると体温も変わる動物を変温動物、まわりの温度が変わっても体温がほぼ一定の動物を恒温動物という。

● 脊椎動物は5種類の名称と「生活場所」「体の表面」「呼吸のしかた」「子のうまれ方」のちがいを正確に覚えておこう!

❻ 脊椎動物の分類

	生活場所	体の表面	呼吸のしかた	子のうまれ方	例
魚類	水中	うろこ	えら	卵生	フナ、コイ、メダカ
両生類	子：水中 親：陸上	うすく湿った皮膚	子：えらと皮膚 親：肺と皮膚		カエル、イモリ、サンショウウオ
は虫類	陸上	うろこ	肺		ヤモリ、トカゲ、カメ
鳥類		羽毛			ハト、スズメ、ペンギン
哺乳類		毛		胎生	イヌ、ウサギ、ライオン

③ 背骨のない動物

❶ **無脊椎動物**…背骨をもたない動物。

❷ **節足動物**…体やあしに多くの**節**がある動物。体は**外骨格**というかたい殻でおおわれている。

・昆虫類…体は頭部・胸部・腹部の3つに分かれている。胸部に3対のあしがある。胸部や腹部にある**気門**から空気をとり入れ、呼吸している。

　例 バッタ、カブトムシ、チョウ。

・甲殻類…体は頭胸部・腹部の2つ、または頭部・胸部・腹部の3つに分かれている。多くは水中で生活し、えらで呼吸する。

　例 ザリガニ、エビ、ミジンコ。

・その他の節足動物…クモ類、ムカデ類など。

❸ **軟体動物**…内臓が**外とう膜**という筋肉でできた膜でおおわれており、あしは筋肉でできている。水中で生活するものが多い。水中で生活するものはえらで呼吸する。

　例 イカ、マイマイ、アサリなど。

❹ **その他の無セキツイ動物**…ヒトデ、クラゲ、ミミズなど。

> 📖 参考
>
> 節足動物が成長するとき、脱皮して古い外骨格を脱ぎ捨てる。

> ⚠ 注意
>
> マイマイは陸上で生活するので、肺で呼吸する。

✎ 基礎力チェック!

次の問いに答えなさい。

(1) ほかの動物を食べて生きる動物を何というか。

(2) 背骨をもつ動物のなかまを何というか。

(3) (2)のうち、子と親で呼吸のしかたが異なるのは何類か。

(4) 哺乳類の子のうまれ方のように、母親の体内である程度育ってからうまれる子のうまれ方を何というか。

(5) 体やあしに多くの節がある動物のなかまを何というか。

答え

(1) 肉食動物
　→ 1 参照
(2) 脊椎動物
　→ 2 参照
(3) 両生類
　→ 2 参照
(4) 胎生
　→ 2 参照
(5) 節足動物
　→ 3 参照

17 生物と細胞、植物の体のつくりとはたらき

生物

1 顕微鏡の使い方

❶ 操作手順

①最も低倍率の対物レンズにし、反射鏡としぼりで視野を明るくする。

②プレパラートをステージにのせ、対物レンズとプレパラートをできるだけ近づける。

③接眼レンズをのぞき、対物レンズとプレパラートを遠ざけながらピントを合わせる。

④しぼりでものがはっきり見えるようにする。

⑤高倍率にしてくわしく観察する。

❷ 顕微鏡の拡大倍率

拡大倍率＝接眼レンズの倍率×対物レンズの倍率

▶ ステージ上下式顕微鏡

接眼レンズ／レボルバー／鏡筒／対物レンズ／アーム／ステージ／クリップ／しぼり／プレパラート／調節ねじ／反射鏡

⚠注意

ピントを合わせるときは、対物レンズを傷つけないように、対物レンズとプレパラートを遠ざけながらピントを合わせる。

📖参考

高倍率にすると、見える範囲はせまくなり、明るさは暗くなる。

2 生物の体をつくるもの

❶ 細胞…生物の体をつくっている、たくさんの小さな部屋のようなもの。

❷ 単細胞生物…体が1つの細胞でできている生物。例ゾウリムシ、ミカヅキモ。

❸ 多細胞生物…体がたくさんの細胞でできている生物。例ミジンコ、ヒト。

❹ 多細胞生物の体の成り立ち

・組織…形やはたらきが同じ細胞が集まってできたもの。

　例表皮組織、葉肉組織、上皮組織、筋組織。

・器官…いくつかの種類の組織が集まってできたもの。器官は特定のはたらきをする。例葉、茎、胃、小腸。

・個体…いくつかの器官が集まってできたもの。例アブラナ、ヒト。

📖参考

単細胞生物は、1つの細胞で動いたり、栄養をとり入れたり、なかまをふやしたりしている。

3 細胞のつくり

❶ 植物の細胞と動物の細胞に共通のつくり

・核…染色液によく染まる丸い粒。ふつう、1個の細胞に1個ある。

・細胞質…核のまわりの部分。

・細胞膜…細胞質のいちばん外側にあるうすい膜。

❷ 植物の細胞にだけみられるつくり

・細胞壁…細胞膜の外側を囲んでいるじょうぶなしきり。

・葉緑体…たくさんの緑色の小さな粒。

・液胞…水分や活動でできた不要物などがふくまれている袋。

▶ 植物の細胞　▶ 動物の細胞

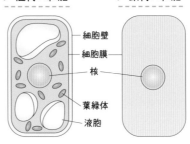

細胞壁／細胞膜／核／葉緑体／液胞

📖参考

核は、酢酸オルセイン溶液、酢酸カーミン溶液などの染色液によく染まる。

月　　日

合格への
ヒント

● 植物細胞と動物細胞のつくりの共通点やちがいを正確に覚えておこう！
● 「単子葉類」と「双子葉類」の茎の維管束のちがいに注意しよう！

社会

理科

数学

英語

国語

4　植物の体のつくりとはたらき

❶ **光合成**…植物が光を受けて、デンプンなどの栄養分をつくり出すこと。おもに葉の細胞にある葉緑体で行われる。水と二酸化炭素を原料とする。

💡 **絶対おさえる！　光合成**

光のエネルギー
↓
☑ 水＋二酸化炭素　→　デンプンなど＋酸素

❷ **呼吸**…植物も動物と同じように呼吸を行い、酸素をとり入れて二酸化炭素を出している。

❸ **光合成と呼吸**…日光が当たる昼間は光合成と呼吸の両方を行うが、呼吸によって出入りする気体の量より、**光合成によって出入りする気体の量のほうが多いため**、光合成だけを行っているように見える。

❹ **水や栄養分の通り道**
・道管…水や水にとけた養分などの通り道。
・師管…葉でつくられた栄養分の通り道。
・維管束…道管と師管が集まった束。双子葉類の茎の維管束は**輪のように並んでいて**、単子葉類の茎の維管束は**全体に散らばっている**。

❺ **葉のつくり**
・葉脈…葉にあるすじ。葉の維管束である。
・気孔…2つの三日月形をした細胞（孔辺細胞）に囲まれたすきま。おもに葉の裏側にあり、**酸素や二酸化炭素の出入り口、水蒸気の出口**になっている。

❻ **蒸散**…植物の体の中の水が、気孔から水蒸気となって出ていくこと。

📖 参考

葉でつくられた栄養分は、水にとけやすい物質に変化して、師管を通って体全体に運ばれる。

▶ 双子葉類　　　▶ 単子葉類

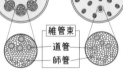

維管束
道管
師管

▶ **葉の断面**

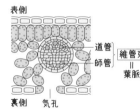

表側

道管
師管

維管束
＝
葉脈

裏側　　気孔

📖 参考

気孔の開閉
・開いている　　・閉じている

孔辺細胞

📖 参考

蒸散が起こることによって、植物の吸水がさかんに行われる。

✏ 基礎力チェック！

次の問いに答えなさい。

(1) 体が1つの細胞でできている生物を何というか。

(2) ふつう1つの細胞に1個ある、染色液によく染まる丸い粒を何というか。

(3) 植物の体にある、水や水にとけた養分が通る管を何というか。

(4) 植物の体の中の水が、葉にある気孔から水蒸気となって出ていくことを何というか。

答え

(1) 単細胞生物
→ 2 参照
(2) 核
→ 3 参照
(3) 道管
→ 4 参照
(4) 蒸散
→ 4 参照

17　生物と細胞、植物の体のつくりとはたらき　　**097**

18 （生物） 動物の体のつくりとはたらき①

1 消化

❶ **消化**…食物にふくまれる栄養分を分解し、体内に吸収されやすい状態に変えるはたらき。

❷ **消化管**…口 ➡ 食道 ➡ 胃 ➡ 小腸 ➡ 大腸 ➡ 肛門（こうもん）とつながった、食物の通り道。

❸ **消化液**…食物を消化するはたらきをもつ液。

❹ **消化酵素（しょうかこうそ）**…消化液にふくまれていて、食物を分解して吸収されやすい養分に変える物質。消化酵素は、それぞれ決まった物質にはたらく。

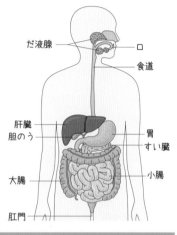

📖 参考

消化酵素はヒトの体温に近い温度で最もよくはたらき、消化酵素自体は変化しない。

📖 参考

胆汁（たんじゅう）には消化酵素はふくまれていないが、脂肪の分解を助けるはたらきがある。胆汁は肝臓（かんぞう）でつくられて、胆のうにたくわえられている。

消化酵素	消化液	はたらき
アミラーゼ	だ液、すい液	デンプンを分解する。
ペプシン	胃液	タンパク質を分解する。
トリプシン	すい液	タンパク質を分解する。
リパーゼ	すい液	脂肪（しぼう）を分解する。

❺ **消化によってできる物質**

> 💡 **絶対おさえる！ 消化によってできる物質**
>
> ☑ 消化によって、デンプンは**ブドウ糖**に、タンパク質は**アミノ酸**に、脂肪は**脂肪酸とモノグリセリド**に分解される。

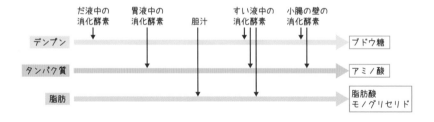

2 吸収

❶ **吸収**…消化された養分が、小腸の柔毛（じゅうもう）から体内にとり入れられるはたらき。

❷ **柔毛**…小腸の壁（かべ）のひだの表面にある小さな突起（とっき）。表面積が大きくなり、効率よく養分を吸収することができる。

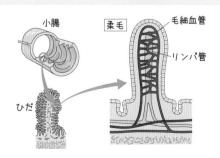

月　　日

社会
理科
数学
英語
国語

**合格への
ヒント**

●「柔毛」と「肺胞」は表面積が大きな構造となることで、効率よく養分の吸収
や気体の交換を行えることを覚えておこう！

❸ **吸収されたあとの物質のゆくえ**…柔毛から吸収されたあと、血管にとり入

れられて全身に運ばれる。

・**ブドウ糖**…柔毛から吸収されたあと毛細血管に入り、肝臓に運ばれ、一部は
グリコーゲンに合成されてたくわえられる。必要なときに再びブドウ糖に分
解されて、全身の細胞に運ばれる。

・**アミノ酸**…柔毛から吸収されたあと毛細血管に入り、肝臓に運ばれ、一部は
タンパク質に合成されて全身の細胞に運ばれる。

・**脂肪酸とモノグリセリド**…柔毛から吸収されたあと**再び脂肪になり**、リンパ
管を通って血管に入り、全身の細胞に運ばれる。

📖 **参考**

リンパ管はやがて首の下で
静脈と合流する。

3 ▷ 呼吸

❶ **肺による呼吸**…鼻や口
から吸いこまれた酸素
と、全身から送られてき
た二酸化炭素を肺で交
換すること。

❷ **肺胞**…気管支の先にあ
るたくさんの小さな袋。
**表面積が大きくなり、酸
素と二酸化炭素の交換を効率よく行うことができる。**

❸ **呼吸のしかた**…肺は、**ろっ骨**と**横隔膜**を使って空気
を吸ったりはいたりする。

・息を吸うとき…横隔膜が下がり、ろっ骨が上がる。

・息をはくとき…横隔膜が上がり、ろっ骨が下がる。

❹ **細胞による呼吸**…血液によって運ばれてきた栄養分
を酸素を使って分解し、**エネルギーをとり出す**細胞の
はたらき。このとき二酸化炭素と水ができる。

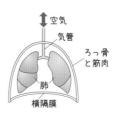

📖 **参考**

酸素は赤血球中のヘモグ
ロビンによって運ばれ、二酸化
炭素は血しょうにとけこん
で運ばれる。

✎ 基礎力チェック！

次の問いに答えなさい。

(1) だ液にふくまれる消化酵素を何というか。

(2) タンパク質は、消化によって、最終的に何に分解されるか。

(3) 小腸の壁のひだの表面にある小さな突起を何というか。

(4) 気管支の先にある小さな袋を何というか。

答え

(1) アミラーゼ
→ **1** 参照
(2) アミノ酸
→ **1** 参照
(3) 柔毛
→ **2** 参照
(4) 肺胞
→ **3** 参照

19 動物の体のつくりとはたらき②
生物

1 血液成分と血液の循環（じゅんかん）

① 血液の成分

	はたらき
赤血球	ヘモグロビンという物質によって酸素を運ぶ。
白血球	細菌（さいきん）などを分解する。
血小板	出血したときに、血液を固める。
血しょう	液体で、栄養分や不要な物質を運ぶ。

▶ 細胞での物質のやりとり

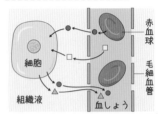

●酸素 □栄養分 ●二酸化炭素 △不要物

② 組織液…血しょうが毛細血管からしみ出たもの。組織液を通して細（さい）胞（ぼう）に酸素や栄養分をあたえ、細胞から二酸化炭素や不要物を受けとる。

③ 心臓…血液を送り出すポンプの役割がある。

④ 動脈と静脈
・動脈…心臓から送り出される血液が流れる血管。
・静脈…心臓にもどってくる血液が流れる血管。

⑤ 動脈血と静脈血
・動脈血…酸素を多くふくみ、二酸化炭素が少ない血液。
・静脈血…二酸化炭素を多くふくみ、酸素が少ない血液。

▶ 心臓のつくり

大動脈 全身へ 肺動脈
全身から 肺へ 肺静脈
肺から
大静脈 左心房
右心房 左心室
右心室

📖 参考
動脈は壁が厚く、弾力（だんりょく）がある。静脈は壁がうすく、ところどころに逆流を防ぐための弁がある。

⚠ 注意
肺動脈には静脈血が流れ、肺静脈には動脈血が流れる。

⑥ 血液の循環…心臓から出た血液が心臓にもどってくるまでの道すじ。
・肺循環…血液が心臓➡肺動脈➡肺➡肺静脈➡心臓の順に通る道すじ。肺で二酸化炭素を出して、酸素を受けとる。
・体循環…血液が心臓➡動脈➡全身➡静脈➡心臓の順に通る道すじ。全身を通る間に、酸素を出して二酸化炭素を受けとる。

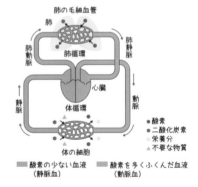

肺の毛細血管
肺
肺動脈 肺静脈
肺循環
心臓
静脈 動脈
体循環
体の細胞
●酸素 ●二酸化炭素 □栄養分 △不要な物質
■■酸素の少ない血液（静脈血）　■■酸素を多くふくんだ血液（動脈血）

2 排出（はいしゅつ）

① 排出…二酸化炭素やアンモニアなど、不要な物質を体外に出すはたらき。
② 肝臓（かんぞう）のはたらき…運ばれてきた有害なアンモニアを、害の少ない尿素（にょうそ）に変える。
③ じん臓のはたらき…肝臓から運ばれてきた血液中の尿素をこしとり、尿（にょう）に変える。尿は輸尿管（ゆにょうかん）を通ってぼうこうで一時的にためられ、体外に排出される。

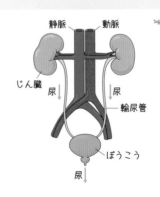

静脈 動脈
じん臓
尿 尿
輸尿管
ぼうこう
尿

📖 参考
アミノ酸が分解されると、水や二酸化炭素のほかにアンモニアができる。

> 合格への
> ヒント
> ● 肺循環や体循環がどのような順番で循環しているか整理しておこう！
> ● 「肝臓」と「じん臓」ははたらきを混同しないように注意！

3 刺激（しげき）

❶ 感覚器官…外からの刺激を受けとる器官。

感覚器官	受けとる刺激	感覚
目	光	視覚
耳	音（空気の振動しんどう）	聴覚ちょうかく
鼻	においのもとになる刺激	嗅覚きゅうかく
舌	味のもとになる刺激	味覚
皮膚ひふ	圧力、痛み、温度などの刺激	触覚しょっかく

▶ 目のつくり

虹彩　網膜　ひとみ　水晶体（レンズ）　視神経

> 📖 参考
>
> 目のつくりとはたらき
> ・虹彩こうさい→ひとみの大きさを変えて水晶体（レンズ）に入る光の量を調節する。
> ・水晶体すいしょうたい（レンズ）→筋肉のはたらきで厚みを変え、光を屈折くっせつさせて、網膜上に像を結ばせる。
> ・網膜→光の刺激を受けとり、像を結ぶ。

❷ 神経系…刺激の伝達や命令にかかわる器官。

・中枢神経ちゅうすうしんけい…判断や命令などを行う神経。脳とせきずい。

・末しょう神経…中枢神経から枝分かれして全身に広がる神経。感覚神経や運動神経など。

▶ 神経系のようす

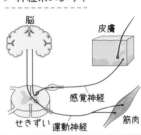

脳　皮膚　感覚神経　せきずい　運動神経　筋肉

> 📖 参考
>
> 反射の例
> ・熱いものに手がふれて思わず手を引っこめる。
> ・暗いところに入るとひとみが大きくなり、明るいところに出るとひとみが小さくなる。
> ・食物を口に入れるとだ液が出る。

❸ 刺激に対する反応

> 💡 絶対おさえる！　刺激や命令の信号の伝わり方
>
> ☑ 意識して起こす反応　感覚器官➡せきずい➡脳➡せきずい➡運動器官
> ☑ 無意識に起こる反応（反射）　感覚器官➡せきずい➡運動器官

❹ 運動のしくみ…骨と筋肉はつながっており、筋肉がゆるんだり縮んだりすることによって骨格を動かすことができる。

▶ うでをのばすとき

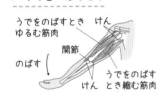

うでをのばすときゆるむ筋肉　けん　関節　のばす　うでをのばすとき縮む筋肉　けん

▶ うでを曲げるとき

曲げる　うでを曲げるとき縮む筋肉　うでを曲げるときゆるむ筋肉

> 📖 参考
>
> 筋肉の両端をけんといい、関節りょうたんをへだてた2つの骨についている。

✏ 基礎力チェック！

次の問いに答えなさい。

(1) ヘモグロビンをふくみ、酸素を運ぶ血液成分を何というか。

(2) 心臓から出ていく血液が流れる血管を何というか。

(3) アンモニアを害の少ない尿素に変える器官はどこか。

(4) 脳やせきずいのような、判断や命令をする神経をまとめて何というか。

答え

(1) 赤血球
→ 1 参照

(2) 動脈
→ 1 参照

(3) 肝臓
→ 2 参照

(4) 中枢神経
→ 3 参照

20 生物のふえ方と遺伝、進化
生物

1 生物の成長と細胞分裂

① 細胞分裂…１つの細胞が２つに分かれること。

② 体細胞分裂…体をつくっている体細胞が分裂すること。

③ 染色体…核の中にあるひものようなもの。細胞分裂が始まると現れる。

④ 生物の体の成長

💡 絶対おさえる！ 生物の体の成長

☑ 生物の体は、体細胞分裂によって細胞の数がふえて、それぞれの細胞が大きくなることで、成長する。

▶ 植物の細胞分裂

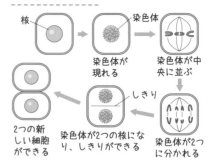

核 → 染色体が現れる → 染色体が中央に並ぶ → 染色体が2つに分かれる → 染色体が2つの核になり、しきりができる → 2つの新しい細胞ができる

2 生物のふえ方と染色体の伝わり方

① 生殖…生物が同じ種類の新しい個体（子）をつくること。

② 無性生殖…雌雄の親がかかわらずに子をつくる生殖。

・分裂…体が２つに分裂してふえる。

例 ゾウリムシ、ミカヅキモ、アメーバ、イソギンチャク、プラナリア。

・栄養生殖…体の一部から新しい個体ができてふえる。

例 ジャガイモのいも（茎）、サツマイモのいも（根）、ヤマノイモのむかご（芽）、オランダイチゴのほふく茎（茎）、さし木、接ぎ木。

③ 無性生殖の染色体の伝わり方…子は親の染色体をそのまま受け継ぐ。

④ 有性生殖…雌雄の親がかかわって子をつくる生殖。

⑤ 動物の有性生殖（カエルの発生）…精子の核と卵の核が合体して受精卵ができる。受精卵は胚になり、成体になる。

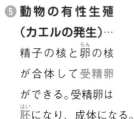

精子 → 受精 ← 卵 → 受精卵 → 胚 → おたまじゃくし

⑥ 被子植物の有性生殖…精細胞が花粉管を通って胚珠に達し、精細胞の

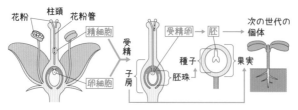

花粉 柱頭 花粉管 精細胞 受精 卵細胞 子房 受精卵→胚 種子 胚珠 果実 次の世代の個体

核と卵細胞の核が合体すると受精卵ができる。受精卵は胚になり、胚珠全体は種子になる。

⑦ 減数分裂…生殖細胞がつくられるときに行われる、染色体の数が体細胞の半分になる細胞分裂。

⑧ 有性生殖の染色体の伝わり方…子は両親から半分ずつ染色体を受け継ぐ。

📖 参考

無性生殖のうち、体の一部から芽が出るようにふくらみ、新しい個体ができるふえ方を出芽という。
例 酵母、ヒドラ、サンゴ。

📖 参考

動物の卵・精子、植物の卵細胞・精細胞のように、生殖のためにつくられる特別な細胞を生殖細胞という。

📖 参考

精子は雄の精巣、卵は雌の卵巣でつくられる。

📖 参考

動物では、受精卵が分裂を開始してから自分で食べ物をとることができる前までを胚という。

📖 参考

受精卵から新しい個体ができていく過程を発生という。

社会　理科　数学　英語　国語

● 減数分裂では、染色体の数が半分になることに注意！
● 遺伝子は親、子、孫へと伝わるまでの図をかいて整理してみよう！

3 遺伝の規則性

❶ 形質…生物がもつさまざまな形や性質。

❷ 遺伝…親のもつ形質が子に伝わること。

❸ 遺伝子…染色体の中にあり、形質を決定するもとになるもの。

❹ 分離の法則…遺伝子が減数分裂によってそれぞれ別の生殖細胞に入ること。

❺ 対立形質…たがいに対をなす2つの形質。どちらかの形質しか現れない。

❻ 顕性形質と潜性形質…対立形質をもつ純系の親どうしを交配させたときに、子に現れる形質を顕性形質、子に現れない形質を潜性形質という。

❼ 遺伝子の伝わり方（エンドウの種子の形）

※種子を丸くする遺伝子をA、しわにする遺伝子をaとする。

・親から子…純系の丸い種子（AA）と純系のしわの種子（aa）を交配すると、子はすべて丸い種子（Aa）となる。

・子から孫…できた子の丸い種子（Aa）をまいて育てて自家受粉させると、孫は丸い種子としわの種子が3：1（AA：Aa：aa＝1：2：1）となる。

❽ DNA（デオキシリボ核酸）…染色体にふくまれる、遺伝子の正体。

> 🖊 発展
>
> 細胞の染色体には同じ形や大きさのものが1対（2本）あり、この染色体を相同染色体という。

> 📖 参考
>
> 何世代も形質のすべてが親と同じであるものを純系という。

▶ 親から子への遺伝子の伝わり方

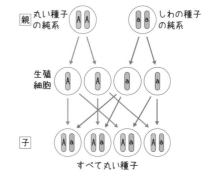

4 進化

❶ 進化…長い年月をかけて、世代を重ねる間に生物の体の特徴が変化すること。

❷ 相同器官…現在の形やはたらきは異なるが、基本的なつくりが同じで、もとは同じ器官であったと考えられる器官。進化の証拠と考えられる。

ヒトの手とうで　コウモリの翼　クジラの胸びれ

> 📖 参考
>
> 始祖鳥は、は虫類と鳥類の特徴を合わせもっているため、鳥類がは虫類から進化した証拠と考えられている。

✏ 基礎力チェック！

次の問いに答えなさい。

(1) 1つの細胞が2つに分かれることを何というか。

(2) 雄と雌がかかわって子をつくる生殖を何というか。

(3) 対立形質をもつ純系の親どうしを交配させたときに、子に現れる形質を何というか。

(4) 現在の形やはたらきは異なるが、基本的なつくりが同じで、もとは同じ器官であったと考えられる器官を何というか。

答え

(1) 細胞分裂
　→ 1 参照

(2) 有性生殖
　→ 2 参照

(3) 顕性形質
　→ 3 参照

(4) 相同器官
　→ 4 参照

Science

21 地学 火山と地震

1 火山

❶ **マグマ**…地下にある岩石が高温でとけてできたもの。**火山**はマグマが地表に噴き出してできた山である。

❷ **火山噴出物**…噴火でうみ出されるもの。溶岩、火山弾、軽石、火山れき、火山灰、火山ガスなどがある。

・溶岩…マグマが地表に流れ出したもの。

・火山灰…噴火によって噴き出された軽くて小さい粒。

❸ **鉱物**…マグマが冷えて結晶になったもの。

・無色鉱物…セキエイ、チョウ石。

・有色鉱物…クロウンモ、カクセン石、キ石、カンラン石など。

❹ **マグマのねばりけと火山のようす**

> 📖 **参考**
> 地下深くでできたマグマは、上昇して、地下10km以内のマグマだまりに一時的にたくわえられている。

> 📖 **参考**
> ・火山れきと火山灰は粒の大きさで区別される。直径2mm以下の粒は火山灰である。
> ・火山ガスは、おもに水蒸気で、二酸化炭素や硫化水素などもふくまれている。

火山の形	ドーム状の形	円すいの形	傾斜がゆるやかな形
マグマのねばりけ	強い ←→		弱い
噴火のようす	激しい ←→		おだやか
火山噴出物の色	白っぽい ←→		黒っぽい
例	昭和新山、平成新山	桜島、浅間山	マウナロア、キラウエア

2 火成岩

❶ **火成岩**…マグマが冷え固まってできた岩石。マグマの冷え方のちがいで、火山岩と深成岩がある。

❷ **火山岩**…マグマが地表や地表付近で急に冷え固まってできた火成岩。
例 流紋岩、安山岩、玄武岩。

❸ **深成岩**…マグマが地下深くでゆっくり冷え固まってできた火成岩。
例 花こう岩、せん緑岩、斑れい岩。

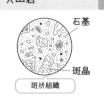

> 💡 **絶対おさえる！ 火成岩のつくり**
> ☑ 火山岩は、**石基**の中に**斑晶**が散らばっている**斑状組織**。
> ☑ 深成岩は、ほぼ同じ大きさの鉱物が集まっている**等粒状組織**。

❹ **いろいろな火成岩**

火山岩	流紋岩	安山岩	玄武岩
深成岩	花こう岩	せん緑岩	斑れい岩
岩石の色	白っぽい ←→		黒っぽい
マグマのねばりけ	強い ←→		弱い

> 📖 **参考**
> 石基は、マグマが急に冷えたため、結晶になれなかった部分。

合格への
ヒント

● 火成岩と深成岩のでき方とつくりを整理しておこう！
● 地震の伝わり方の問題では、P波とS波のグラフの問題が頻出！

3 地震

❶ **震源**…地震が発生した場所。

❷ **震央**…震源の真上の地点。

❸ **初期微動**…P波によって起こる、はじめの小さなゆれ。

❹ **主要動**…S波によって起こる、あとからくる大きなゆれ。

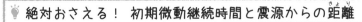

初期微動　　　　主要動

P波
到着

S波
到着

❺ **初期微動継続時間**…初期微動が始まってから、主要動が始まるまでの時間。P波とS波の到着時刻の差で求めることができる。

💡 **絶対おさえる！　初期微動継続時間と震源からの距離**

☑ 震源からの距離が大きくなると、初期微動継続時間は**長く**なる。

❻ **震度**…観測地点でのゆれの大きさを表したもの。ふつう、震央に近いほど大きい。

❼ **マグニチュード**…地震そのものの規模を表す値。ふつう、マグニチュードが大きいほど、強いゆれが起こる範囲が**広く**なる。

> 💬 **発展**
> P波は、波が伝わる方向に振動する縦波、S波は波が伝わる方向とは直角に振動する横波である。

> ⚠️ **注意**
> P波とS波は同時に発生するが、P波のほうがS波よりも伝わる速さがはやいため、先に到着する。

> 📖 **参考**
> 緊急地震速報は、P波とS波の速さのちがいを利用して、S波の到着を予想している。

> ⚠️ **注意**
> 土地のつくりによって、震央からの距離が同じでも、震度が異なることがある。

4 地震が起こる場所

❶ **プレートと断層**…プレートとよばれる地球の表面にある分厚い岩盤が少しずつ動き、プレートに加わった力がひずみとなって、**断層**（ずれ）ができると同時に地震が起こる。

❷ **内陸型地震**…プレートの内部で起こる地震で、**活断層**（くり返し活動する可能性がある断層）のずれによって起こる。

> 📖 **参考**
> 日本付近には、ユーラシアプレート、北アメリカプレート、太平洋プレート、フィリピン海プレートがある。

▶ **海溝型地震のしくみ**

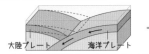

大陸プレート　　海洋プレート

海洋プレートが大陸プレートの下に沈みこみ、大陸プレートの先端が引きずりこまれる。

大陸プレートがもとにもどろうとして、地震が起こる。

❸ **海溝型地震**…海溝付近で起こる地震で、プレートのずれによって生じる。海底の変形により、津波が発生することがある。

✏️ 基礎力チェック！

次の問いに答えなさい。

(1) 火山の形や噴火のようすは、マグマの何によって決まるか。

(2) 深成岩のつくりを何というか。

(3) 地震で、はじめにくる小さなゆれを何というか。

(4) 地震そのものの規模を表す値を何というか。

答え

(1) ねばりけ
　→ 1 参照

(2) 等粒状組織
　→ 2 参照

(3) 初期微動
　→ 3 参照

(4) マグニチュード
　→ 3 参照

22 地層と堆積岩
地学

1 大地の変動

① 隆起…土地がもち上がること。

② 沈降…土地が沈むこと。

③ しゅう曲…地層をおし縮めるような大きな力

が長い期間加わったことによって、ゆっくりと波を打つように曲げられたもの。

④ 断層…大きな力が加わり、土地がずれたもの。加わった力の向きでずれる向きが変わる。

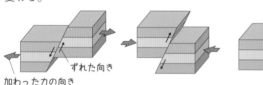

加わった力の向き

ずれた向き

加わった力の向き

2 地層

① 風化…長い間の気温の変化や水のはたらきなどによって、岩石の表面がぼろぼろにくずれること。

② 地層をつくるはたらき

・**侵食**…風化によってできた土砂が風や雨によってけずられること。

・**運搬**…けずられた土砂が、水の流れなどによって運ばれること。

・**堆積**…水の流れがゆるやかなところで、運ばれてきた土砂が水底などに積もること。

③ れき・砂・泥…粒の大きさで区別される。

	れき	砂	泥
粒の大きさ	2mm以上	2mm～$\frac{1}{16}$mm	$\frac{1}{16}$mm以下

④ 地層のでき方…土砂が水底などで堆積すると地層ができる。

💡 絶対おさえる！ 地層の特徴

☑ 粒の小さいものほど遠くまで運ばれるので、海岸から遠いほど粒は小さくなる。

☑ 粒の大きいものほどはやく沈むので、1つの地層では下の層ほど粒が大きい。

☑ 重なっている地層では、下の層ほど古い。

⑤ 露頭…水底にできた地層や岩石などが隆起して、がけなどで見られるようになったもの。

⑥ 鍵層…遠く離れた場所でも、それぞれの地層を比べ、同じ時期にできたものであると推測できる地層。火山灰の層などが鍵層として利用できる。

▶ 地層のでき方

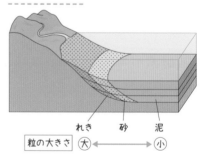

れき 砂 泥

粒の大きさ 大 ⟷ 小

合格への
ヒント

● 示相化石と示準化石は、代表的な化石を必ず覚えておこう！
● 「れき」「砂」「泥」が河口にてどの順番で堆積するかは要チェック！

3 堆積岩

❶ **堆積岩**…堆積した土砂が、長い年月をかけておし固められたもの。

❷ **堆積岩の種類**

・**れき岩・砂岩・泥岩**…れき、砂、泥がおし固められてできた堆積岩を、それ
ぞれれき岩、砂岩、泥岩という。流れる水のはたらきで角がけずられて、粒
は**丸みを帯びている**。

・石灰岩…生物の遺骸がおし固められてできた堆積岩。うすい塩酸をかけると
気体（二酸化炭素）が発生する。

・チャート…生物の遺骸がおし固められてできた堆積岩。うすい塩酸をかけて
も気体は発生しない。非常にかたい。

・凝灰岩…火山灰や火山れきなどの火山噴出物がおし固められてできた堆積岩。
粒は角張っている。

> 🖉 **発展**
> 石灰岩は炭酸カルシウム、チャートは二酸化ケイ素を多くふくんでいる。

> 📖 **参考**
> チャートはとてもかたく、鉄のハンマーでたたくと、火花が出る。

4 化石

❶ **化石**…土砂の堆積で生物の遺骸やすみ跡などが埋められて、長い年月の間、地
層の中に残されたもの。

❷ **示相化石**…**地層が堆積した当時の環境**
を推定するのに役立つ化石。限られた環
境でしか生息できない生物の化石が示
相化石となる。

示相化石	環境
アサリ	浅い海
サンゴ	あたたかくて浅い海
シジミ	河口や湖
ブナ	やや寒冷な気候

❸ **示準化石**…**地層が堆積した時代**を推定するのに役立つ化石。広い範囲で限ら
れた期間にだけ栄えた生物の化石が示準化石となる。

地質年代	示準化石
古生代	フズリナ、サンヨウチュウ
中生代	アンモナイト、恐竜
新生代	ビカリア、マンモス、メタセコイア

> 📖 **参考**
> 地質年代は、古いほうから順に古生代、中生代、新生代に分けられている。

✎ 基礎力チェック！

次の問いに答えなさい。

(1) 大きな力を受けて地層が曲げられたものを何というか。

(2) 長い間の気温の変化で岩石の表面がくずれることを何というか。

(3) 火山灰がおし固められてできた堆積岩を何というか。

(4) 地層が堆積した当時の環境を推定するのに役立つ化石を何というか。

答え

(1) しゅう曲
→ 1 参照
(2) 風化
→ 2 参照
(3) 凝灰岩
→ 3 参照
(4) 示相化石
→ 4 参照

23 気象観測と雲のでき方
地学

1 気象観測

1 気象要素…気圧や気温、湿度、風向、風速、風力、雲量、雨量などの、大気のようすを表すもの。

・**気圧**…気圧計を用いる。単位はヘクトパスカル（記号：hPa）。1 気圧＝約 1013hPa

・**気温**…地上から約 1.5 m の高さで、温度計の球部に直射日光が当たらないようにしてはかる。乾湿計の乾球温度計の示度を読みとる。

・**湿度**…乾湿計の示度と湿度表から読みとる。

・**風向**…風のふいてくる方向。16 方位で表す。

・**風力**…風力計や風力階級表で調べる。

・**雲量**…空全体を 10 としたとき、雲が空をしめる割合。天気は雲量で決まる。

0〜1：快晴、2〜8：晴れ、9〜10：くもり

2 天気図記号…天気、風向、風力を表したもの。

▶ 天気記号

天気	快晴	晴れ	くもり	雨	雪
天気記号	○	①	◉	●	⊗

▶ 湿度表

乾球の示度〔℃〕	乾球と湿球の示度の差〔℃〕				
	0	0.5	1.0	1.5	2.0
20	100	95	91	86	81
19	100	95	90	85	81
18	100	95	90	85	80
17	100	95	90	85	80
16	100	95	89	84	79

乾球の示度：17.0℃
湿球の示度：15.0℃
のときの湿度

📖 参考

湿球温度計の球部は水でぬらしたガーゼでおおわれている。水が蒸発するときにうばう熱を利用して、湿度を求めている。

▶ 天気図記号

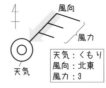

天気：くもり
風向：北東
風力：3

2 圧力と大気圧

1 圧力…一定面積あたりの面を垂直におす力の大きさ。単位はパスカル（記号：Pa）やニュートン毎平方メートル（記号：N/m²）。1 Pa ＝ 1 N/m²

💡 絶対おさえる！ 圧力の求め方

☑ $圧力〔Pa〕＝\dfrac{力の大きさ〔N〕}{力がはたらく面積〔m^2〕}$

📖 参考

力がはたらく面積が同じとき、圧力は、力の大きさが大きいほど大きくなる。力の大きさが同じとき、圧力は、力がはたらく面積が小さいほど大きくなる。

2 大気圧（気圧）…大気の重さによって生じる圧力。上空にいくほど小さくなる。

3 等圧線…気圧が等しいところを結んだ線。

4 風のふき方…気圧の高いところから低いところに向かってふく。風の強さは、等圧線の間隔がせまいほど強くなる。

5 高気圧と低気圧…等圧線が閉じていて、まわりより気圧が高いところを高気圧、低いところを低気圧という。

📖 参考

等圧線は1000hPaを基準として、4hPaごとに細い線、20hPaごとに太い線で結ぶ。

💡 絶対おさえる！ 高気圧・低気圧の風と天気

☑ **高気圧**…中心付近で下降気流が生じ、**時計回りに風がふき出す。**中心付近では晴れることが多い。

☑ **低気圧**…中心付近で上昇気流が生じ、**反時計回りに風がふきこむ。**中心付近ではくもりや雨になることが多い。

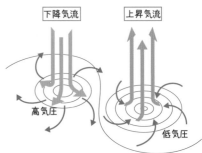

合格への
ヒント
● 高気圧と低気圧の気流と回転の向きは、混同しやすいので要注意。
● 湿度の計算は表やグラフの問題が頻出なので、練習しておこう！

3 大気中の水蒸気

● **飽和水蒸気量**…空気 $1 m^3$ 中にふくむことができる水蒸気量。単位はグラム毎立方メートル（記号： g/m^3 ）。

● **湿度**…空気 $1 m^3$ 中にふくまれている水蒸気量の、その温度での飽和水蒸気量に対する割合を百分率で表したもの。

💡 絶対おさえる！ 湿度の求め方

☑ 湿度〔%〕＝ $\dfrac{空気1 m^3 中にふくまれる水蒸気量〔g/m^3〕}{その温度での飽和水蒸気量〔g/m^3〕}$ × 100

● **露点**…空気中の水蒸気が冷やされて水滴になるときの温度。ふくんでいる水蒸気量が多いほど、露点は高くなる。露点のときの湿度は 100% である。

▶ **露点と飽和水蒸気量の関係**

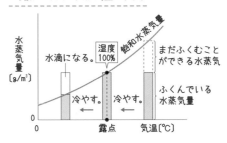

📖 **参考**

水蒸気が水滴に変化することを凝結という。

4 雲のでき方

● **雲のでき方**
・上昇気流などで空気のかたまりが上昇する。
・まわりの気圧が下がり、空気が**膨張**して温度が下がる。
・温度が露点に達すると**水滴ができ始める**（雲ができる）。
・さらに上昇して温度が 0℃ 以下になると、氷の結晶ができ始める。

● **降水**…雲をつくる水滴や氷の結晶が大きくなると雨や雪として落ちてくる。

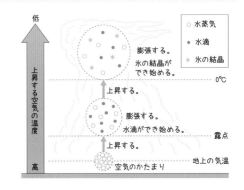

✏ 基礎力チェック！

次の問いに答えなさい。

(1) 降水がなく、雲量が 8 のときの天気は何か。

(2) 等圧線が閉じていて、まわりより気圧が低いところを何というか。

(3) ふくまれている水蒸気量が同じとき、温度が高いほど湿度はどうなるか。

(4) 水蒸気が冷やされて水滴ができ始めるときの温度を何というか。

答え

(1) 晴れ
→ 1 参照

(2) 低気圧
→ 2 参照

(3) 低くなる。
→ 3 参照

(4) 露点
→ 3 参照

24 [地学] 天気の変化と日本の四季

1 前線と気団

❶ **気団**…性質が一様な空気のかたまり。

❷ **前線と前線面**…冷たい気団とあたたかい気団が接したときにできる気団の境界を前線面といい、前線面と地表面が接したところにできる線を前線という。

・温暖前線…暖気が寒気の上をはい上がりながら進む前線。
・寒冷前線…寒気が暖気の下にもぐりこみ、暖気をおし上げながら進む前線。
・閉塞前線（へいそくぜんせん）…寒冷前線が温暖前線に追いついたときにできる前線。
・停滞前線（ていたいぜんせん）…寒気と暖気がぶつかり合って、ほとんど移動しない前線。梅雨前線や秋雨前線がある。

❸ **温帯低気圧**…温帯で発生した前線をともなう低気圧。南西方向に寒冷前線、南東方向に温暖前線がのびている。

❹ **前線が通過するときの天気の変化**…前線面で上昇気流（じょうしょうきりゅう）が生じて雲ができるので、天気が大きく変化する。

> 💡 **絶対おさえる！ 温暖前線・寒冷前線の通過による天気の変化**
>
> ☑ 温暖前線…長時間、広い範囲（はんい）におだやかな雨が降る。通過後、風向は南寄りに変わり、気温が上がる。
> ☑ 寒冷前線…短時間、せまい範囲に強い雨が降る。通過後、風向は北寄りに変わり、気温が急に下がる。

📖 参考

前線の記号
（⇒ は移動方向）
温暖前線 ●●●● ⇑
寒冷前線 ▼▼▼▼ ⇓
閉塞前線 ▼▲▼▲ ⇓
停滞前線 ●▲●▲

📖 参考

温暖前線付近では乱層雲（らんそううん）、寒冷前線付近では積乱雲が発達する。

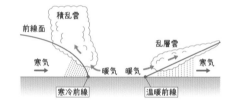

2 大気の動きと天気の変化

❶ **偏西風**（へんせいふう）…1年を通して西から東に向かってふく風。偏西風の影響（えいきょう）で、日本付近の天気は西から東へ移り変わっていく。

❷ **海風と陸風**

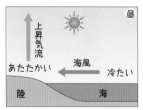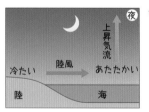

・海風…昼間にあたためられた陸で上昇気流が起こることによって、**海から陸に向かってふく風**。

・陸風…夜間でも冷めにくい海で上昇気流が起こることによって、**陸から海に向かってふく風**。

❸ **季節風**

・冬の季節風…太平洋上で上昇気流、大陸で下降気流が起こることによって、大陸から太平洋に向かってふく北西の風。

・夏の季節風…大陸で上昇気流、太平洋上で下降気流が起こることによって、太平洋から大陸に向かってふく南東の風。

📖 参考

土は水と比べて、あたたまりやすく冷めやすい性質がある。

> 合格への
> ヒント
> ● 温暖前線と寒冷前線のでき方と特徴をまとめておこう！
> ● 天気図を見てどの季節かを判断できるようにしておこう！

3 日本の天気

① 日本の天気に影響をあたえる気団
・シベリア気団…冷たく乾いている。
・小笠原気団…あたたかく湿っている。
・オホーツク海気団…冷たく湿っている。

② 日本の冬の天気…シベリア気団が発達し、西高東低の気圧配置となる。
・冷たい北西の季節風がふく。
・日本海側では雪が降り、太平洋側は乾燥した晴れの日が続くことが多い。

③ 日本の夏の天気…小笠原気団が発達し、南高北低の気圧配置となる。
・あたたかく湿った南東の季節風がふく。
・蒸し暑い日が続く。

④ 日本の春と秋の天気…移動性高気圧と低気圧が交互に発生し、西から東へ移動するため、**周期的に天気が変化**する。

⑤ 梅雨…勢力がほぼ同じ**オホーツク海気団**と**小笠原気団**の間にできた停滞前線の影響で、雨が降り続く。

⑥ 台風…熱帯低気圧が発達して最大風速が17.2 m／s 以上になったもの。前線はともなわない。最初は北西に進み、その後小笠原気団のふちに沿って北東に進むことが多い。大量の雨が降り、強い風がふく。

シベリア気団（寒冷・乾燥）　オホーツク海気団（寒冷・湿潤）　小笠原気団（高温・湿潤）

> 参考
> 山を越えるときに雪や雨を降らせた空気は、山を下るときに温度が上がる。このとき、風上側の同じ高さの地点よりも気温が高くなっている。この現象をフェーン現象という。

▶ 冬の天気図　　▶ 夏の天気図

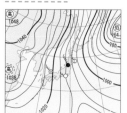 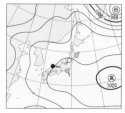

▶ 春の天気図　　▶ 梅雨の天気図

> 参考
> 台風の中心には「目」とよばれる部分があり、下降気流が生じていて雲はほとんどない。

基礎力チェック！

次の問いに答えなさい。

(1) 寒気が暖気の下にもぐりこみ、暖気をおし上げながら進む前線を何というか。

(2) 1年を通して西から東へふく風を何というか。

(3) 日本の冬に見られる特徴的な気圧配置を何というか。

(4) 日本の夏の天気に影響をあたえる、あたたかく湿った気団を何というか。

答え
(1) 寒冷前線
→ 1 参照
(2) 偏西風
→ 2 参照
(3) 西高東低の気圧配置
→ 3 参照
(4) 小笠原気団
→ 3 参照

25 <small>地学</small> 天体の動き

1 地球の自転と天体の日周運動

❶ **地球の自転**…地球は、地軸（地球の北極と南極を結ぶ軸）を中心として、1日に1回、西から東へ回転している。この動きを地球の自転という。

❷ **天球**…天体が、自分を中心とした球体の天井にはりついているように見えるときの、見かけ上の球面。観測者の真上の点を天頂という。

❸ **日周運動**…天体が東から西へ1日に1回転しているように見えること。地球の自転による見かけの動きである。

❹ **南中**…天体が真南の位置にくること。南中したとき、高度は最も高くなっている。天体が南中したときの高度を南中高度という。

❺ **太陽の1日の動き**…太陽は、一定の速さで、東からのぼって南の空を通り、西に沈んで見える。

❻ **星の1日の動き**…星は、東の空から西の空へ、1時間に約15°（360°÷24時間）動いて見える。

・北の空…北極星を中心に、反時計回りに動いて見える。

・東の空…右ななめ上の方向に動いて見える。

・南の空…東から西の方向に弧をえがくように動いて見える。

・西の空…右ななめ下の方向に動いて見える。

▶ 地球の方位と時刻

▶ 太陽の1日の動き（春分）
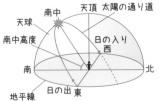

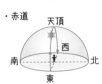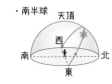

北の空　東の空　南の空　西の空

北極星

2 地球の公転と天体の年周運動

❶ **地球の公転**…地球は1年に1回、太陽のまわりを自転と同じ向きに回転している。この動きを地球の公転という。

❷ **地軸の傾き**…公転面に垂直な線に対して、約23.4°傾いたまま公転している。

❸ **年周運動**…天体が東から西へ1年に1回転しているように見えること。地球の公転による見かけの動きである。

❹ **黄道**…太陽は、星座の間を西から東へ動いているように見え、1年でもとの位置にもどる。この太陽の通り道を黄道という。

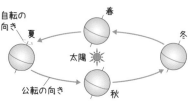

合格への
ヒント
● 各方角の星の見え方を、図とともに整理しておこう！
● 季節ごとの太陽の通り道や南中高度の変化を覚えておこう！

❺ **星の年周運動**…同じ場所で、同じ時刻に見える星座を観察すると、1か月に約30°（360°÷12か月）西へ動いて見える。

❻ **星座の見え方**…星座は季節によって見える方位が異なっている。

　例 冬至の真夜中に南中するオリオン座は、春分の日の真夜中には、西の空に見ることができる。

▶ オリオン座の動き

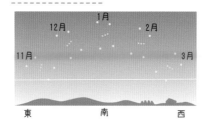

📖 参考
真夜中に見える星座

3 季節の変化

❶ **太陽の通り道の変化**

・春分・秋分…真東から出て、真西に沈む。

・夏至…真東より北寄りから出て、真西より北寄りに沈む。

・冬至…真東より南寄りから出て、真西より南寄りに沈む。

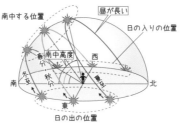

📖 参考
南中高度の求め方
・春分・秋分：90°－緯度
・夏至：90°－（緯度－23.4°）
・冬至：90°－（緯度＋23.4°）

❷ **季節の変化**…地球が地軸を傾けたまま公転しているため、太陽の南中高度や昼の長さが変化する。

💡 絶対おさえる！　季節による太陽の南中高度と昼の長さの変化

☑ 太陽の南中高度…夏至が最も高くなり、冬至が最も低くなる。
☑ 昼の長さ…夏至が最も長くなり、冬至が最も短くなる。春分・秋分のときは昼と夜の長さは等しい。
☑ 夏至は地面が受ける光の量が多くなり、気温が高くなる。

✏ 基礎力チェック！

次の問いに答えなさい。

(1) 地球は地軸を中心として、1日に1回、西から東へ回転している。この動きを地球の何というか。

(2) 天体が東から西へ1日に1回転しているように見えることを何というか。

(3) 星は1時間に約何度ずつ動いているように見えるか。

(4) 星座の間を動いているように見える太陽の通り道を何というか。

(5) 日本の春分、夏至、秋分、冬至のうち、昼の長さが最も短いのはいつか。

答え
(1) 地球の自転
　　→ 1 参照
(2) 日周運動
　　→ 1 参照
(3) 15度
　　→ 1 参照
(4) 黄道
　　→ 2 参照
(5) 冬至
　　→ 3 参照

26 地学 太陽系と宇宙

1 太陽の観察

① 恒星…太陽のように、みずから光を出している天体。

② 太陽のようす…ガス（気体）でできており、非常に多くの光や熱を出している。

- **黒点**…太陽の表面の黒く見える斑点。表面温度がまわりより低い。
- **コロナ**…太陽をとり巻いている高温のガスの層。
- **プロミネンス**…炎のように見えるガスの動き。

中心部（約1600万℃）
プロミネンス（紅炎）
中心部
コロナ（100万℃以上）
表面（約6000℃）
黒点（約4000℃）

> 📖 参考
> 太陽の直径は地球の直径の約109倍である。

③ 黒点の観察

- 黒点が東から西へ移動している。➡太陽が自転していることがわかる。
- 黒点の形が中央部では円形、周辺部ではだ円形になる。
  ➡太陽が球形であることがわかる。

2 惑星と宇宙の広がり

① 太陽系…太陽と太陽のまわりを公転する天体の集まり。

② 惑星…恒星のまわりを公転する、ある程度の大きさと質量をもつ天体。太陽系には、水星、金星、地球、火星、木星、土星、天王星、海王星の８つの天体があり、みずから光は出さずに、**太陽の光を反射**してかがやいている。

> 📖 参考
> 公転軌道をふくむ平面を公転面といい、８つの惑星の公転面はほぼ同じである。

惑星　金星　火星　水星　地球　太陽　木星　土星　天王星　海王星

> 📖 参考
> 内惑星と外惑星
> ・内惑星→地球よりも内側を公転している惑星。真夜中には見ることができない。
> ・外惑星→地球より外側を公転している惑星。

- **地球型惑星**…水星、金星、地球、火星。表面が岩石でできていて、平均密度が大きい。
- **木星型惑星**…木星、土星、天王星、海王星。水素やヘリウムなどの軽い物質でできていて、平均密度が小さい。

③ その他の天体

- **小惑星**…多くは火星と木星の間にあり、大きさや形がさまざまな天体。
- **衛星**…惑星のまわりを公転している天体。例 月。
- **太陽系外縁天体**…海王星より外側にある天体。例 めい王星、エリス。
- **すい星**…惑星とは異なる、細長いだ円軌道で公転している天体。

④ 1光年…光が１年間に進む距離で、約９兆5000億km。

⑤ 銀河系…太陽系をふくむ、恒星でつくられている天体の集団。上から見るとうずまきの形をしており、直径は約10万光年である。

⑥ 銀河…銀河系の外側にある恒星の集まり。

> 📖 参考
> おもにすい星から放出されたちりが地球の大気とぶつかって光る現象を流星という。

合格への
ヒント

● 黒点の形が円形からだ円形に変わることから、太陽が球形であるとわかる！
● 太陽の光の向きを考慮して、自力で月の形がかけるようにしておこう！

3 月の見え方

❶ **月の自転と公転**…月は自転しながら
地球のまわりを公転している。

❷ **月の見え方**…同じ場所で同じ時刻に
見える月を観察すると、**西から東へ**位
置が変わる。

❸ **月の満ち欠け**…月は太陽の光を反射
してかがやいている。太陽と月の位置
関係が変わり、満ち欠けする。

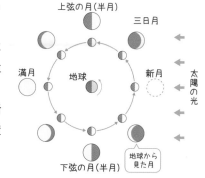

📖 **参考**

月は自転周期と公転周期が
同じなので、地球からはいつ
も同じ面しか見ることがで
きない。

❹ **日食と月食**

・**日食**…太陽、月、地球の順に並び、月が太陽と地球の間に入って太陽がかく
される現象。新月のときに起こる。

・**月食**…太陽、地球、月の順に並び、月が地球のかげに入る現象。満月のとき
に起こる。

📖 **参考**

太陽の半径は月の半径の約
400倍であるが、地球から太
陽までの距離が地球から月
までの距離の約400倍なの
で、太陽と月はほぼ同じ大き
さに見える。

▶ **日食**　　　　　　　　　　　　▶ **月食**

4 金星の見え方

❶ **金星の満ち欠け**…金星は太陽の光を反射
してかがやいている。地球より内側を公転
しているので満ち欠けし、地球からの距離
によって見かけの大きさも変化する。

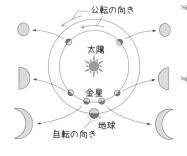

💡 **絶対おさえる！ 金星の見え方**

☑ 金星は、明け方の東の空か、夕方の西
の空に見える。

📖 **参考**

金星は地球に近づくと、大き
く見えるようになる。また、欠
け方が大きくなる。

📖 **参考**

明け方の東の空に見える金
星を明けの明星、夕方の西の
空に見える金星をよいの明
星という。

基礎力チェック！

次の問いに答えなさい。

(1) 太陽の表面にある黒く見える斑点を何というか。

(2) 太陽系の8つの惑星のうち、水星や金星のように、表面が岩石ででき
ていて、平均密度が大きい惑星を何というか。

(3) 太陽、月、地球の順に並び、太陽と地球の間に入った月が太陽をかく
す現象を何というか。

(4) 金星が地球に近いほど、欠け方はどうなるか。

答え

(1) 黒点
→ 1 参照
(2) 地球型惑星
→ 2 参照
(3) 日食
→ 3 参照
(4) 大きくなる。
→ 4 参照

27 自然と人間

環境

1 生物どうしのつながり

❶ 生態系…ある場所に生活している生物とその環境を1つのまとまりとしてとらえたもの。

❷ 食物連鎖（しょくもつれんさ）…食べる・食べられるの関係による生物どうしのつながり。

❸ 食物網（しょくもつもう）…生態系の中で、食物連鎖が網の目のように複雑にからみ合っているつながり。

❹ 生産者…光合成を行い、無機物から有機物をつくり出すことができる生物。例 植物。

❺ 消費者…生産者がつくり出した有機物を、直接または間接的に食べて有機物を得る生物。例 草食動物、肉食動物。

❻ 生態系における生物の数量的関係…植物を底辺としてピラミッドの形で表すことができる。

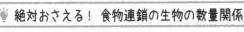

📖 参考
食物連鎖は、陸上だけでなく、水中や土の中などさまざまな生態系で見られる。

💡 **絶対おさえる! 食物連鎖の生物の数量関係**

☑ 数量は、植物が最も多く、草食動物、肉食動物の順に少なくなっていく。

❼ 生態系における生物の数量的関係のつり合い…ある生物が一時的にふえたり減ったりした場合、一定の範囲で増減をくり返しながらつり合いが保たれる。

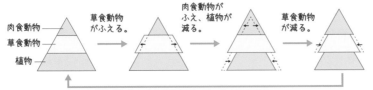

植物がふえ、肉食動物が減って、もとにもどる。

📖 参考
人間の活動や自然災害でつり合いがくずれた場合→もとにもどるのに時間がかかったり、もとにもどらなかったりすることもある。

❽ 分解者（ぶんかいしゃ）…生物の死骸やふんなどから栄養分を得る生物。菌類（きんるい）（キノコやカビなど）や細菌類（納豆菌や乳酸菌など）、土の中の小動物。有機物を水や二酸化炭素などの無機物に分解する。

⚠️ 注意
分解者も生産者がつくり出した有機物をとり入れているので、消費者にふくまれる。

❾ 炭素の循環（じゅんかん）…酸素や炭素などの物質は、光合成、呼吸、食物連鎖などによって、有機物や無機物に形を変えながら生態系を循環している。

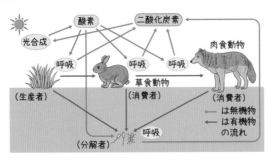

●食物連鎖の数量関係は、ピラミッド形で整理しておこう！
●身近にあるエネルギー資源や環境問題はチェックしておこう！

2 エネルギー資源

① 水力発電…高い位置から落とした水で水車を回して発電する。
[長所] 温室効果ガスである二酸化炭素を出さない。
[短所] ダムの建設で環境を変えてしまう。

② 火力発電…化石燃料を燃やしてできた水蒸気や燃焼ガスでタービンを回して発電する。
[長所] 発熱量が大きく、エネルギー変換効率が高い。
[短所] 化石燃料には限りがあり、二酸化炭素を大量に出す。

③ 原子力発電…核分裂反応でできた熱で水蒸気をつくり、タービンを回して発電する。
[長所] 少量の燃料で莫大なエネルギーが得られる。
[短所] 放射線が外部に出ると危険である。

④ 再生可能なエネルギー…限られた資源に依存しない新しいエネルギー資源の需要が今後高まると考えられている。
[例] 太陽光発電、風力発電、地熱発電、バイオマス発電。

参考

エネルギーの移り変わり
・水力発電
　位置エネルギー→運動エネルギー→電気エネルギー
・火力発電
　化学エネルギー→熱エネルギー→運動エネルギー→電気エネルギー
・原子力発電
　核エネルギー→熱エネルギー→運動エネルギー→電気エネルギー

3 科学技術と人間

① プラスチック…石油などを原料としてつくられた有機物。合成樹脂。

② プラスチックの性質…プラスチックに共通の性質と、種類によって異なる性質がある。
[共通の性質] 成形や加工がしやすい、軽い、さびない、腐りにくい、電気を通しにくい、衝撃に強い、酸・アルカリや薬品による変化が少ない。

③ 天然繊維と合成繊維…綿や絹、羊毛などの天然繊維が長く使われていたが、現在では、じょうぶで軽い、保温性があるなどの性質をもつ、合成繊維が多く使われるようになった。

④ 自然環境や生体への影響…地球温暖化やオゾン層の破壊、水質汚濁、大気汚染、**外来生物**など、さまざまな問題がある。

参考

プラスチックの種類→ポリエチレン(PE)、ポリエチレンテレフタラート(PET)、ポリスチレン(PS)、ポリプロピレン(PP)など。

参考

合成繊維の原料は石油。

参考

人間がほかの地域から持ちこんで子孫を残すようになった生物を外来生物という。

基礎力チェック！

次の問いに答えなさい。

(1) 食べる・食べられるの関係による生物どうしのつながりを何というか。

(2) 生物の死骸やふんなどを無機物に変える生物を何というか。

(3) ダムなどにためた水で水車を回して発電する方法を何というか。

(4) ポリエチレンやポリエチレンテレフタラートなどの、石油などを原料としてつくられた有機物をまとめて何というか。

答え

(1) 食物連鎖
　→ 1 参照
(2) 分解者
　→ 1 参照
(3) 水力発電
　→ 2 参照
(4) プラスチック(合成樹脂)
　→ 3 参照

社会　理科　数学　英語　国語

月　日

合格への
ヒント

点数がグングン上がる！

数学の勉強法

 基礎力UP期（4～8月）

▶ まずは計算力をつけよう！

　まだ時間があるこの時期は、数学の基礎をきちんと固めよう。**数学の基礎といえば「計算力」。**高校入試でも、合格のためには計算問題は落とせない。また、素早く正確に計算できれば、難しい問題にじっくり取り組む時間もできる。

　本書を使うときも、計算を意識してほしい。素早く正確に計算するためには「時間を意識して解くこと」と、「自分の計算方法を振り返ること」が効果的だ。そのために試してほしいのが「タイムアタック演習法」。「過去に自分が解いた時間と勝負する勉強法」とも言える。まずは、10分以内で終わりそうな計算問題を1セット用意し、タイムを計って解く。このとき、正答率とかかったタイムをメモしておこう。そして次にやり直すときに、そのタイムと競うんだ。

　入試に向けて成績を上げていきたいのに、過去のタイムに負けるわけにはいかない。だから、いい感じのプレッシャーがかかり、どんどん計算スピードが上がっていく！

▶「なぜ間違えたのか」も考えよう！

　ただ、この時期にスピードばかり意識するのはよくない。間違えた問題があったら、「なぜ間違えたのか」を考え、「どうすれば次は正解できるか」まで考えてほしい。

　たとえば暗算でミスしていたなら、途中式を増やしてみる。字を見間違えていたなら、字を丁寧に書いてみる。一つひとつ積み重ねていこう！　余裕のある人は、正解していた問題も「もっと速く解けないか」と考えてみよう。たとえば、よく出てくる2乗の計算は覚えてしまったり、公式を使って計算を省略したり、などの工夫ができるかもしれない。

 復習期（9月～12月）

▶ 理解できていない知識や問題を見つけよう！

　数学は、積み重ねが重要な教科だ。ある単元の知識が抜けていると、他の単元に影響が出てくることがほとんど。だからこそ、一通りの学習が終わった人は、この本の「例題」をはじめ

から順番に解き、抜けている知識がないか確認してみよう。また、「合格へのヒント」に、身に着けてほしい力や知識が書いてあるので、参考にしながら解いてほしい。

　問題を解くときは、「〇△×管理法」がおすすめ。〇は「解説を見ずに正解できた問題」、△は「解説を読めば理解できた問題」、そして×は「解説を読んでも理解できなかった問題」だ。解き終わったとき、それぞれの問題に印をつけていこう。印をつけておけば、解き直すべき問題は△の印の問題、先生や友達に質問するべき問題は×の印の問題だと一目でわかる。

　×の問題は質問して理解できれば△に書き換え、△の問題は後日何も見ずに解くことができれば〇に書き換え、最後はすべての問題が〇印になることを目指そう！

▶ 苦手な問題は「単語カード勉強法」で復習しよう！

　△や×印の問題には「単語カード勉強法」をしてみるといい。間違えた問題を大きめの単語カードにまとめておくと、効果的に復習できるんだ。表に問題を書き出し、裏に簡単な解答や方針を書いておこう。問題の位置や単元の名前で解き方を覚えてしまっていることも多いので、単語カードをシャッフルして使うと、本当に理解できているかを確認できる。

 まとめ期（1月〜受験直前）

▶ 少しでも不安を解消し、過去問演習に時間を使おう！

　入試の直前期は、とにかく時間がない。まとめ期にこの本を手にしたあなたは、「例題」を一気に解いて、すべて解けるようにしよう。時間がないときは、苦手な単元に絞ってもいい。

　気になるところは「絶対おさえる！」を1つずつ確認すること。不安が残るなら、これまで使ってきた参考書や問題集で復習するのもひとつの手。急いで不安を解消して、なるべく早く過去問演習に時間を使おう。

　過去問対策をするときは、時間を計って取り組んでほしいけれど、スピードの前に理解の確認が大事。時間内に解けなかった問題も、時間を気にしなければ解けるかどうか確認しよう。

▶ 「解説付け足し勉強法」で理解度アップ！

　それでも解けない問題は、解説を丁寧に読み、解き方を理解しよう！　このとき、「どうすればこの解き方を思いつくのか？」という方針まで考えられれば、万全。そのためにおすすめなのが、「解説付け足し勉強法」だ。間違えた問題の解説を読み、思いつかなかった方針に線を引いたり、先生の説明を直接書き込んだりしていく。わからなかったことを付け足していくんだ。解答を読むだけではわかったつもりになるだけで、解きなおしてみると意外と解けない、なんてことも多い。解説に線を引いたり書き込んだりしながら読むと、深く理解できるぞ。

　きちんと積み上げていけば、解けば解くほど伸びる！　最後まで走りきろう！

1

数と式

正負の数、文字と式、式の計算

1 正負の数

❶ 加法

①同符号の2数の和…絶対値の和に共通の符号をつける。

②異符号の2数の和…絶対値の大きいほうから小さいほうをひいて、絶対値の大きいほうの符号をつける。

❷ 減法…ひく数の符号をかえて、加法になおして計算する。

❸ 加法と減法の混じった計算…加法だけの式になおして、加法の交換法則や加法の結合法則を使って計算する。

加法の交換法則 $a+b=b+a$

加法の結合法則 $(a+b)+c=a+(b+c)$

❹ 乗法・除法

①同符号の2数の積・商…絶対値の積・商に正の符号をつける。

②異符号の2数の積・商…絶対値の積・商に負の符号をつける。

乗法の交換法則 $a \times b = b \times a$

乗法の結合法則 $(a \times b) \times c = a \times (b \times c)$

❺ 四則の混じった計算

💡 絶対おさえる！

☑ 累乗、かっこの中 → 乗除 → 加減の順に計算する。

☑ 分配法則：$(a+b) \times c = a \times c + b \times c$

❻ 素因数分解…自然数を素数だけの積で表す。

例 $150 = 2 \times 3 \times 5^2$

同じ数をかけたときは指数を使って表す

2 文字と式、式の計算

❶ 式の値…式の中の文字に数を代入して計算した結果。

❷ 多項式の加減…同類項をまとめる。

例 $3x + 2y + 4x - 7y = (3+4)x + (2-7)y = 7x - 5y$

❸ 多項式と数の乗除…分配法則を使って計算する。多項式の除法は、わる数の逆数をかける乗法になおして計算する。

分配法則 $a(b+c) = ab + ac$

❹ 単項式の乗除

①単項式の乗法…係数の積に文字の積をかける。

②単項式の除法…乗法になおして計算する。

❺ 等式の変形…等式を変形して、ある文字について解く。

例 $x + 3y = 5$ を x について解く。

$x + 3y = 5$

「$x=$」の形にする

$x = 5 - 3y$

📖 参考 絶対値

数直線上で、原点からある数までの距離。

例 $+5$ の絶対値 → 5

-1 の絶対値 → 1

📖 参考

絶対値が等しい異符号の2数の和は0である。

例 $(-8) + (+8) = 0$

☆ 重要 積の符号

負の数が奇数個 → $-$

負の数が偶数個 → $+$

⚠ 注意 累乗

$(-3)^2 = (-3) \times (-3)$
$= 9$

$-3^2 = -(3 \times 3)$
$= -9$

$\left(\dfrac{3}{5}\right)^2 = \dfrac{3}{5} \times \dfrac{3}{5}$
$= \dfrac{9}{25}$

$\dfrac{3^2}{5} = \dfrac{3 \times 3}{5}$
$= \dfrac{9}{5}$

📖 参考 素因数分解

素数で順にわっていく

⚠ 注意 逆数

$\dfrac{3}{4}a$ の逆数は、$\dfrac{4}{3a}$

※a の位置に注意する！

📖 参考

$5x \times (-4y) = -20xy$

係数の積 | 文字の積

> **合格への
> ヒント**
> ● 数や式の計算ではまずは正確さを重視して、ゆっくり解けば確実に正解できる状態を目指そう！その後でスピードにこだわることがおすすめ。

例題 1

次の計算をしなさい。

(1) $-7+11-6$

(2) $(-4)^2+5\times(-2)$

答え

(1) $-7+11-6$　　加法の交換法則を使って、正の項、負の項をまとめる
$=-7-6+11$
$=-13+11$　　異符号の2数の和
$=-(13-11)$
$=-2$

(2) $(-4)^2+5\times(-2)$　　累乗
$=(-4)\times(-4)+5\times(-2)$　　乗除
$=16-10$　　加減
$=6$

例題 2

次の計算をしなさい。

(1) $2a\times(-3a^2)$

(2) $\dfrac{5}{8}xy\div\dfrac{15}{16}y$

(3) $2(4x-3y)-(7x+2y)$

(4) $\dfrac{2a+1}{3}-\dfrac{a-3}{2}$

答え

(1) $2a\times(-3a^2)$　　係数と文字に分解する
$=2\times a\times(-3)\times a\times a$　　係数の積、文字の積をまとめる
$=2\times(-3)\times a\times a\times a$
$=-6a^3$

(2) $\dfrac{5}{8}xy\div\dfrac{15}{16}y=\dfrac{5xy}{8}\div\dfrac{15y}{16}$　　文字を分子にうつす／わる数の逆数をかける
$=\dfrac{5xy\times 16}{8\times 15y}$
$=\dfrac{2}{3}x$

(3) $2(4x-3y)-(7x+2y)$　　分配法則を使う
$=8x-6y-7x-2y$　　順番を入れかえる
$=8x-7x-6y-2y$
$=x-8y$　　同類項をまとめる

(4) $\dfrac{2a+1}{3}-\dfrac{a-3}{2}$　　通分する
$=\dfrac{2(2a+1)-3(a-3)}{6}$　　分配法則を使う
$=\dfrac{4a+2-3a+9}{6}$
$=\dfrac{a+11}{6}$　　同類項をまとめる

例題 3

次の問いに答えなさい。

(1) $x=2$, $y=-1$のとき、$6(2x-7y)+2(-4x+5y)$の値を求めなさい。

(2) $c=\dfrac{a+b}{2}$をaについて解きなさい。

答え

(1) $6(2x-7y)+2(-4x+5y)$
$=12x-42y-8x+10y$
$=4x-32y$　　式を計算する
$x=2$、$y=-1$を代入して、
$4\times2-32\times(-1)=40$　　代入する

(2) $c=\dfrac{a+b}{2}$　　両辺を2倍する
$2c=a+b$　　両辺を入れかえる
$a+b=2c$　　bを右辺に移項する
$a=2c-b$

2 数と式
多項式、式の計算の利用、平方根

1 多項式

❶ 多項式の乗除

①単項式×多項式　$a(b+c)=ab+ac$

②多項式÷単項式　$(a+b)÷c=(a+b)×\dfrac{1}{c}=\dfrac{a}{c}+\dfrac{b}{c}$

③多項式×多項式　$(a+b)(c+d)=ac+ad+bc+bd$

単項式や多項式の積の形の式を、かっこをはずして単項式の和の形に表すことを展開するという。

$(x+2)(x+4)$
展開↓　↑因数分解
x^2+6x+8

❷ 乗法公式

💡 **絶対おさえる！　乗法公式**

☑ 乗法公式　**1** $(x+a)(x+b)=x^2+(a+b)x+ab$
　　　　　　2 $(x+a)^2=x^2+2ax+a^2$
　　　　　　3 $(x-a)^2=x^2-2ax+a^2$
　　　　　　4 $(x+a)(x-a)=x^2-a^2$

❸ 因数分解…多項式をいくつかの因数の積として表すことを、その多項式を因数分解するという。

▶ 因数分解のしかた

1 多項式の各項に共通な因数があればくくり出す。

　$\underline{m}a+\underline{m}b=\underline{m}(a+b)$

2 因数分解の公式を利用する。
　　　└乗法公式の左辺と右辺を入れかえた式

因数分解の公式
1′ $x^2+(a+b)x+ab$
　　$=(x+a)(x+b)$
2′ $x^2+2ax+a^2=(x+a)^2$
3′ $x^2-2ax+a^2=(x-a)^2$
4′ $x^2-a^2=(x+a)(x-a)$

2 式の計算の利用

乗法公式や因数分解を利用して式を変形することで、数や図形の性質を説明できる。

▶ よく使われる数の表し方

・百の位がa、十の位がb、一の位がcの3けたの自然数…$100a+10b+c$

・偶数…$2n$　　奇数…$2n+1$ または $2n-1$（nは整数）

・連続する整数…$n-1$ 、n 、$n+1$（nは整数）

・2乗するとaになる数をaの平方根という。
・正の数aの平方根は$\sqrt{a}$と$-\sqrt{a}$の2つある。
・$(\sqrt{a})^2=a$, $(-\sqrt{a})^2=a$
・0の平方根は0
・正の数a、bについて、
　$a<b$ならば$\sqrt{a}<\sqrt{b}$

3 平方根

❶ 平方根の計算（a、bは正の数とする。）

① $m\sqrt{a}+n\sqrt{a}=(m+n)\sqrt{a}$

② $\sqrt{a}×\sqrt{b}=\sqrt{ab}$、$\dfrac{\sqrt{a}}{\sqrt{b}}=\sqrt{\dfrac{a}{b}}$、$a\sqrt{b}=\sqrt{a^2b}$

③ $\dfrac{1}{\sqrt{a}}=\dfrac{1×\sqrt{a}}{\sqrt{a}×\sqrt{a}}=\dfrac{\sqrt{a}}{a}$ 　分母に$\sqrt{\ }$をふくまない形にすることを分母を有理化するという。

整数aと、0でない整数bを使って、分数$\dfrac{a}{b}$の形で表される数を有理数、表されない数を無理数という。
$\sqrt{2}$や$\sqrt{3}$は無理数である。

合格への
ヒント

● 素早く計算したときには自分の弱点での間違いが増える！厳しい制限時間で解いてみて自分の間違いの傾向を把握しよう。

例題 **1**

次の問いに答えなさい。

(1) $(9x^2y - 6x) \div 3xy$ を計算しなさい。

(2) $(2x + y)(x - 3y)$ を展開しなさい。

 答え

(1) $(9x^2y - 6x) \div 3xy$ ---- わる数の逆数をかける

$= (9x^2y - 6x) \times \dfrac{1}{3xy}$

$= \dfrac{9x^2y}{3xy} - \dfrac{6x}{3xy}$ ---- 約分する

$= 3x - \dfrac{2}{y}$

(2) $(2x + y)(x - 3y)$　分配法則を利用する

$= \underset{①}{2x \times x} + \underset{②}{2x \times (-3y)} + \underset{③}{y \times x} + \underset{④}{y \times (-3y)}$

$= 2x^2 - 6xy + xy - 3y^2$ ---- 同類項をまとめる

$= 2x^2 - 5xy - 3y^2$

例題 **2**

次の式を展開しなさい。

(1) $(x + 6)(x - 8)$

(2) $(3a + 5)^2$

答え

(1) $(x + 6)(x - 8)$ ---- 公式**1**で a が 6、b が -8 のときと考える

$= (x + 6)\{x + (-8)\}$

$= x^2 + (6 - 8)x + 6 \times (-8)$

$= x^2 - 2x - 48$

(2) $(3a + 5)^2$ ---- $3a$ を A とおく

$= (A + 5)^2$ ---- 公式**2**を利用

$= A^2 + 10A + 25$ ---- A を $3a$ にもどす

$= (3a)^2 + 10 \times 3a + 25$

$= 9a^2 + 30a + 25$

例題 **3**

次の式を因数分解しなさい。

(1) $3x^2 + 6x - 24$

(2) $9x^2 - 25y^2$

答え

(1) $3x^2 + 6x - 24$ ---- 共通な因数をくくり出す

$= 3(x^2 + 2x - 8)$ ---- 公式**1**′を利用

$= 3(x - 2)(x + 4)$

(2) $9x^2 - 25y^2$ ---- $9x^2 = (3x)^2$、$25y^2 = (5y)^2$

$= (3x)^2 - (5y)^2$ ---- 公式**4**を利用

$= (3x + 5y)(3x - 5y)$

例題 **4**

次の計算をしなさい。

(1) $\sqrt{27} - \sqrt{75}$

(2) $4\sqrt{3} \div 3\sqrt{2}$

(3) $(\sqrt{7} - \sqrt{3})^2$

答え

(1) $\sqrt{27} - \sqrt{75}$

$= \sqrt{3^2 \times 3} - \sqrt{5^2 \times 3}$

$= 3\sqrt{3} - 5\sqrt{3}$ ---- $\sqrt{a^2b} = a\sqrt{b}$

$= (3 - 5)\sqrt{3}$ ---- まとめる

$= -2\sqrt{3}$

(2) $4\sqrt{3} \div 3\sqrt{2}$ ---- 分数の形にする

$= \dfrac{4\sqrt{3}}{3\sqrt{2}}$

$= \dfrac{4\sqrt{3} \times \sqrt{2}}{3\sqrt{2} \times \sqrt{2}}$ ---- 分母を有理化

$= \dfrac{\overset{2}{4}\sqrt{6}}{3 \times \underset{1}{2}}$

$= \dfrac{2\sqrt{6}}{3}$

(3) $(\sqrt{7} - \sqrt{3})^2$　公式**3**を利用

$= (\sqrt{7})^2 - 2 \times \sqrt{3} \times \sqrt{7} + (\sqrt{3})^2$

$= 7 - 2\sqrt{21} + 3$ ---- $(\sqrt{a})^2 = a$

$= 10 - 2\sqrt{21}$

Mathematics

3 数と式 方程式

1 ⟨ 1次方程式

❶ 1次方程式

移項して式を整理すると、$(x$の1次式$) = 0$ となる方程式。

$$ax + b = 0 \quad (a \neq 0)$$

▶ 1次方程式の解き方

1 方程式を整理する。
- かっこがあれば、かっこをはずす。
- 係数が小数であれば、10、100、1000、…などをかけて、整数にする。
- 係数が分数であれば、分母の最小公倍数をかけて、整数にする。

2 移項して、$ax = b$ の形にする。

3 両辺を x の係数 a でわる。

❷ 比例式

比例式の性質　$a:b = c:d$　ならば　$ad = bc$

> ☆ 重要
>
> 等式の性質
> $A = B$ならば
> 1 $A + C = B + C$
> 2 $A - C = B - C$
> 3 $AC = BC$
> 4 $\dfrac{A}{C} = \dfrac{B}{C} (C \neq 0)$
> 5 $B = A$

2 ⟨ 連立方程式

2つ以上の方程式を組み合わせたもの。

解は、どちらの方程式も成り立たせる文字の値の組

例 連立方程式 $\begin{cases} x + y = 7 \\ 2x + 3y = 16 \end{cases}$ の解は　$x = 5$、$y = 2$

文字は x と y の2種類

▶ 連立方程式の解き方

- 加減法…どちらかの文字の係数の絶対値をそろえ、左辺どうし、右辺どうしをたすかひくかする。
- 代入法…一方の式を他方の式に代入する。

> 📖 参考
>
> $A = B = C$の形の連立方程式
> $\begin{cases} A=B \\ A=C \end{cases}$、$\begin{cases} A=B \\ B=C \end{cases}$、
> $\begin{cases} A=C \\ B=C \end{cases}$ のいずれかの連立
> 方程式の形になおして解く。

> ☆ 重要
>
> 方程式で文章題を解く手順
> 1 何を文字で表すかを決める。
> 2 数量の関係から方程式をつくる。
> 3 方程式を解く。
> 4 方程式の解が問題に適しているか確かめる。
> ↳ 長さや重さなどは負の数にならない。人数や金額は小数、分数にならない。
> 特に2次方程式では、解が2つ出てくるので、どちらも適するのかを確認しよう。

3 ⟨ 2次方程式

移項して式を整理すると、$(x$の2次式$) = 0$ となる方程式。
2次方程式の解はふつう2つある。

$$ax^2 + bx + c = 0 \quad (a \neq 0)$$

▶ 2次方程式の解き方

1 平方根の考えを利用する。　$x^2 = k \rightarrow x = \pm\sqrt{k}\,(k \geq 0)$

2 因数分解を利用する。　$(x - m)(x - n) = 0 \rightarrow x = m$ または $x = n$

3 解の公式を利用する。

💡 絶対おさえる！　解の公式

☑ $ax^2 + bx + c = 0$ の解は、$x = \dfrac{-b \pm \sqrt{b^2 - 4ac}}{2a}$

合格への ヒント

● 代入法・加減法など片方のやり方にこだわることなく、どちらの方法も試そう！解き方を比べると、この場合はこっちが楽だ！と気づけるよ。

例題 1

次の方程式を解きなさい。

(1)　$0.14x - 0.2 = 0.5x + 7$

(2)　$\dfrac{2x+1}{5} = \dfrac{x+5}{4}$

答え

(1)　$0.14x - 0.2 = 0.5x + 7$　　両辺に 100 をかける

$14x - 20 = 50x + 700$　　数の項にかけわすれないように注意！

$14x - 50x = 700 + 20$

$-36x = 720$

$x = -20$

(2)　$\dfrac{2x+1}{5} = \dfrac{x+5}{4}$　　両辺に分母の最小公倍数 20 をかける

$\dfrac{2x+1}{5} \times 20 = \dfrac{x+5}{4} \times 20$　　約分する

$4(2x+1) = 5(x+5)$　　かっこをはずす

$8x + 4 = 5x + 25$

$8x - 5x = 25 - 4$

$3x = 21$

$x = 7$

例題 2

次の連立方程式を解きなさい。

(1)　$\begin{cases} 3x - 2y = 7 \cdots ① \\ x + y = 9 \cdots ② \end{cases}$

(2)　$\begin{cases} 5x - 4y = -5 \cdots ① \\ y = 2x - 1 \cdots ② \end{cases}$

答え

(1)

$\begin{array}{r} 3x - 2y = 7 \quad \cdots ① \\ +)\ 2x + 2y = 18 \quad \cdots ② \times 2 \\ \hline 5x \qquad = 25 \end{array}$

②の両辺を 2 倍して、y の係数の絶対値をそろえる

たして y を消去　$x = 5$　　$\cdots ③$

③を②に代入して、

$5 + y = 9,\ y = 4$

よって、$x = 5,\ y = 4$

(2)　②を①に代入すると、

$y = \sim$ の形の式があれば代入法を考えよう

$5x - 4(2x - 1) = -5$

( ) をつけて代入する

$5x - 8x + 4 = -5$

$-3x = -9$

$x = 3$　$\cdots ③$

③を②に代入して、$y = 2 \times 3 - 1 = 5$

よって、$x = 3,\ y = 5$

例題 3

次の2次方程式を解きなさい。

(1)　$(x-3)^2 = 25$

(2)　$x^2 + x - 56 = 0$

(3)　$x^2 + 5x - 3 = 0$

答え

(1)　$(x-3)^2 = 25$

$(x + ●)^2 = ▲$ の形の式のときは、平方根の考えを利用できる

$x - 3 = \pm 5$

$x - 3 = 5$ のとき

$x = 8$

$x - 3 = -5$ のとき

$x = -2$

よって、$x = 8,\ -2$

(2)　$x^2 + x - 56 = 0$

因数分解する

$(x + 8)(x - 7) = 0$

$x + 8 = 0$　または

$x - 7 = 0$

よって、$x = -8,\ 7$

(3)　$x^2 + 5x - 3 = 0$

解の公式に $a = 1$, $b = 5$, $c = -3$ を代入

$x = \dfrac{-5 \pm \sqrt{5^2 - 4 \times 1 \times (-3)}}{2 \times 1}$

$= \dfrac{-5 \pm \sqrt{37}}{2}$　　根号の中がこれ以上簡単にならないか確認！

4 [関数] 比例と反比例、1次関数

1 yがxに比例するとき

❶ **式**…$y = ax$ （aは比例定数）

❷ **性質**…xの値が2倍、3倍、…になると、それにともなってyの値も2倍、3倍、…になる。

$\dfrac{y}{x}$の値は一定で、比例定数aに等しい。

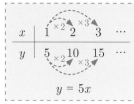

$$y = 5x$$

❸ **グラフ**…原点を通る直線。

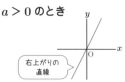

$a > 0$のとき　　　　　　$a < 0$のとき

右下がりの直線

右上がりの直線

📖 **参考**

変数x、yがあり、xの値を決めると、それにともなってyの値がただ1つに決まるとき、yはxの関数であるという。

📖 **参考**

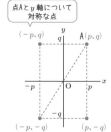

点Aとy軸について対称な点

$(-p, q)$　　A(p, q)

点Aと原点について対称な点　　点Aとx軸について対称な点

2 yがxに反比例するとき

❶ **式**…$y = \dfrac{a}{x}$ （aは比例定数）

❷ **性質**…xの値が2倍、3倍、…になると、それにともなってyの値は$\dfrac{1}{2}$倍、$\dfrac{1}{3}$倍、…になる。

xyの値は一定で、比例定数aに等しい。

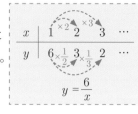

$$y = \dfrac{6}{x}$$

❸ **グラフ**…原点に関して対称な双曲線。

$a > 0$のとき　　　　　　$a < 0$のとき

☆ **重要**

連立方程式の解は、2直線の交点の座標を表す。

例
連立方程式
$\begin{cases} y = 3x - 3 & \cdots① \\ y = -x + 5 & \cdots② \end{cases}$

の解は、直線①、②の交点の座標である。

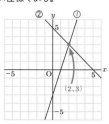

$(2, 3)$

3 yがxの1次関数であるとき

❶ **式**…$y = ax + b$ （a、bは定数）

❷ **性質**…

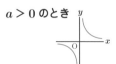
💡 **絶対おさえる！**

☑ （変化の割合）$= \dfrac{（y の増加量）}{（x の増加量）} = a$

1次関数の変化の割合は一定で、xの係数aに等しい。

❸ **グラフ**…傾きa、切片bの直線。

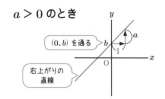　　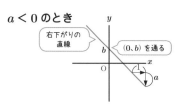

$a > 0$のとき　　　　　　　　　$a < 0$のとき

$(0, b)$を通る　　　　　　右下がりの直線　　$(0, b)$を通る

右上がりの直線

📖 **参考**

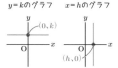

$y = k$のグラフ　　$x = h$のグラフ

$(0, k)$　　　　$(h, 0)$

月　　日

合格への ヒント

● グラフをかくとわかりやすくなる問題も多いので、簡単に感じる問題から グラフをかくくせをつけておこう！

社会 理科 数学 英語 国語

例題 1

次のグラフの式を求めなさい。

(1)
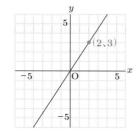

答え

原点を通る直線だから、比例のグラフである。

$y = ax$ とおく。 ‥‥‥→ 点 (2、3) を通るから、$x = 2$、$y = 3$ を代入

$3 = a \times 2$, $2a = 3$, $a = \dfrac{3}{2}$

よって、$y = \dfrac{3}{2}x$

(2)
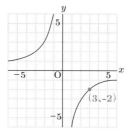

答え

双曲線だから、反比例のグラフである。

$y = \dfrac{a}{x}$ とおく。 ‥‥→ 点 (3、−2) を通るから、$x = 3$、$y = -2$ を代入

$-2 = \dfrac{a}{3}$, $a = -6$

よって、$y = -\dfrac{6}{x}$

(3)
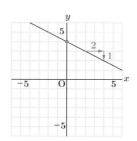

答え

点 (0、4) を通るから切片は4　右へ2進むと下へ

1、つまり上へ−1進むから、傾きは $-\dfrac{1}{2}$

1次関数の式は $y = ax + b$ ‥‥‥→ $a = -\dfrac{1}{2}$、$b = 4$ を代入

よって、$y = -\dfrac{1}{2}x + 4$

(4)
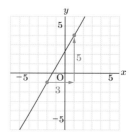

答え

傾きは $\dfrac{5}{3}$ より、$y = \dfrac{5}{3}x + b$ とおく。

点 (1、4) を通るから、

$4 = \dfrac{5}{3} \times 1 + b$, $b = \dfrac{7}{3}$

よって、$y = \dfrac{5}{3}x + \dfrac{7}{3}$

例題 2

Aさんは7時に家を出て、1800m離れた駅まで 歩いた。兄は、7時10分に自転車で家から駅へ 向かった。そのときのようすを表したものが右 の図である。兄がAさんを追いこした時刻を求 めなさい。

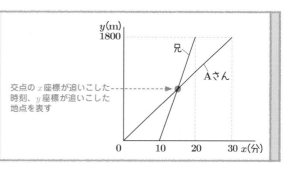

交点の x 座標が追いこした 時刻、y 座標が追いこした 地点を表す

答え

Aさんの式…原点と (30、1800) を通るから、$y = 60x$　…①

兄の式…2点 (10、0)、(20、1800) を通るから、$y = 180x - 1800$　…②

①、②を連立方程式とみて解くと、$x = 15$　よって、兄がAさんを追いこしたのは、7時15分

交点の座標は 連立方程式の解

Mathematics

5 関数 $y = ax^2$
[関数]

1 ◀ xの2乗に比例する関数

❶ 式…$y = ax^2$（a は比例定数）

❷ 性質…xの値が n 倍になると、

y の値は n^2 倍になる。

$\dfrac{y}{x^2}$ の値は**一定**で、a に等しい。

❸ グラフ…原点Oを頂点とする放物線。

y 軸について対称。

x	1	2	3
x^2	1	4	9
y	2	8	18

$$y = 2x^2$$

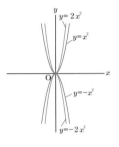

📖 **参考**

関数$y = ax^2$の式は、xとyの値の組が1組わかれば、式が決まる。

💡 **絶対おさえる！**

☑ **$a > 0$ のとき** ☑ **$a < 0$ のとき**

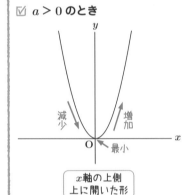

x軸の上側
上に開いた形

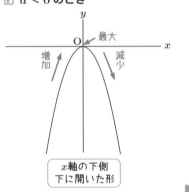

x軸の下側
下に開いた形

⭐ **重要**

・aの絶対値が大きいほどグラフの開き方は小さい。

・$y = ax^2$と$y = -ax^2$はx軸について対称である。

---

❹ 変化の割合…$\dfrac{（yの増加量）}{（xの増加量）}$ で求める。

関数 $y = ax^2$ の変化の割合は一定ではない。

❺ 変域…変数のとりうる値の範囲。おおまかなグラフをかいて確認する。

[例] 関数 $y = \dfrac{1}{4}x^2$ について

① $-4 \leqq x \leqq -2$ のとき

② $-2 \leqq x \leqq 4$ のとき

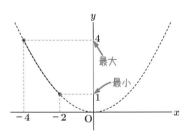

y の変域…$1 \leqq y \leqq 4$

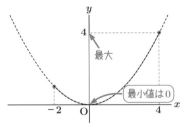

$0 \leqq y \leqq 4$

xの変域に0をふくむときは特に注意する

📖 **参考**

関数$y = ax^2$で、xの値がpからqまで増加するときの変化の割合は、

$$\frac{aq^2 - ap^2}{q - p} = \frac{a(q+p)(q-p)}{q-p}$$
$$= a(p+q)$$

で求めることもできる。

⭐ **重要**

放物線と直線の交点

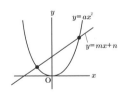

$y = ax^2$と$y = mx + n$のグラフの交点のx座標は、
$ax^2 = mx + n$の解

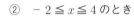

合格への
ヒント

● $y=ax^2$ では間違えやすい問題や忘れやすい問題がたくさんあるので、間違えた問題は大きめのふせんに書くなどの方法で、まとめておこう！

社会

理科

数学

英語

国語

例題 1

y は x の2乗に比例し、$x=4$ のとき $y=-8$ である。次の問いに答えなさい。

(1)　y を x の式で表しなさい。

(2)　$x=-2$ のときの y の値を求めなさい。

(3)　この関数のグラフをかきなさい。

(4)　x の値が2から6まで増加するときの変化の割合を求めなさい。

(5)　x の変域が $-4 \leqq x \leqq 2$ のときの y の変域を求めなさい。

答え

(1)　y は x の2乗に比例するから、式は $y=ax^2$ とおける。

　　この式に $x=4$、$y=-8$ を代入して、$-8=a \times 4^2$

　　　　　　　　┈┈▶ 与えられた x、y の値を代入

　　$16a=-8$、$a=-\dfrac{1}{2}$　よって、求める式は $y=-\dfrac{1}{2}x^2$

(2)　(1)で求めた式に $x=-2$ を代入して、$y=-\dfrac{1}{2} \times (-2)^2=-2$

　　　　　　　　┈┈▶ 与えられた値を代入

(3)　$(-4、-8)$、$(-2、-2)$、$\left(-1、-\dfrac{1}{2}\right)$、$(0、0)$、$\left(1、-\dfrac{1}{2}\right)$、$(2、-2)$、

　　$(4、-8)$ の点をなめらかな曲線でつなぐ。右図の通り。

　　$a<0$ なので、下に開いた形になる。

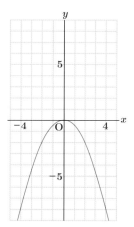

(4)　$x=2$ のとき $y=-2$、$x=6$ のとき $y=-18$ だから、

　　$\dfrac{-18-(-2)}{6-2}=\dfrac{-16}{4}=-4$　┈▶ y の増加量
　　　　　　　　　　　　　　　　　┈▶ x の増加量

　　別解 P128 **□参考** の $a(p+q)$ に代入して、$-\dfrac{1}{2} \times (2+6)=-\dfrac{1}{2} \times 8=-4$

(5)　x の変域に0をふくむので注意する。y の値が最小となるのは、$x=-4$ のときで $y=-8$、y の値が最大となるのは、$x=0$ のときで $y=0$

　　よって、$-8 \leqq y \leqq 0$

例題 2

下の図で、放物線 $y=x^2$ と直線 $y=x+2$ が2点A、Bで交わっている。2点A、Bの座標を求めなさい。

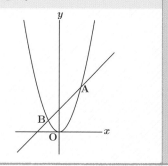

答え

2つの式 $y=x^2$ と $y=x+2$ を連立方程式とみて解く。

$$x^2=x+2$$
$$x^2-x-2=0$$
$$(x-2)(x+1)=0$$
$$x=2、-1$$

方程式の解と
交点の x 座標は同じ

$x=2$ のとき $y=4$

$x=-1$ のとき $y=1$

(点Aの x 座標)＞(点Bの x 座標)より、A$(2、4)$、B$(-1、1)$

Mathematics

6

図形
平面図形

1 図形の移動

平行移動 回転移動 対称移動

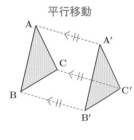
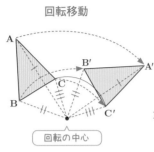
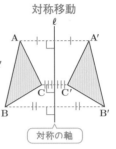

回転の中心 対称の軸

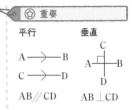

> ☆ 重要
>
> 平行　　　垂直
>
> A ——→ B
>
> C ——→ D
>
> $AB /\!/ CD$　　$AB \perp CD$

> ☆ 重要
>
> 点Pと直線ABとの距離

> 平行な2直線の距離は一定

2 基本の作図

垂直二等分線の作図 角の二等分線の作図

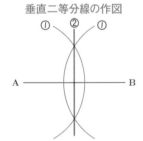
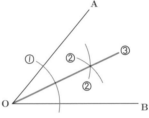

垂線の作図

・点Pが直線ℓ上にないとき　　・点Pが直線ℓ上にあるとき

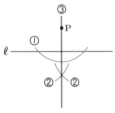
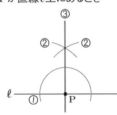

> ☆ 重要
>
> ・線分ABの垂直二等分線上の点は、2点A、Bから等しい距離にある。
>
>
>
> ・角の二等分線上の点は、2辺から等しい距離にある。

3 円とおうぎ形

❶ 名称

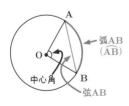

弧AB（$\overset{\frown}{AB}$）

中心角

弦AB

接線

接点

> ☆ 重要
>
> 弦の垂直二等分線は、円の中心を通る。

❷ 計量

> 💡 **絶対おさえる！ おうぎ形の弧の長さと面積**
>
> ☑ **おうぎ形の弧の長さと面積**
>
> $$\ell = 2\pi r \times \frac{a}{360}, \quad S = \pi r^2 \times \frac{a}{360}$$
>
>

> 📖 参考
>
> おうぎ形の面積は$S = \frac{1}{2}\ell r$でも求められる。

合格への
ヒント

● 作図は何となく解けてしまっても、「なぜ正しいか」を考えるようにしよう！
● 長さや面積でミスが多い人は、公式も利用して計算を減らそう！

例題 1

次の作図をしなさい。

(1) 線分 AB の中点 M

A —————— B

(2) △ABC の底辺を BC としたときの高さ AH

(3) 点 P を接点とする円 O の接線

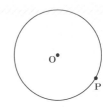

答え

(1) 線分 AB の垂直二等分線と線分 AB との交点が中点 M である。

(2) 辺 BC を延長して、A から垂線を作図する。

(3) 点 P を通り、半径 OP に垂直な直線を作図すればよい。

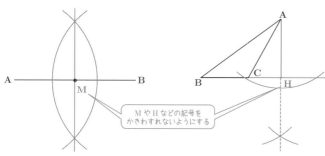

M や H などの記号をかきわすれないようにする

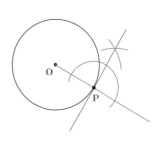

例題 2

おうぎ形 OAB の $\overset{\frown}{AB}$ 上にあって、$\overset{\frown}{AP} = \overset{\frown}{BP}$ となる点 P を作図しなさい。

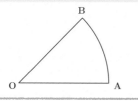

答え

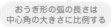

$\overset{\frown}{AP} = \overset{\frown}{BP}$ → ∠AOP = ∠BOP → ∠AOB の二等分線を作図すればよい

おうぎ形の弧の長さは中心角の大きさに比例する

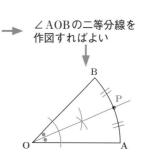

例題 3

半径 8cm、中心角 45° のおうぎ形の弧の長さと面積を求めなさい。

公式に $r = 8$、$a = 45$ を代入する

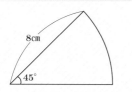

答え

・弧の長さ
$$2\pi \times 8 \times \frac{45}{360} = 2\pi \,(\text{cm})$$

・面積
$$\pi \times 8^2 \times \frac{45}{360} = 8\pi \,(\text{cm}^2)$$

別解

$S = \frac{1}{2}\ell r$ より、
$$\frac{1}{2} \times 2\pi \times 8 = 8\pi \,(\text{cm}^2)$$

Mathematics

7 [図形] 空間図形

1 いろいろな立体

❶ 角柱、角錐、円柱、円錐

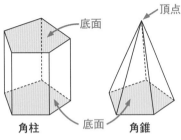

角柱　　底面　　角錐　　円柱　　底面　　円錐

頂点　頂点　底面

❷ 多面体…平面だけで囲まれた立体。

正多面体…正四面体、正六面体、正八面体、正十二面体、正二十面体の5種類だけ。

2 2直線の位置関係

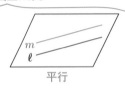

同じ平面上にある　　同じ平面上にない

交わる　　　平行　　　ねじれの位置

3 回転体

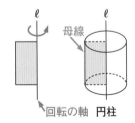
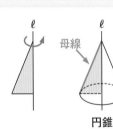

回転の軸　円柱　　　　円錐

母線

回転の軸に垂直な平面で切ると、切り口は円

4 立体の体積と表面積

💡 絶対おさえる！

☑ （角柱・円柱の体積）＝（底面積）×（高さ）

☑ （角錐・円錐の体積）＝ $\frac{1}{3}$ ×（底面積）×（高さ）

☑ （角柱・円柱の表面積）＝（底面積）×2＋（側面積）

☑ （角錐・円錐の表面積）＝（底面積）＋（側面積）

☑ （球の体積）　＝ $\frac{4}{3}\pi r^3$ 　　（r は半径）

☑ （球の表面積）＝ $4\pi r^2$

⚠ 注意

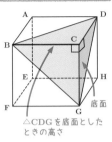

△CDG を底面としたときの高さ

☆ 重要

投影図

├ 立面図…真正面から見た図

└ 平面図…真上から見た図

展開図
・円柱の展開図

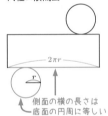

$2\pi r$

側面の横の長さは底面の円周に等しい

・円錐の展開図

側面になるおうぎ形の弧の長さは底面の円周に等しい

側面になるおうぎ形の円全体に対する弧の長さの割合は、$\frac{半径}{母線}$ に等しい。

$$\frac{a}{360}=\frac{r}{\ell}$$

📖 参考

母線の長さ ℓ、底面の半径 r の円錐の側面積は、

$S=\pi\ell^2\times\dfrac{a}{360}$ より、

$S=\pi\ell^2\times\dfrac{r}{\ell}$

$S=\pi\ell r$

合格への ヒント

● 空間図形は問題に図がない場合もあるので、自分でかけるようにしておこう！
● 用語の意味は説明できるくらい確実におさえておこう！

例題 1

下の図の正四角錐について、辺BCとねじれの位置にある辺をすべて答えなさい。

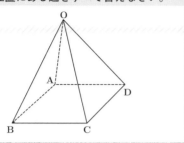

答え

・辺BCと交わる辺（図の○印）
　…辺OB、AB、OC、CD
・辺BCと平行な辺（図の△印）
　…辺AD
・辺BCとねじれの位置にある辺
　（図の○、△以外）
　…辺OA、OD

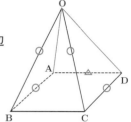

例題 2

次の立体の体積を求めなさい。

(1) 三角柱

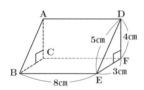

(2) 円錐

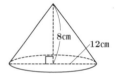

答え　　(1) △DEF を底面としたときの高さは BE

よって、$\dfrac{1}{2} \times 3 \times 4 \times 8 = 48$（cm³）

底面積　　　　高さ

(2) 底面の半径は $12 \div 2 = 6$（cm）

底面積は $\pi \times 6^2 = 36\pi$（cm²）

よって、$\dfrac{1}{3} \times 36\pi \times 8 = 96\pi$（cm³）

底面積　高さ

例題 3

次の立体の表面積を求めなさい。

(1) 正四角錐

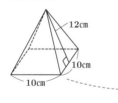

(2) 円錐

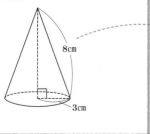

展開図で考える

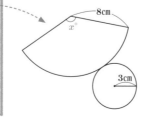

答え

(1)・底面積　$10 \times 10 = 100$（cm²）
　・側面積　$\dfrac{1}{2} \times 10 \times 12 \times 4$
　　　　　$= 240$（cm²）　側面の三角形が4つあるため

よって、表面積は、
$100 + 240 = 340$（cm²）

(2) 側面のおうぎ形の中心角を $x°$ とすると、
$2\pi \times 8 \times \dfrac{x}{360} = 2\pi \times 3$
$x = 135$
側面積は　$\pi \times 8^2 \times \dfrac{135}{360} = 24\pi$（cm²）
（ **別解** $S = \pi \ell r$ より $\pi \times 8 \times 3 = 24\pi$（cm²））
底面積は 9π cm²
よって、表面積は、
$24\pi + 9\pi = 33\pi$（cm²）

8 [図形] 平行と合同、三角形と四角形

1 平行線と角

❶ 対頂角、同位角、錯角

対頂角は等しい

錯角　同位角

● 左の図で

$\ell /\!/ m$ ならば $\angle a = \angle b$
$\angle a = \angle c$

$\angle a = \angle b$
$\angle a = \angle c$ ならば $\ell /\!/ m$

❷ 三角形の角

①三角形の3つの内角の和は $180°$。

②三角形の外角は、それととなりあわない2つの
内角の和に等しい。

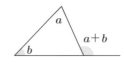

・n角形の内角の和
　…$180° \times (n-2)$
・多角形の外角の和
　…$360°$

2 三角形の合同条件

💡 絶対おさえる！　三角形の合同条件、直角三角形の合同条件

☑ 三角形の合同条件

1 3組の辺がそれぞれ等しい。

2 2組の辺とその間の角がそれぞれ等しい。

3 1組の辺とその両端の角がそれぞれ等しい。

☑ 直角三角形の合同条件

1 斜辺と1つの鋭角がそれぞれ等しい。

2 斜辺と他の1辺がそれぞれ等しい。

斜辺

三角形の合同条件を利用した証明の流れ

1 証明する三角形を示す。

2 等しい辺や角を、根拠とともに示す。

3 合同条件を示す。

4 結論を書く。

3 二等辺三角形

❶ 定義…2辺が等しい三角形。

❷ 性質…①2つの底角が等しい。

②頂角の二等分線は底辺を垂直に2等分する。

❸ 二等辺三角形になるための条件…2つの角が等しい三角形は二等辺三角形である。

頂角

底辺

底角

平行線と面積

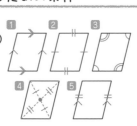

$AD /\!/ BC$ ならば
$\triangle ABC = \triangle DBC$
さらに、
$\triangle ABO =$
　$\triangle ABC - \triangle OBC$
$\triangle DCO =$
　$\triangle DBC - \triangle OBC$
より、
$\triangle ABO = \triangle DCO$

4 平行四辺形

💡 絶対おさえる！　平行四辺形になるための条件

☑ 平行四辺形になるための条件

1 2組の対辺がそれぞれ平行である。（定義）

2 2組の対辺がそれぞれ等しい。

3 2組の対角がそれぞれ等しい。

4 対角線がそれぞれの中点で交わる。

5 1組の対辺が平行でその長さが等しい。

｝性質

● 証明問題は"他人に伝わること"が大切！自分で答案を読み返したり人に読んでもらったりすると、足りない表現や回りくどくなっている表現に気づける！

社会　理科　数学　英語　国語

例題 1

次の図で、∠xの大きさを求めなさい。

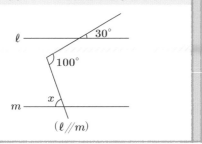

答え

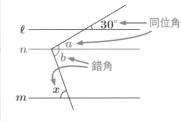

ℓ、mに平行な直線をひいて、平行線の性質を利用する

ℓ∥nより、∠a = 30°

∠b = 100° − ∠a
　 = 100° − 30° = 70°

n∥mより、∠x = ∠b

よって、∠x = 70°

例題 2

次の図は、▱ABCDの対角線BDに頂点A、Cからそれぞれ垂線AE、CFをひいたものである。
このとき、△ABE≡△CDFであることを証明しなさい。

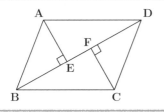

答え

（証明）

△ABEと△CDFにおいて、◄---- 証明する三角形をかく

仮定より、∠AEB = ∠CFD = 90°…①

平行四辺形の対辺は等しいから、AB = CD…②

AB∥DCより、錯角は等しいから、∠ABE = ∠CDF…③

①、②、③より、直角三角形で、斜辺と1つの鋭角が

それぞれ等しいから、◄---- 合同条件をかく

△ABE≡△CDF ◄---結論

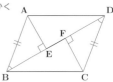

例題 3

次の図で、x軸上の正の部分に点Eをとり、四角形ABCDと面積が等しい△ABEをつくる。点Eの座標を求めなさい。

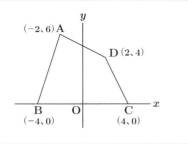

答え

点Dを通り、直線ACと平行な直線とx軸との交点をEとすればよい

四角形ABCD
= △ABC + △ACD
= △ABC + △ACE
= △ABE

直線AC…傾きは −1

直線DE…点(2、4)を通り、傾き −1だから、

平行な2直線の傾きは等しい

y = −x + 6

点Eの座標…x軸上の点だから、

0 = −x + 6、x = 6

よって、E(6、0)

Mathematics

9 図形
相似な図形

1 相似な図形

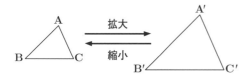

拡大 / 縮小

$\triangle ABC \varpropto \triangle A'B'C'$

相似を表す記号

相似な図形の性質
① 対応する線分の長さの比はすべて等しい。 ……→ 相似比
② 対応する角の大きさはそれぞれ等しい。

💡 絶対おさえる！ 三角形の相似条件

☑ 三角形の相似条件
❶ 3組の辺の比がすべて等しい。
❷ 2組の辺の比とその間の角がそれぞれ等しい。
❸ 2組の角がそれぞれ等しい。

⚠ 注意

対応する辺や角は、図形の向きをそろえて確認！

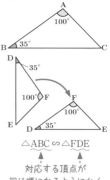

$\triangle ABC \varpropto \triangle FDE$

対応する頂点が同じ順になるようにかく

2 平行線と線分の比

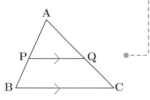

PQ//BCならば
① $AP:AB = AQ:AC = PQ:BC$
② $AP:PB = AQ:QC$

$\ell // m // n$ のとき
① $a:b = a':b'$
② $a:a' = b:b'$

⭐ 重要

左の図で、

$AP:AB = AQ:AC$
ならばPQ//BC

$AP:PB = AQ:QC$
ならばPQ//BC

も成り立つ。

3 中点連結定理

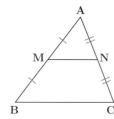

2辺 AB、AC の中点をそれぞれ M、N とすると、
MN//BC
$MN = \dfrac{1}{2}BC$

4 角の二等分線と比

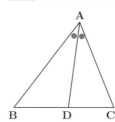

∠Aの二等分線と辺BCの交点をDとすると、
$AB:AC = BD:DC$

📖 参考

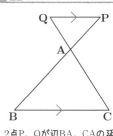

2点P、Qが辺BA、CAの延長上にあるときも
PQ//BCならば
$AP:AB = AQ:AC = PQ:BC$
は成り立つ。

5 相似比と面積比・体積比

❶ 平面図形

相似比が $m:n$ のとき
面積比は $m^2:n^2$

❷ 立体図形

相似比が $m:n$ のとき
表面積の比は $m^2:n^2$
体積比は $m^3:n^3$

合格への
ヒント

● よく出てくる相似の形は覚えておくことがおすすめ！問題を読む前に、図を見て「ここが相似だ！」とすぐわかるようにしておこう！

例題 1

次の図で、x の値を求めなさい。

(1)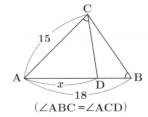

$(\angle ABC = \angle ACD)$

(2)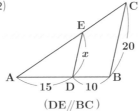

$(DE /\!/ BC)$

(3)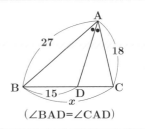

$(\angle BAD = \angle CAD)$

答え

(1)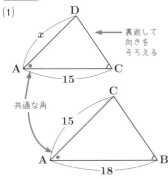

← 裏返して
向きを
そろえる

共通な角

2組の角がそれぞれ等しいから、

$\triangle ABC \backsim \triangle ACD$

$AB : AC = AC : AD$

$18 : 15 = 15 : x$

$x = \dfrac{25}{2}$ 　比の性質 $a : b = c : d$ ならば
$ad = bc$ を利用して解く

(2)

$DE /\!/ BC$ ならば

$AD : AB = DE : BC$

$15 : (15 + 10) = x : 20$

$15 : 25 = x : 20$

$25x = 15 \times 20$

$x = 12$

(3) 線分 AD は ∠A の二等分線だから、

$AB : AC = BD : DC$

$27 : 18 = 15 : (x - 15)$

$27(x - 15) = 18 \times 15$

$27(x - 15) = 270$

$x - 15 = 10$

$x = 25$

例題 2

右の図の▱ABCDで、点Eは辺CD上の点、点FはBDとAEの交点で、AF : FE = 3 : 2 である。

(1) △ADFと△EDFの面積比を求めなさい。

(2) △ABFと△EDFの面積比を求めなさい。

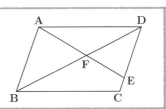

答え

(1)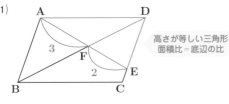

高さが等しい三角形
面積比 = 底辺の比

$\triangle ADF : \triangle EDF = AF : FE$

$= 3 : 2$

(2)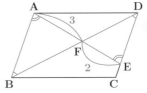

$\triangle ABF \backsim \triangle EDF$

相似比

$AF : EF$

$= 3 : 2$

よって、

$\triangle ABF : \triangle EDF = 3^2 : 2^2$

$= 9 : 4$

10 円

[図形]

1 円周角の定理

❶ 円周角

円 O で、$\overset{\frown}{AB}$ を除く円周上の点を P とするとき、
∠APB を $\overset{\frown}{AB}$ に対する円周角という。

円周角

中心角

💡 絶対おさえる! 円周角の定理

☑ **円周角の定理**
1 つの弧に対する円周角の大きさは一定で、その弧に
対する中心角の半分である。

$$\angle APB = \frac{1}{2}\angle AOB$$

📖 参考

中心角が180°より大きいとき
も、円周角の定理は成立す
る。
例

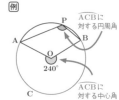

$\overset{\frown}{ACB}$に
対する円周角

$\overset{\frown}{ACB}$に
対する中心角

$\angle APB = \frac{1}{2} \times 240°$
$\qquad = 120°$

---

❷ 直径と円周角

半円の弧に対する円周角は **90°** である。

📖 参考

円に内接する四角形の性質
①向かいあう内角の和は
　180°。
②1つの内角は、それに向か
　いあう内角のとなりにあ
　る外角に等しい。

❸ 弧と円周角

1 つの円で、①長さの等しい弧に対する円周角は等しい。
　　　　　　②等しい円周角に対する弧の長さは等しい。

等しい

和は180°

❹ 円周角の定理の逆

4 点 A、B、P、Q について、P、Q が直線 AB に対して
同じ側にあり、∠APB = ∠AQB ならば、この 4 点は
1 つの円周上にある。

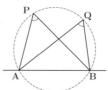

2 円周角の定理の利用

❶ 円外の点からひいた円の接線の作図

📖 参考

接線と弦のつくる角の性質
円の接線とその接点を通る
弦のつくる角は、その角の内
部にある弧に対する円周角
に等しい。

▶ **作図の手順**

① 線分 AO を直径とする円 O' をかき、
　円 O との交点を P、P' とする。

② 直線 AP、AP' をひく。
　└ 円O'について円周角の定理から∠APO＝∠AP'O＝90° より、
　　直線AP、AP'は求める接線になる

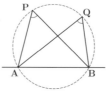

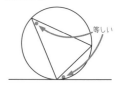

等しい

円外の 1 点からひいた **2 つの接線の長さは等しい**。

上の図で、AP = AP'

社会

理科

数学

英語

国語

**合格への
ヒント**

● 円の単元で登場するいろいろな性質は丸暗記厳禁！なぜ成り立つのか教科書で調べてみよう。得意な人は証明にも挑戦してみよう！

例題 1

次の図で、∠xの大きさを求めなさい。

(1)

（BDは直径）

(2)
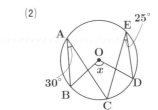

答え (1)
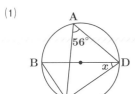

$\overarc{CD}$に対する
円周角

半円の弧に対する
円周角

△BCDで
∠CBD = ∠CAD = 56°
∠BCD = 90°
よって、
∠x = 180° − (56° + 90°)
　　= 34°

(2)
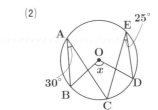

OとCを結ぶ。
∠BOC = 2∠BAC = 60°
∠COD = 2∠CED = 50°
∠x = ∠BOC + ∠COD
　　= 60° + 50°
　　= 110°

例題 2

次の図で、直線 AB、BC、CA は円 O の接線で、点 D、E、F は接点である。線分 BC の長さを求めなさい。

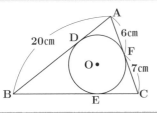

答え

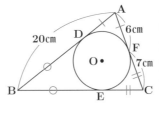

AD = AF = 6 cm
CE = CF = 7 cm
BD = BE

円外の1点から
ひいた接線の
長さは等しい

図より、
BD = AB − AD
　　= 20 − 6 = 14 (cm)
よって、
BC = BE + CE
　　= 14 + 7 = 21 (cm)

例題 3

次の図で、弦 AB と弦 CD の交点を P とする。
PA = 9cm、PB = 20cm、PC = 15cm のとき、PD の長さを求めなさい。

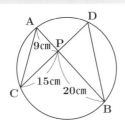

答え

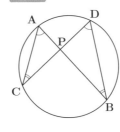

△ACPと△DBPにおいて、
$\overarc{CB}$に対する円周角より、
∠CAP = ∠BDP…①
$\overarc{AD}$に対する円周角より、
∠ACP = ∠DBP…②
①、②より、2組の角が
それぞれ等しいから、
△ACP∽△DBP

円周角の
定理を
利用して
相似で
あることを
示す

よって、PA : PD = PC : PB
　　　　9 : PD = 15 : 20
　　　　　　PD = 12 (cm)

対応する
辺の長さの
比は等しい

Mathematics

11 [図形] 三平方の定理

1 三平方の定理

❶ 三平方の定理

直角三角形の直角をはさむ2辺の長さを a、b、

斜辺の長さを c とすると、$a^2 + b^2 = c^2$ が成り立つ。

> **☆ 重要**
>
> 三平方の定理の逆
> 三角形の3辺の長さ a、b、c の間に、$a^2+b^2=c^2$ の関係が成り立てば、その三角形は、長さ c の辺を斜辺とする直角三角形である。

❷ 特別な直角三角形の3辺の比

> **💡 絶対おさえる! 特別な直角三角形の3辺の比**
>
>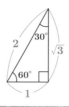

> **📖 参考**
>
> 3辺の長さの比が整数比になる直角三角形の例
>
>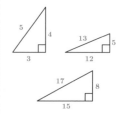

2 平面図形への利用

・長方形の対角線の長さ　　・正方形の対角線の長さ　　・正三角形の高さ

> **☆ 重要**
>
> 立体の表面上の最短の長さは、展開図で考える。
>
>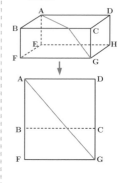

・2点間の距離　　　　　　・弦の長さ　　　　　　・接線の長さ

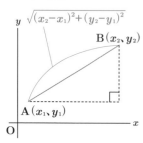  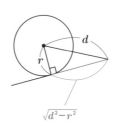

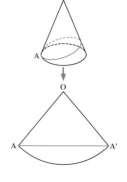

3 空間図形への利用

・直方体の対角線の長さ　　・円錐の高さ　　・正四角錐の高さ

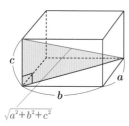 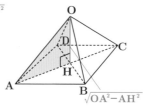

- 30°、45°、60°の角度を見つけたら直角三角形をつくれないかチェック！
- 補助線の引き方ではなく、"直角三角形のつくり方"を考えよう！

例題 1

次の図で、x の値を求めなさい。

(1)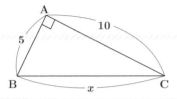

(2)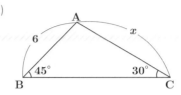

答え

(1) 斜辺は辺 BC である。◀-- まず、どの辺が斜辺なのか確認する

三平方の定理より、

$$5^2 + 10^2 = x^2$$
$$x^2 = 125$$

$x > 0$ より、

$$x = 5\sqrt{5}$$

(2)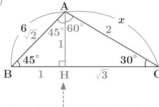

垂線 AH をひいて直角三角形をつくる

$\triangle$ABH で、

AH : AB $= 1 : \sqrt{2}$ より、

AH $= 3\sqrt{2}$

$\triangle$ACH で、

AH : AC $= 1 : 2$ より、

AC $= 6\sqrt{2}$

よって、$x = 6\sqrt{2}$

例題 2

右の図は、底面が 1 辺 4cm の正方形、他の辺が 6cm の正四角錐である。

(1) 体積を求めなさい。　　(2) 表面積を求めなさい。

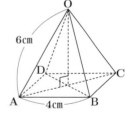

答え

(1)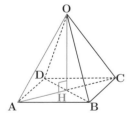

① AC の長さを求める。

AC $= \sqrt{2}$ AB $= 4\sqrt{2}$ (cm)

② AH の長さを求める。

AH $= \dfrac{1}{2}$ AC $= 2\sqrt{2}$ (cm)

③ OH の長さを求める。

$\triangle$OAH で、OH$^2 =$ OA$^2 -$ AH^2 より、

OH $= 2\sqrt{7}$ (cm)

④ 体積を求める。

$$\dfrac{1}{3} \times 4^2 \times 2\sqrt{7} = \dfrac{32\sqrt{7}}{3} \text{(cm}^3)$$

(2)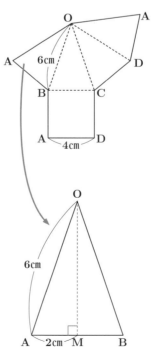

① 側面の $\triangle$OAB の面積を求める。

$\triangle$OAM で、

OM$^2 =$ OA$^2 -$ AM^2 より、

OM $= 4\sqrt{2}$ (cm)

よって、面積は、

$$\dfrac{1}{2} \times \text{AB} \times \text{OM}$$
$$= \dfrac{1}{2} \times 4 \times 4\sqrt{2}$$
$$= 8\sqrt{2} \text{(cm}^2)$$

② 表面積を求める。

$$\underset{\text{底面積}}{4^2} + \underset{\text{側面積}}{8\sqrt{2} \times 4}$$
$$= 16 + 32\sqrt{2} \text{(cm}^2)$$

Mathematics

12 確率、統計
データの分析と活用、確率

1 データの分析と活用

❶ 度数分布表

垂直とびの記録				
階級（cm）	度数（人）	相対度数	累積度数（人）	累積相対度数
20 以上 ～ 30 未満	1	0.05	1	0.05
30　　～ 40	4	0.20	5	0.25
40　　～ 50	8	0.40	13	0.65
50　　～ 60	6	0.30	19	0.95
60　　～ 70	1	0.05	20	1.00
計	20	1.00		

❷ ヒストグラム
度数折れ線

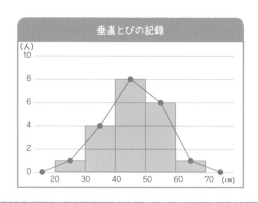

> ☆ 重要
>
> 階級→データを整理するための区間。
> 階級の幅→区間の幅。
> 度数→各階級に入るデータの個数。
> 累積度数
> 　→最初の階級からその階級までの度数の合計。
> 累積相対度数
> 　→最初の階級からその階級までの相対度数の合計。
> 範囲＝最大値−最小値
> （レンジ）
>
> 階級値→それぞれの階級のまん中の値。
> 最頻値（モード）
> 　→データの中で、もっとも個数の多い値。
>
> 度数分布表では、度数のもっとも多い階級の階級値を最頻値とする。
>
> 中央値（メジアン）
> 　→データの値を大きさの順に並べたときの中央の値。
>
> データの総数が偶数個の場合は、中央にある2つの値の平均値を中央値とする。

💡 絶対おさえる！　相対度数と平均値

☑ 相対度数＝$\dfrac{\text{階級の度数}}{\text{度数の合計}}$

☑ 平均値＝$\dfrac{\text{個々のデータの値の合計}}{\text{データの総数}}$

度数分布表からの平均値の求め方

平均値＝$\dfrac{（\text{階級値}\times\text{度数}）\text{の合計}}{\text{度数の合計}}$

2 確率

💡 絶対おさえる！　確率

☑ 起こりうる結果が全部で n 通りあり、そのどれが起こることも同様に確からしいとする。そのうち、ことがら A の起こる場合が a 通りのとき、

A の起こる確率…$p=\dfrac{a}{n}$ $(0 \leqq p \leqq 1)$

A の起こらない確率…$1-p$

> ☆ 重要
>
> ・必ず起こることがらの確率は1
> ・決して起こらないことがらの確率は0

合格への
ヒント

● 意味や計算方法などの問題を友達と出し合うと、用語の意味を覚えられる！
● 確率の問題では約分を忘れないように気をつけて！

例題 1

右の度数分布表について、次の問いに答えなさい。

(1) 最頻値を求めなさい。

(2) 平均値を求めなさい。

(3) 2km以上3km未満の階級の相対度数を求めなさい。

通学距離	
階級（km）	度数（人）
0 以上 ～ 1 未満	5
1 ～ 2	6
2 ～ 3	8
3 ～ 4	1
計	20

答え

(1) もっとも度数の多い階級は 2km以上3km未満の階級だから、

$(2 + 3) \div 2 = 2.5$（km）

────── 階級値で答える

(2) $(0.5 \times 5 + 1.5 \times 6 + 2.5 \times 8 + 3.5 \times 1) \div 20 = 1.75$（km）

────── （階級値×度数）の合計

(3) $8 \div 20 = 0.4$

────── 相対度数 ＝ $\dfrac{階級の度数}{度数の合計}$

例題 2

2つのさいころを同時に投げるとき、次の確率を求めなさい。

(1) 出る目の数がどちらも奇数である確率

(2) 少なくとも一方の目の数が偶数である確率

答え

2つのさいころの目の出かたは全部で36通りある。

A＼B	1	2	3	4	5	6
1	○		○		○	
2						
3	○		○		○	
4						
5	○		○		○	
6						

(1) 出る目の数がどちらも奇数であるのは、2つのさいころをA、Bとすると、右の表で○をつけた9通り。

よって、求める確率は、$\dfrac{9}{36} = \dfrac{1}{4}$

(2) $\left(\begin{array}{c}少なくとも一方が\\偶数である確率\end{array}\right) = 1 - \left(\begin{array}{c}どちらも奇数で\\ある確率\end{array}\right)$ より、$1 - \dfrac{1}{4} = \dfrac{3}{4}$

例題 3

袋の中に赤玉が2個、青玉が2個入っている。この中から同時に2個の玉を取り出すとき、2個とも赤玉である確率を求めなさい。

答え

赤玉を①、②、青玉を③、④として、樹形図をかく。

────── 区別する

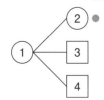

よって、求める確率は $\dfrac{1}{6}$

13

確率、統計

データの比較、標本調査

1 四分位数と箱ひげ図

① 四分位数

💡 **絶対おさえる！　四分位数**

☑ データの値を小さい順に並べ、中央値を境にして、前半部分と後半部分に分けるとき、

前半部分の中央値……第1四分位数 ⎫
全体の中央値…………第2四分位数 ⎬ あわせて**四分位数**という。
後半部分の中央値……第3四分位数 ⎭

①データの値の個数が偶数個のとき

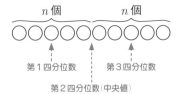

②データの値の個数が奇数個のとき

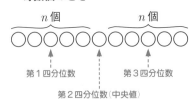

② 箱ひげ図

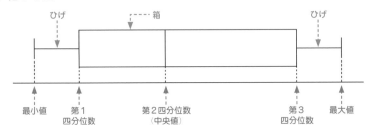

（四分位範囲）＝（第3四分位数）－（第1四分位数）

（範囲）＝（最大値）－（最小値）

2 標本調査

① **全数調査**…調査の対象となる集団全部についての調査。

② **標本調査**…集団の一部を調査して、集団全体の傾向を推測する調査。

③ **母集団**…傾向を知りたい集団全体のこと。

④ **標本**…母集団の一部分として取り出して実際に調べたもの。

標本調査の割合から母集団の割合を推定できる。

合格への
ヒント

● 度数分布表・ヒストグラム、箱ひげ図は、少ない手間でデータを大まかに読み取る手段。図表ごとに読み取れること、読み取れないことをおさえておこう！

月　　　日

社会
理科
数学
英語
国語

例題 1

次のデータは、13個の卵の重さを調べ、軽いほうから順に並べたものである。

63、　63、　64、　64、　64、　64、　65、　65、　66、　66、　67、　68、　69（g）

(1) 四分位数を求めなさい。

(2) 四分位範囲を求めなさい。

(3) 箱ひげ図をかきなさい。

答え

(1)
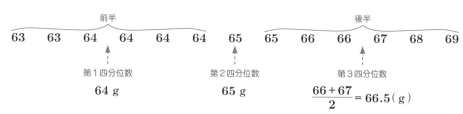

(2) $66.5 - 64 = 2.5$（g）
　　　　　　第3四分位数−第1四分位数

(3)
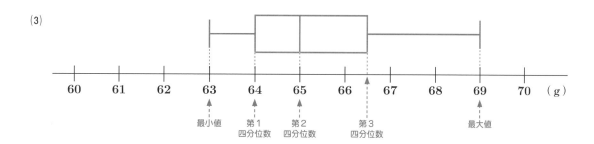

例題 2

ある工場で製造された製品から600個を無作為に抽出して検査をしたところ、そのうち3個が不良品であった。この工場で、10000個の製品を製造したとき、そのうちの不良品の個数は、およそ何個と考えられますか。

答え

標本における不良品の割合は、$\dfrac{3}{600} = \dfrac{1}{200}$

母集団における不良品の割合も$\dfrac{1}{200}$ ←------ 不良品の割合は同じと考える

10000個の製品の中の不良品の個数は、$10000 \times \dfrac{1}{200} = 50$　　よって、およそ50個

別解

（製品の総数）：（不良品の総数）＝（抽出した製品の総数）：（抽出した製品にあった不良品の数）

全製品にふくまれる不良品の個数をx個とすると、

$10000 : x = 600 : 3$　これを解くと、$x = 50$　　よって、およそ50個

点数がグングン上がる！

英語の勉強法

 基礎力UP期（4〜8月）

▶ 耳で聞いて、声を出して、五感で覚えよう！

　この時期は、じっくりと英語力を伸ばす時期。高校に入ってからの基礎にもなるので、正しい勉強のやり方を身につけよう。そもそも、英語は言葉だ。言葉を身につけるためには、問題集を解くときのように、読んだり書いたりするだけでは不十分。必ず、耳で聞いたり声に出したりして、（味覚以外の）五感をフル活用することを心がけよう！　赤ちゃんが母国語を身につけるときは、ほとんどの場合、周りの人が話している言葉を聞いて、その真似をしながら徐々に話せるようになるんだ。英語の学習も同様に、「聞いて真似する」から始めるといい。教科書にリスニング用音源のQRコードがついている人は、ぜひそのモデル音声を使おう。

▶ 音読で英語力はグングン上がる！

　加えて取り組んでもらいたいのが、「音読」。音声を聞いて、真似することができたら、自力で教科書を読む練習をしよう。とにかくたくさん音読にはげみ、教科書や本書の例文を瞬時に引き出せるようになったら、怖いものなしだ！　まずは、教科書1ページ分の英文を、10回ずつ音読してみよう。それができたら次は「リードアンドルックアップ」。別名「アナウンサー読み」と言われており、英文を目で追いながら声に出して読み、直後に顔を上げて（英文を見ないで）読む方法のこと。このトレーニングによって、英文を短期間で効率よく覚えられる。

　本書を読み進める際にも、出てきた英文をリードアンドルックアップで10回音読してほしい。読み終わるころ、きっとあなたの英語力は向上しているはずだ！

 復習期（9月〜12月）

▶ 間違えた問題を細かくチェックしよう！

　一通り学習を進めた人は、定期テストや模擬試験などを受けてきたはず。その解き直しはすべて完了しているだろうか？　間違えた問題が解けるようにならなければ、成長することはできない。自分のミスを振り返るのは楽しい作業ではないけれど、みなさんのゴールは入試で結

果を出すこと。過去に受けたテストの結果に一喜一憂せず、自分のミスに向き合ってほしい。

　まずは定期テストや模擬試験で見かけた、意味を知らない単語をカード化しよう。解き直しはその単語を覚えてからだ。カード化は、解答・解説が配られたらその日のうちにやってしまうのがベスト。辞書でその単語の使われ方やその他の意味を調べて書いておけば、一石二鳥だ。

▶ 不安な単元は例文の暗記もおすすめ

　文法問題のミスが多い人や、復習期にこの本を手にした人は、1ページにつき1分を目安に読んでみてほしい。不安な単元を見つけたら丁寧に解説を読んで、例文を暗記しよう。ミスをした単元の余白に「●●テストで間違えた！」などをメモしておくと記憶に残りやすい。

　長文問題でのミスが多い人は、どの文が読み取りづらかったのか、どの文を誤解していたのかを細かく確認する必要がある。時間をかけて解答・解説を読み込もう。文構造が複雑だったり文法項目が複数入っていたりする一文は、音読をして覚えてしまうのも手だ。まだまだ伸びる！

 まとめ期（1月～受験直前）

▶ まずは「合格へのヒント」で総ざらいを

　この時期にこの本を手にしたあなたは、まず「合格へのヒント」を読んでみよう。これまでに覚えてきたことと、各単元の注意点と学習のポイントを照らし合わせてほしい。

　英語が苦手な人は「基礎力チェック」にも挑戦しよう。1問でもミスをしてしまったら、その単元はじっくり解説を読み込んでほしい。

▶ 間違えた過去問題は、スクラップ化して確認！

　入試まで2カ月を切ったら、過去問演習に取り組もう。出題傾向を把握し、試験問題と自分の相性を確認しながら、弱点克服につとめよう。過去問題を解く際のルールは2つ。「時間を計る」ことと「コピーを取る」ことだ。入試は時間との戦い。本番通りの時間で解いてみて、時間内に解き切れるかを確認しよう。また、間違えた問題はコピーしてスクラップ化するのもおすすめ。該当問題を切って貼りつけ、余白部分にポイントを整理しよう。なお、スクラップ化はノートでやると順番で答えを覚えてしまうことも多い。ルーズリーフで実施し、シャッフルできるようにしておこう。

　文法の復習は、「該当単元を誰かに説明できるか？」と自問してほしい。家族や友達に協力してもらい、授業をしてみるのもいい。長文は、本文と正解の選択肢の対応箇所への線引きと、間違いの選択肢がなぜダメなのかを、自分の言葉で説明できるようにすることが大切だ。また、単語や熟語の勉強も怠ってはいけない。本番にど忘れがあると、悔やんでも悔やみきれない。「勉強の科目を切り替える間の5分間は単語の時間！」のように設定し、試験当日まで継続しよう！

1 be動詞、一般動詞、命令文、代名詞

1 be動詞

💡 絶対おさえる！ be動詞のルール

- ☑ 主語が I のときは am、3人称単数のときは is、you と複数のときは are を使う。
- ☑ 否定文は be 動詞のあとに not を置き、疑問文は be 動詞を主語の前に置く。

肯定文	You are fifteen. （あなたは15歳だよ）
否定文	You are not fifteen. （あなたは15歳ではないよ） └ be動詞のあとに not
疑問文	Are you fifteen? （あなたは15歳なの？） └ 主語の前に be動詞
応答文	Yes, I am. （うん、そうだよ） No, I am not. （いいえ、ちがうよ）

答えるときも
be動詞を使う！

〈主語＋be動詞〉の短縮形

I am → I'm
You are → You're
He is → He's
She is → She's
It is → It's
We are → We're
They are → They're

〈be動詞＋not〉の短縮形

is not → isn't
are not → aren't

2 一般動詞

💡 絶対おさえる！ 一般動詞のルール

- ☑ 否定文は一般動詞の前に don't[do not] を置き、疑問文は do を主語の前に置く。

肯定文	I play tennis. （私はテニスをするよ）
否定文	I don't play tennis. （私はテニスをしないよ） └ 一般動詞の前に don't[do not]
疑問文	Do you play tennis? （あなたはテニスをするの？） └ 主語の前に do
応答文	Yes, I do. （うん、するよ）　　No, I don't. （いいえ、しないよ） └ don't は do not の短縮形

答えるときも
do を使う！

Do you ～ ? の you が「あなたたちは」のときの答えの文は、Yes, we do. / No, we don't.

3 命令文

💡 絶対おさえる！ 命令文のルール

- ☑ 命令文は主語の You を省略し、動詞の原形で文を始める。
- ☑ 「～しないで」は Don't ～ . 、「～しましょう」は Let's ～ . 、「～してください」は Please ～ .

肯定文	You walk fast. （あなたは速く歩くね） 主語はなくなる　　動詞の原形で文を始める
命令文	Walk fast. （速く歩きなさい）
否定の命令文	Don't walk fast. （速く歩かないで） └ 動詞の原形の前に Don't。Do not でもよい
丁寧な命令文	Please walk fast. （速く歩いてください） └ 動詞の原形の前に Please。please は文末でもよい

be動詞を使った命令文

Be quiet.
（静かにしなさい）
Don't be afraid.
（おそれないで）

合格への
ヒント

● 動詞の変形ミスに注意！「主語は何人称か」や「単数か複数か」などを指差し確認すると、ミスが減るよ！

4 一般動詞（3人称単数）

💡 絶対おさえる！　一般動詞（3人称単数）のルール

☑ 3人称単数とは、「I、you 以外の、1人の人や1つのもの」のこと。
☑ 肯定文では一般動詞の語尾に –s や –es をつける。
☑ 否定文は一般動詞の前に doesn't[does not]を置き、疑問文は does を主語の前に置く。このときの動詞は原形。

| 肯定文 | She | cooks dinner.（彼女は夕食を料理するよ）|

└一般動詞の語尾に-sをつける

| 否定文 | She doesn't cook dinner.（彼女は夕食を料理しないよ）|

└一般動詞の前に doesn't[does not]　動詞は原形

| 疑問文 | Does she cook dinner?（彼女は夕食を料理するの？）|

└主語の前に does　動詞は原形

| 応答文 | Yes, she does.（うん、するよ）|
| | No, she doesn't.（いいえ、しないよ）|

└ doesn't は does not の短縮形

答えるときも does を使う！

3人称単数現在形

①そのまま -s をつける
play → plays
②そのまま -es をつける
go → goes
teach → teaches
③y をとって -ies をつける
study → studies
④その他
have → has

5 代名詞

	人称	主格「〜は、〜が」	所有格「〜の」	目的格「〜を、〜に」	所有代名詞「〜のもの」
単数	1人称	I	my	me	mine
	2人称	you	your	you	yours
	3人称	he	his	him	his
		she	her	her	hers
		it	its	it	—
複数	1人称	we	our	us	ours
	2人称	you	your	you	yours
	3人称	they	their	them	theirs

主格→主語として使う
所有格→名詞の前に置く
his pen「彼のペン」
目的格→動詞や前置詞のあとに置く
with me「私と一緒に」

所有代名詞のあとには名詞は続かない

That's Lisa. Do you know her?（あちらはリサだよ。彼女を知っている？）

└「〜を」にあたる部分なので目的格

✎ 基礎力チェック！

次の日本語に合うように、___に適当な語を書きなさい。

(1) 私の姉はギターを弾けません。
My sister _____ _____ the guitar.

(2) 買い物に行きましょう。
_____ _____ shopping.

(3) あなたは毎日、彼を手伝いますか。
_____ you help _____ every day?

答え

(1) doesn't play
→ 4 参照
(2) Let's go
→ 3 参照
(3) Do、him
→ 2 5 参照

English

2 過去形、進行形、未来を表す文

1 過去形

💡 絶対おさえる！ 過去形(一般動詞)のルール

☑ 動詞の語尾に −(e)d をつける規則動詞と、異なる形に変化する不規則動詞がある。
☑ 否定文は動詞の前に didn't[did not]を置き、疑問文は did を主語の前に置く。このときの動詞は原形。

| 肯定文 | Tom played baseball. (トムは野球をしたよ) |

└ 動詞の語尾に -ed をつける

| 否定文 | Tom did not play baseball. (トムは野球をしなかったよ) |

動詞は原形
└ 動詞の前に did not[didn't]

| 疑問文 | Did Tom play baseball? (トムは野球をしたの？) |

└ 主語の前に did　　動詞は原形

| 応答文 | Yes, he did. (うん、したよ) |
| | No, he didn't. (いいえ、しなかったよ) |

└ didn't は did not の短縮形

> 答えるときも did を使う！

不規則動詞の過去形

buy → bought
come → came
eat → ate
get → got
go → went
have → had
make → made
read → read
see → saw
take → took

💡 絶対おさえる！ 過去形(be動詞)のルール

☑ am、is の過去形は was、are の過去形は were。
☑ 否定文は be 動詞のあとに not を置き、疑問文は be 動詞を主語の前に置く。

| 肯定文 | I was busy. (私は忙しかったよ) |

└ 主語が I なので be 動詞は was

| 否定文 | I was not busy. (私は忙しくなかったよ) |

└ be 動詞のあとに not

| 疑問文 | Were you busy? (あなたは忙しかったの？) |

└ 主語の前に be 動詞。主語が you なので be 動詞は were

| 応答文 | Yes, I was. (うん、忙しかったよ) |
| | No, I wasn't. (いいえ、忙しくなかったよ) |

> 答えるときも be 動詞を使う！

was[were] not の短縮形

was not → wasn't
were not → weren't

過去を表す語句

「昨日」yesterday
「この前の〜」last 〜
「〜前に」〜 ago

2 進行形

💡 絶対おさえる！ 進行形のルール

☑ 今している動作を表すときは現在進行形、過去のある時点にしていた動作を表すときは過去進行形を使う。
☑ 進行形は〈be 動詞＋動詞の −ing 形〉の形で表す。
☑ 否定文は be 動詞のあとに not を置き、疑問文は be 動詞を主語の前に置く。

合格への
ヒント

● 不規則動詞は短期集中で覚えよう！覚えたあとは、毎週1回ずつ、活用表を紙で隠してチェックテストを行おう！

| 肯定文 | Meg is　　eating lunch.（メグは昼食を食べているよ） |

└〈be動詞＋動詞の-ing形〉

| 否定文 | Meg is not eating lunch.（メグは昼食を食べていないよ） |

└be動詞のあとにnot

| 疑問文 | Is Meg　　　　eating lunch?（メグは昼食を食べているの？） |

└主語の前にbe動詞

| 応答文 | Yes, she is.（うん、食べているよ） |

答えるときも
be動詞を使う！

No, she isn't.（いいえ、食べていないよ）

動詞の-ing形

①そのまま -ing をつける
　talk → talking
②e をとって -ing をつける
　use → using
　come → coming
③子音字を重ねて -ing をつける
　sit → sitting
　run → running
　swim → swimming

3　未来を表す文

💡 **絶対おさえる！　未来を表す文のルール**

☑ 未来を表す文は will や be going to を動詞の前に置く。
☑ will を使った否定文は動詞の前に won't[will not]を置き、疑問文は will を主語の前に置く。
☑ be going to を使った疑問文・否定文の作り方は be 動詞の文と同じ。否定文は be 動詞のあとに not を置き、疑問文は be 動詞を主語の前に置く。

❶ will の文

| 肯定文 | I will　　　meet Ken.（私はケンに会うつもりだよ） |

└動詞は原形

| 否定文 | I will not meet Ken.（私はケンに会うつもりはないよ） |

└動詞の前に will not[won't]

| 疑問文 | Will you　　　　meet Ken?（あなたはケンに会うつもり？） |

└主語の前に will

| 応答文 | Yes, I will.（うん、会うつもりだよ） |

答えるときも
will を使う！

No, I won't.（いいえ、会うつもりはないよ）

└won'tはwill notの短縮形

❷ be going to の文

| 肯定文 | I am going to meet Ken.（私はケンに会う予定だよ） |

└動詞は原形

be going to は「すでに決まっている未来」、will は「発話時に決めた未来のこと」や「未来の予測」を表す。

〈主語＋will〉の短縮形

I will → I'll
you will → you'll
he will → he'll
she will → she'll
it will → it'll
we will → we'll
they will → they'll

未来を表す語句

「明日」 tomorrow
「次の」 next ～

✎ **基礎力チェック！**

次の日本語に合うように、___ に適当な語を書きなさい。

(1) メグは昨日、図書館に行って数学を勉強しました。

Meg _____ to the library and _____ math yesterday.

(2) サムは今、公園の中を走っていますか。

_____ Sam _____ in the park now?

(3) 私たちは新しい車を買う予定はありません。

We are _____ _____ _____ buy a new car.

答え

(1) went、studied
→ **1** 参照
(2) Is、running
→ **2** 参照
(3) not going to
→ **3** 参照

3 助動詞

1 助動詞の形

💡 絶対おさえる！ 助動詞のルール

☑ 動詞の前に置き、動詞に意味を加える働きをする。
☑ 助動詞のあとの動詞はいつも原形。
☑ 否定文は助動詞のあとに not を置き、疑問文は主語の前に助動詞を置く。

| 肯定文 | He will come here. （彼はここに来るだろう） |

↳ 動詞の前に助動詞　　動詞は原形

| 否定文 | He will not come here. （彼はここに来ないだろう） |

↳ 助動詞のあとに not

| 疑問文 | Will he come here? （彼はここに来るかな？） |

↳ 主語の前に助動詞

| 応答文 | Yes, he will. （うん、来るだろう） |
| | No, he won't. （いいえ、来ないだろう） |

> 答えるときも助動詞を使う！

〈助動詞＋not〉の短縮形

will not → won't
cannot → can't
must not → mustn't
should not → shouldn't

2 canとmay

💡 絶対おさえる！ canとmayの意味

☑ 〈can ＋動詞の原形〉は「～することができる」（能力や可能）や「～してもよい」（許可）という意味。
☑ 〈may ＋動詞の原形〉は「～かもしれない」（推量）や「～してもよい」（許可）という意味。
☑ Can[Will] you ～？は「～してくれませんか。」と相手に依頼する表現。
☑ Can[May] I ～？は「～してもいいですか。」と相手に許可を求める表現。

可能	I can play the guitar well. （私はギターを上手に弾けるよ）
許可	You may[can] go now. （あなたはもう行ってもいいよ）
推量	Eri may like the book. （エリはその本が好きかもしれない）
依頼	Can[Will] you help me? （私を手伝ってくれない？）
許可を求める	Can[May] I come in? （入ってもいい？）

📖 参考

Could[Would] you ～？と
Could[Might] I ～？は
丁寧な言い方。

3 mustとhave to

💡 絶対おさえる！ mustとhave toの意味

☑ 〈must ＋動詞の原形〉〈have to ＋動詞の原形〉は「～しなければならない」という義務を表す。
☑ 〈must not[mustn't]＋動詞の原形〉は「～してはならない」という禁止を表す。
☑ 〈don't[doesn't] have to ＋動詞の原形〉は「～する必要はない」という意味。

❶ mustの文

| 義務 | I must get up early. （私は早起きしなければならない） |
| 禁止 | You must not swim here. （ここで泳いじゃいけないよ） |

must の否定文は否定の命
令文 〈Don't ＋動詞の原形
～ .〉とほぼ同じ意味になる。

月　　日

合格への
ヒント
● canはbe able to、willはbe going to、mustはhave toとの言いかえと覚え
ておこう！

社会
理科
数学
英語
国語

❷ **have toの文**

| 肯定文 | I | have to call him. （私は彼に電話しなきゃいけない） |

↳〈have to＋動詞の原形〉

| 否定文 | I don't have to call him. （私は彼に電話する必要はない） |

↳ have toの前にdon't[do not]

| 疑問文 | Do you have to call him? |

↳主語の前にdo

（あなたは彼に電話しなきゃいけないの？）

| 応答文 | Yes, I do. （うん、しなきゃいけないよ）
No, I don't. （いいえ、する必要はないよ）

答えるときも
doを使う！

主語が３人称単数のとき、
have to は has to になる。

過去の文は had to を使う。

4 shouldとshall

💡 **絶対おさえる！　shouldとshallの意味**

☑ 〈should ＋動詞の原形〉は「〜するべきだ」という**義務**や**助言**を表す。
☑ 〈Shall I ＋動詞の原形 〜?〉は「〜しましょうか。」と相手に**申し出る**表現。
☑ 〈Shall we ＋動詞の原形 〜?〉は「〜しませんか。」と相手に**提案する**表現。

❶ **shouldの文**

You should study hard. （あなたは一生懸命勉強するべきだよ）

should は must や have to
よりやわらかい表現。

❷ **Shall I 〜?とShall we 〜?**

Shall I open the door? （ドアを開けようか？）

➡ 応答文は　**Yes, please.** （うん、お願い）

　　　　　　No, thank you. （いいえ、大丈夫）など

Shall we play soccer after school? （放課後サッカーしない？）

➡ 応答文は　**Yes, let's.** （うん、しよう）

　　　　　　No, let's not. （いいえ、しないでおこう）など

Shall we 〜? は〈Let's ＋
動詞の原形 〜.〉とほぼ同
じ意味になる。

✏ **基礎力チェック！**

次の日本語に合うように、___に適当な語を書きなさい。

(1) ジムはパーティーに来ないかもしれません。
　　Jim _____ _____ come to the party.

(2) メアリーは自分の部屋を掃除しなければなりません。
　　Mary _____ _____ her room.

(3) 今度の日曜日に買い物に行きませんか。
　　_____ _____ go shopping this Sunday?

答え

(1) may not
→ 2 参照

(2) must clean
→ 3 参照

(3) Shall we
→ 4 参照

English

4 いろいろな表現①

1 いろいろな文型

💡 絶対おさえる！　5文型の構造

☑ 英語の文は主語（S）・動詞（V）・補語（C）・目的語（O）の4つの要素によって文の構造が決まる。
  主語　　（S）：「〜は」「〜が」を意味する。→名詞・代名詞
  動詞　　（V）：「〜である」「〜する」を意味する。→動詞
  補語　　（C）：主語や目的語を説明する働きをする。→名詞・代名詞・形容詞
  目的語（O）：動詞が表す動作の対象を示す働きをする。→名詞・代名詞

☑ 5文型

第1文型	SV	〈主語＋動詞〉
第2文型	SVC	〈主語＋動詞＋補語〉
第3文型	SVO	〈主語＋動詞＋目的語〉
第4文型	SVOO	〈主語＋動詞＋目的語＋目的語〉
第5文型	SVOC	〈主語＋動詞＋目的語＋補語〉

☑ 場所や時を表してS・V・O・Cを詳しく説明する語として、修飾語（M）もあるが、文型の識別には影響しない。

【第1文型】 SV「（主語）は〜する［〜にいる］」

I live in Australia. （私はオーストラリアに住んでいるよ）
S　V　　└→場所を表す修飾語句（M）

I was at home last Sunday. （私はこの前の日曜日、家にいたよ）
S　V　　　　　└→時を表す修飾語句（M）

> There is 〜.の文も第1文型。
> There is a cat on the car.
> 　　　　V　S

【第2文型】 SVC　主語＝補語の関係

I am a student. （私は学生だよ）
S　V　　C　　　　　I = a student

Sam looks happy. （サムは嬉しそうだよ）
S　　V　　C　　　　Sam = happy

> 第2文型で使われる動詞
>
> become「〜になる」
> feel「〜の感じがする」
> get「〜になる」
> sound「〜に聞こえる」

【第3文型】 SVO「（主語）はOを〜する」

I study English every day. （私は毎日英語を勉強するよ）
S　V　　O　　　M　　　　　　Oが動作の対象

【第4文型】 SVOO「（主語）は（人）に（もの）を〜する」

I gave Mary flowers. （私はメアリーに花をあげたよ）
S　V　　O　　O

➡ SVOO の文は SVO の文に書きかえることができる。

I gave flowers to Mary.
S　V　　O　　　M

> 第4文型で使われる動詞
>
> ask「〜に…をたずねる」
> buy「〜に…を買う」
> make「〜に…を作る」
> show「〜に…を見せる」
> teach「〜に…を教える」

【第5文型】 SVOC　目的語＝補語の関係

I call my sister Nana. （私は妹をナナと呼ぶよ）
S　V　　O　　　C　　　　my sister = Nana

> 第5文型で使われる動詞
>
> name「〜を…と名づける」
> make「〜を…にする」

● 5文型は、なかなか一人では勉強しにくい。自信がないときは先生に、
「SVOCに分けてみましたが、これで合っていますか？」と聞こう！

2 There is[are] 〜 . の文

💡 絶対おさえる！　There is[are] 〜 . の文のルール

☑ 〈There is[are] 〜＋場所を表す語句 .〉は「…に〜がある[いる]。」という意味。
☑ あとに続く名詞が単数なら is、複数なら are を使う。
☑ 過去の文では was[were]を使う。
☑ 否定文は be 動詞のあとに not を置き、疑問文は be 動詞を there の前に置く。

肯定文　There is 　　a bird on the tree.（木の上に鳥がいるよ）
└ 名詞が単数　└ 場所を表す語句

否定文　There is not a bird on the tree.（木の上に鳥はいないよ）
└ be 動詞のあとに not

疑問文　Is there 　　a bird on the tree?（木の上に鳥がいる？）
└ there の前に be 動詞

応答文　Yes, there is .（うん、いるよ）
No, there isn't .（いいえ、いないよ）

答えるときも there を使う！

● 続く名詞が複数の場合
There are some birds on the tree. └ 名詞が複数

● There＋be 動詞の短縮形
There is → There's
There are → There're

数をたずねる疑問文
How many balls are there in the box?
（箱の中には何個のボールがあるの？）

応答文　There are five (balls).（5個(のボール)があるよ）

➡ 特定のものや人について言うときはふつう There is[are] 〜 . の文は使わない。
× There is my dog under the bed.
└ my は「私の」とあとに続く名詞を特定しているので、There is 〜 . の文は使えない。

○ My dog is under the bed.

✎ 基礎力チェック！

次の日本語に合うように、＿＿に適当な語を書きなさい。

(1) 私は眠くなりました。
I ＿＿＿＿ ＿＿＿＿.

(2) あなたに私の家族の写真を見せましょう。
I'll ＿＿＿＿ ＿＿＿＿ some pictures of my family.

(3) 駅の近くにたくさんのレストランがありますか。
＿＿＿＿ ＿＿＿＿ many restaurants near the station?

答え
(1) became[got] sleepy
→ 1 参照
(2) show you
→ 1 参照
(3) Are there
→ 2 参照

English

5 不定詞①

1 不定詞の名詞的用法

💡 絶対おさえる！ 名詞的用法の働き

- ☑ 〈to ＋動詞の原形〉の形で、「～すること」という意味になり、名詞と同じ働きをする。
- ☑ 特定の動詞のあとについて**動詞の目的語**になったり、文の**主語**や**補語**になったりする。

動詞の目的語 Jim likes to read books.
└ likeの目的語

（ジムは本を読むことが好きだよ）

> toのあとの動詞は主語に関係なくいつも原形

Meg wants to be a singer.
└ wantの目的語

（メグは歌手になりたいと思っているよ）

> toのあとのbe動詞は原形のbeになる

文の主語 To read books is fun.
└ 主語

（本を読むことは楽しいよ）

> 主語になる不定詞は3人称単数扱いなのでbe動詞はis

文の補語 Meg's dream is to be a singer.
└ 補語

（メグの夢は歌手になることだよ）

あとに不定詞がくる動詞

hope to ～
　　「～することを望む」
want to ～ 「～したい」
wish to ～
　　「～することを願う」

Meg's dream = to be a
singer の関係

2 不定詞の副詞的用法

💡 絶対おさえる！ 副詞的用法の働き

- ☑ 〈to ＋動詞の原形〉で、「～するために」という意味になり、前の動詞の動作の目的を表す。
- ☑ 感情を表す形容詞のあとに〈to ＋動詞の原形〉を置くと「～して」という意味になり、感情の原因を表す。

動作の目的 Kate went to the park to play basketball.
└ went to the parkの目的

> 過去のことでもtoのあとの動詞は原形

（ケイトはバスケットボールをするために公園に行ったよ）

➡ Why の疑問文に対する応答文にも用いる。

Why did you go home early yesterday? （昨日なぜ早く帰ったの？）
— To help my mother. （お母さんを手伝うためだよ）

感情の原因 I am happy to win the game.
└ happyになった原因

> 感情を表す形容詞

（私は試合に勝って嬉しいよ）

〈感情を表す形容詞＋不定詞〉

be glad to ～
　　「～して嬉しい」
be happy to ～
　　「～して嬉しい」
be sad to ～
　　「～して悲しい」
be sorry to ～
　　「～してすまなく思う」
　　「～して残念に思う」
be surprised to ～
　　「～して驚く」

156

● 不定詞や動名詞のようにルールが多様で複雑な単元は、用例を暗記しよう。
● 用例を元にどんなルールだったかを思い出したほうがミスも減るよ！

3 《 不定詞の形容詞的用法

💡 絶対おさえる！ 形容詞的用法の働き

☑ 〈to ＋動詞の原形〉で、「〜するための」「〜するべき」という意味になり、前の名詞や代名詞を説明して形容詞と同じ働きをする。

My city has many places to visit **.**

placesを詳しく説明

（私の町には訪れるべき場所がたくさんあるよ）

Let's get something to drink **.** （何か飲むものを手に入れようよ）

somethingを詳しく説明

> something や someone のあとに〈to ＋動詞の原形〉を置くと「何か〜するもの」、「だれか〜する人」という意味になる。

4 《 不定詞の名詞的用法と動名詞

💡 絶対おさえる！ 動名詞の働き

☑ 不定詞の名詞的用法と同様に、〈動詞の –ing 形〉でも、「〜すること」という意味になり、名詞と同じ働きをする。
☑ 動詞の目的語になったり、前置詞の目的語や文の主語・補語になったりする。

| 動詞の目的語 | **I like** watching **movies.** （私は映画を見ることが好きだよ）

〈like ＋動名詞〉〈to watch〈like to ＋動詞の原形〉でもよい）

They enjoyed dancing **.** （彼らは踊ることを楽しんだよ）

〈enjoy ＋動名詞〉 enjoyのあとは動名詞

| 前置詞の目的語 | **I'm good at** singing **.** （私は歌うことが得意だよ）

〈前置詞＋動名詞〉

| 文の主語 | Watching **movies is fun.** （映画を見ることは楽しいよ）

= To watch movies is fun.

| 文の補語 | **My hobby is** dancing **.** （私の趣味は踊ることだよ）

= My hobby is to dance **.**

> あとに不定詞・動名詞どちらもくる動詞
>
> begin[start]「〜し始める」
> like「〜することが好き」

> あとに動名詞がくる動詞
>
> enjoy 〜ing
> 「〜することを楽しむ」
> finish 〜ing
> 「〜し終える」
> stop 〜ing
> 「〜するのをやめる」

✏️ 基礎力チェック！

次の日本語に合うように、＿＿に適当な語を書きなさい。

(1) あなたは本を読む時間がありますか。
　　Do you have time ＿＿＿ ＿＿＿ books?

(2) 私はそのニュースを聞いて悲しかったです。
　　I was ＿＿＿ ＿＿＿ ＿＿＿ the news.

(3) 英語を話すことはおもしろいです。
　　＿＿＿ English ＿＿＿ interesting.

答え
(1) to read
　→ 3 参照
(2) sad to hear
　→ 2 参照
(3) Speaking、is
　→ 4 参照

English

6 不定詞②

1 〈want[tell/ask]＋（人）＋to＋動詞の原形〉

💡 **絶対おさえる！** 〈want[tell/ask]＋（人）＋to＋動詞の原形〉の意味と語順

☑ 〈want ＋（人）＋ to ＋動詞の原形〉は「（人）に~してほしい」、〈tell ＋（人）＋ to ＋動詞の原形〉
は「（人）に~するように言う」、〈ask ＋（人）＋ to ＋動詞の原形〉は「（人）に~するように頼む」
という意味。

● want ＋（人）＋to ＋動詞の原形「（人）に~してほしい」

I want 　　　 to play the piano. （私はピアノが弾きたいな）　　　　　ピアノを弾くのは「私」

I want Meg to play the piano. （私はメグにピアノを弾いてほしいな）　ピアノを弾くのは「メグ」

〈to＋動詞の原形〉の前に（人）を入れる

● tell ＋（人）＋to ＋動詞の原形「（人）に~するように言う」

My mother told me to clean my room.　　　　　　　　　　　　　　言ったのは「お母さん」
　　　　　　　　　　　　　　　　　　　　　　　　　　　　　　　　　掃除するのは「私」
　　　　　　　（お母さんが私に自分の部屋を掃除するように言ったの）

● ask ＋（人）＋to ＋動詞の原形「（人）に~するように頼む」

Ken's sister asked him to teach English.　　　　　　　　　　　　頼んだのは「ケンの妹」
　　　　　　　　　　　　　　　　　　　　　　　　　　　　　　　　　英語を教えるのは「ケン」
　　　　　　　（ケンの妹は彼に英語を教えてくれるように頼んだの）

2 〈It is ~（for＋人）＋to＋動詞の原形〉

💡 **絶対おさえる！** 〈It is ~（for＋人）＋to＋動詞の原形〉の意味と語順

☑ 〈It is ~（for ＋人）＋ to ＋動詞の原形〉で、「（人が）…するのは~だ」という意味。

To speak Chinese is difficult. （中国語を話すことは難しいよ）
　主語

　　　　　　= It is difficult to speak Chinese.
　　　　　　　↳ 仮の主語で、訳さない

To play tennis is easy for me. （テニスをするのは私には簡単だよ）
　主語

　　　　　　= It is easy for me to play tennis.
　　　　　　　　　↳「~にとって」= to 以下の動作をする人

It の内容は〈to ＋動詞の原形〉以降。

〈for ＋人〉を「~が」と訳して「私がテニスをするのは簡単だよ」としてもよい。

3 〈疑問詞＋to＋動詞の原形〉

💡 **絶対おさえる！** 〈疑問詞＋to＋動詞の原形〉の意味と用法

☑ 〈疑問詞（how、what、when、where など）＋ to ＋動詞の原形〉は「（疑問詞の意味）＋したら
よいか[するか、すべきか]」という意味。

合格への
ヒント

● 不定詞は並べかえ問題の超定番！「to＋動詞の原形」のセットをつくろう。
● 過去形や3単現など、形がかわっている動詞はtoのあとには置けないよ。

● 「どうやって～したらよいか」

Please tell me how to go to the station.
〈how＋to＋動詞の原形〉
（駅への行き方を教えてください）

〈how＋to＋動詞の原形〉は「～のし方」、「～する方法」と訳してもよい。

● 「何を～したらよいか」

I don't know what to do now. （今何をしたらいいかわからないよ）
〈what＋to＋動詞の原形〉

〈what＋名詞＋to＋動詞の原形〉で「何の…を～したらよいか」という意味になる。

● 「いつ～したらよいか」

Do you know when to arrive at the station?
〈when＋to＋動詞の原形〉
（いつ駅に着いたらいいか知ってる？）

● 「どこで～したらよいか」

Tell me where to go in Kyoto. （京都でどこに行くべきか教えて）
〈where＋to＋動詞の原形〉

4 原形不定詞

💡 絶対おさえる！　原形不定詞のルール

☑ to がつかずに動詞の原形だけで不定詞の働きをするものを原形不定詞という。
☑ 動詞が let、make、help などのときに〈主語＋動詞＋目的語＋動詞の原形〉の形をとれる。
　to のつかない動詞の原形を原形不定詞という。

● 「～に…させてやる、～が…するのを許す」

I let Jim use my bike. （私はジムに私の自転車を使わせてあげたよ）
〈let＋目的語＋動詞の原形〉

let は「（許可して）～させる」、make は「（強制的に）～させる」。

● 「～に…させる」

My mother made me stay home. （お母さんが私を家にいさせたの）
〈make＋目的語＋動詞の原形〉

● 「～が…するのを手伝う」

I helped Jim do his homework. （私はジムが宿題をするのを手伝ったよ）
〈help＋目的語＋動詞の原形〉

✏ 基礎力チェック！

次の日本語に合うように、＿＿に適当な語を書きなさい。

(1) 本を読むことは大切です。

　　 ＿＿＿ is important ＿＿＿ ＿＿＿ books.

(2) あなたはギターの弾き方を知っていますか。

　　 Do you know ＿＿＿ ＿＿＿ ＿＿＿ the guitar?

(3) 私は父が車を洗うのを手伝いました。

　　 I ＿＿＿ my father ＿＿＿ his car.

答え

(1) It、to read
　　→ 2 参照
(2) how to play
　　→ 3 参照
(3) helped、wash
　　→ 4 参照

English

7 接続詞

1 時を表す接続詞

💡 絶対おさえる！ 時を表す接続詞のルール

☑ 2つの文を **when** でつなぐと「〜するときに…」、**before** でつなぐと「〜する前に…」、**after** でつなぐと「〜したあとに…」という意味になり、時を表す。

I watch TV when I'm free. (私はひまなときにテレビを見るよ)
〈主語＋動詞〉　　　　　〈主語＋動詞〉

= When I'm free , I watch TV.

> 接続詞で始まる文を文の最初に置くときはコンマ〈 , 〉をつける

You should do your homework before you watch TV.
〈主語＋動詞〉　　　　　　　　　　　〈主語＋動詞〉
(テレビを見る前に宿題をするべきだよ)

= Before you watch TV , you should do your homework.

I'll call you after I get home. (家に着いたあとに電話するよ)
〈主語＋動詞〉　　　　〈主語＋動詞〉

= After I get home , I'll call you.

> ⚠ 注意
>
> 時を表す接続詞のあとの文の中では、未来のことであっても現在形で表す。

2 条件を表す接続詞

💡 絶対おさえる！ 条件を表す接続詞のルール

☑ 2つの文を **if** でつなぐと「もし〜ならば…」という意味になり、条件を表す。

I'll go camping if it is sunny tomorrow.
〈主語＋動詞〉　　　　　〈主語＋動詞〉
(もし明日晴れなら、私はキャンプに行くつもりだよ)

= If it is sunny tomorrow , I'll go camping.
　× it will be sunny 　未来のことでも現在形

> ⚠ 注意
>
> if のあとの文の中では、未来のことであっても現在形で表す。

3 理由を表す接続詞

💡 絶対おさえる！ 理由を表す接続詞のルール

☑ 2つの文を **because** でつなぐと「〜なので…」という意味になり、理由を表す。

I went to bed early because I was tired.
〈主語＋動詞〉　　　　　　　　〈主語＋動詞〉
(疲れていたので、早く寝たよ)

= Because I was tired , I went to bed early.

➡ because の文は so を使って書きかえることができる。

I went to bed early because I was tired.
　　　　結果　　　　　　　　　　理由

> because のあとに理由を表す文

= I was tired, so I went to bed early.
　　理由　　　　　　　　結果

> so のあとに結果を表す文

> Why の疑問文に because を使って答えることができる。
> 例 Why did you go to bed early?
> — Because I was tired.
> (なぜ早く寝たの？
> — 疲れていたからだよ)

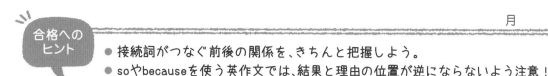

月　　日

4 接続詞thatのいろいろな用法

💡 **絶対おさえる！　接続詞thatのいろいろな用法**

☑ 動詞のあとに置き、「～ということ」という意味で動詞の目的語になる。
☑ 感情を表す形容詞のあとに置くと、「～して…」という意味で原因・理由を表したり、「～ということを…」という意味で具体的な内容を表したりする。
☑ 接続詞の that は省略することができる。ただし、〈主語＋動詞＋目的語＋ that 節〉の that はふつう省略しない。

● **動詞のあと**

I think (that) he is right. (私は彼が正しいと思う)
〈主語＋動詞〉→ think の目的語

● **主語＋動詞＋目的語＋ that 節**

➡ show や tell などの動詞のあとに、人などを表す語を入れて、動作の対象者を表すこともできる。

I'll show you that the story is true.
人　　　　　　　　(私はあなたにその話が真実だということを示そう)

My mother often tells me that I should study hard.
人
(母はしばしば私に一生懸命に勉強するべきだと言うよ)

● **主語＋be動詞＋形容詞＋ that 節**

I'm glad (that) you got well. (あなたが元気になって嬉しいよ)
〈主語＋動詞〉→ glad の理由

I'm sure (that) our team will win the game.
〈主語＋動詞〉→ sure の具体的な内容
(私は自分たちのチームが試合に勝つと確信しているよ)

> **that節の前にくる動詞**
>
> believe「～だと信じる」
> hope「～を望む」
> know「～を知っている」
> say「～と言う」
> think「～だと思う」
>
> 〈主語＋動詞＋目的語＋that 節〉の that はふつう省略しない。

> **that節の前にくる形容詞**
>
> glad[happy]「嬉しい」
> sorry「残念に思って」
> sure「確信している」
> surprised「驚いている」

✏️ **基礎力チェック！**

次の日本語に合うように、＿＿に適当な語を書きなさい。

(1) もし明日あなたに時間があれば、私の家に来てください。
Come to my house ＿＿＿＿ you ＿＿＿＿ time tomorrow.

(2) トムは子どものとき日本に住んでいました。
Tom lived in Japan ＿＿＿＿ he ＿＿＿＿ a child.

(3) あなたはこちらの男性が歌手だと知っていますか。
Do you ＿＿＿＿ ＿＿＿＿ this man is a singer?

答え
(1) if, have
→ 2 参照
(2) when, was
→ 1 参照
(3) know that
→ 4 参照

社会 理科 数学 英語 国語

合格への
ヒント
● 接続詞がつなぐ前後の関係を、きちんと把握しよう。
● soやbecauseを使う英作文では、結果と理由の位置が逆にならないよう注意！

7 接続詞　161

English

8 比較

1 比較級

💡 絶対おさえる！ 比較級の文のルール

☑ 2つのものや2人の人を比べて、「…より〜だ」と言うときは、〈形容詞[副詞]の比較級＋than ...〉で表す。

☑ 比較級は、形容詞[副詞]によって、語尾に -er をつけるもの、前に more をつけるもの、形がかわるものがある。

● 比較級の作り方

ふつう	語尾に -er	long → longer
語尾がe	語尾に -r	nice → nicer
語尾が〈子音字＋y〉	yをiにかえて -er	easy → easier
語尾が〈短母音＋子音字〉	子音字を重ねて -er	big → bigger
比較的つづりが長いもの	more をつける	beautiful → more beautiful

> **形がかわるもの**
> good、well → better
> much、many → more
> little → less

Mike is taller than Bob. （マイクはボブより背が高いよ）
〈形容詞＋ -er〉 ↳「…より」

This book is more interesting than that one. one＝book
〈more＋形容詞〉 （この本はあの本よりおもしろいよ）

Bob can swim faster than Mike. （ボブはマイクより速く泳げるよ）
〈副詞＋ -er〉

I like rugby better than soccer. （私はサッカーよりラグビーが好きだよ）

「BよりAが好き」と言うときは、〈like A better than B〉

2 最上級

💡 絶対おさえる！ 最上級の文のルール

☑ 3つ以上のものや3人以上の人を比べて、「（…の中で）いちばん[もっとも]〜だ」と言うときは、〈the ＋形容詞[副詞]の最上級＋of[in] ...〉で表す。

☑ 最上級は、形容詞[副詞]によって、語尾に -est をつけるもの、前に most をつけるもの、形がかわるものがある。

● 最上級の作り方

ふつう	語尾に -est	long → longest
語尾がe	語尾に -st	nice → nicest
語尾が〈子音字＋y〉	yをiにかえて -est	easy → easiest
語尾が〈短母音＋子音字〉	子音字を重ねて -est	big → biggest
比較的つづりが長いもの	most をつける	beautiful → most beautiful

> ⚠️ **注意**
> 最上級の前の the を忘れないよう気をつける。

> **形がかわるもの**
> good、well → best
> much、many → most
> little → least

● 比較の単元で登場する英文は、身の回りのものや友達の名前に置きかえながら学習すると、イメージがわきやすくなる！

Mike is the tallest in his family.
〈the＋形容詞＋-est〉　└「…の中で」　（マイクは家族の中でいちばん背が高いよ）

This book is the most interesting of them.
〈the most＋形容詞〉　（この本はそれらの中でいちばんおもしろいよ）

Bob can swim the fastest of the three.
〈the＋副詞＋-est〉　（ボブは3人の中でいちばん速く泳げるよ）

I like rugby the best of all the sports.
（私はすべてのスポーツの中でラグビーがいちばん好きだよ）

「～がいちばん好き」と言うときは、〈like ～ the best〉

> 「…の中で」のinとof
>
> in→あとに場所や集団などを表す語句がくる
> of→あとに複数を表す語句がくる

3 原級

💡 絶対おさえる！　原級の文のルール

☑ 2つのものや2人の人を比べて、「…と同じくらい～だ」と言うときは、〈as＋形容詞[副詞]＋as …〉で表す。このとき形容詞[副詞]は原級。

☑ 否定文にすると、「…ほど～ではない」という意味になる。

肯定文 Bob is as tall as Ken. （ボブはケンと同じくらい背が高いよ）
〈as＋形容詞＋as〉

This book is as interesting as that one.
〈as＋形容詞＋as〉　（この本はあの本と同じくらいおもしろいよ）

I can swim as fast as Mike. （私はマイクと同じくらい速く泳げるよ）
〈as＋副詞＋as〉

否定文 I am not as tall as Bob. （私はボブほど背が高くないよ）
〈否定〉＋〈as＋形容詞＋as〉

Ken cannot swim as fast as Mike.
〈否定〉　　　＋　　　〈as＋副詞＋as〉　（ケンはマイクほど速く泳げないよ）

> 📖 参考
>
> 〈not＋as ～ as〉は比較級の文に書きかえることができる。
> → Bob is taller than I.
> → Mike can swim faster than Ken.

✎ 基礎力チェック！

次の日本語に合うように、＿＿に適当な語を書きなさい。

(1) 今日は昨日より暑くなるでしょう。

Today will be ＿＿＿ ＿＿＿ yesterday.

(2) 数学がすべての教科の中でいちばん難しいです。

Math is the ＿＿＿ ＿＿＿ ＿＿＿ all the subjects.

(3) この映画はあの映画と同じくらい有名です。

This movie is ＿＿＿ ＿＿＿ ＿＿＿ that one.

答え

(1) hotter than
→ 1 参照
(2) most difficult of
→ 2 参照
(3) as famous as
→ 3 参照

9 受動態

1 受動態の形と意味

💡 絶対おさえる！　受動態の文のルール

☑ 「～される[された]」と言うときは、〈be 動詞＋動詞の過去分詞〉で表す。過去分詞は過去形と同様に語尾に －(e)d をつける規則動詞と形がかわる不規則動詞がある。

☑ 「～によって」と動作の行為者を表すときは〈by ～〉をつける。

☑ 否定文は be 動詞のあとに not を置き、疑問文は be 動詞を主語の前に置く。

● 不規則動詞の過去分詞の型

AAA 型	原形・過去形・過去分詞すべて同じ	cut – cut – cut put – put – put
ABA 型	原形と過去分詞が同じ	come – came – come run – ran – run
ABB 型	過去形と過去分詞が同じ	buy – bought – bought make – made – made
ABC 型	原形・過去形・過去分詞すべて異なる	do – did – done write – wrote – written

不規則動詞の変化は、原形ー過去形ー過去分詞の順にセットで覚えるとよい。

肯定文
Children　like　this song.
（子どもたちはこの歌が好きだよ）

This song　is liked　by children.
└ 〈be動詞＋過去分詞〉　└ 〈by ～〉＝「～によって」
（この歌は子どもたちに好かれているよ）

like が現在形なので、受動態の be 動詞も現在形。主語 this song が単数なので、is にする。
→ like-liked-liked

Meg　wrote　this letter.
（メグがこの手紙を書いたよ）

This letter　was　written　by Meg.
└ 〈be動詞＋過去分詞〉　└ 〈by ～〉
（この手紙はメグによって書かれたよ）

wrote が過去形なので、受動態の be 動詞も過去形。主語 this letter が単数なので、was にする。
→ write-wrote-written

否定文
This letter　was not written　by Meg.
└ be動詞のあとに not
（この手紙はメグによって書かれなかったよ）

疑問文
Was this letter　written by Meg?
└ 主語の前に be動詞
（この手紙はメグによって書かれたの？）

応答文
Yes, it was. （うん、書かれたよ）
No, it wasn't. （いいえ、書かれなかったよ）

答えるときも be動詞を使う

合格への
ヒント

● byを使わない受動態は、熟語として覚えよう！目を閉じて耳をふさぎ、
30秒間その熟語を唱えると覚えやすいよ。

2 byを使わない〈be動詞＋過去分詞＋前置詞〉

💡 **絶対おさえる！ byを使わない〈be動詞＋過去分詞＋前置詞〉の組み合わせ**

☑ 「〜に知られている」と言うときは、〈be動詞＋ known to 〜〉で表す。
☑ 「〜でおおわれている」と言うときは、〈be動詞＋ covered with 〜〉で表す。

This actor is known to everyone.
└〈be動詞＋ known to 〜〉=「〜に知られている」

（この俳優はみんなに知られているよ）

All the houses are covered with snow.
└〈be動詞＋ covered with 〜〉=「〜でおおわれている」

（すべての家が雪でおおわれているよ）

📖 参考

他に、
be made from[of] 〜
「〜から[で]作られる」
be filled with 〜
「〜で満たされている」
などがある。

3 助動詞がつく受動態

💡 **絶対おさえる！ 助動詞がつく受動態の文のルール**

☑ can、must、will などの助動詞がつく受動態の文は〈助動詞＋ be ＋過去分詞〉で表す。
☑ 否定文は助動詞のあとに not を置き、疑問文は主語の前に助動詞を置く。

肯定文　Fireworks can be seen from here.
└〈can be ＋過去分詞〉　　（花火はここから見られるよ）

否定文　Fireworks cannot be seen from here.
└canの否定の形はcannot[can't]　（花火はここから見られないよ）

疑問文 Can fireworks be seen from here?
└主語の前にcan　　（花火はここから見られる？）

This letter must be sent today.
└〈must be ＋過去分詞〉　　（この手紙は今日送られなければならないよ）

The event will be finished tomorrow.
└〈will be ＋過去分詞〉　　（その行事は明日終えられるでしょう）

〈can be ＋過去分詞〉
=「〜されることができる」

〈must be ＋過去分詞〉
=「〜されなければならない」
〈will be ＋過去分詞〉
=「〜されるだろう」

基礎力チェック！

次の日本語に合うように、＿＿に適当な語を書きなさい。

(1) このお寺はいつ建てられましたか。
When ＿＿＿ this temple ＿＿＿?

(2) この映画は多くの人々に知られています。
This movie ＿＿ ＿＿ ＿＿ many people.

(3) 生徒たちはすてきなプレゼントを与えられるでしょう。
The students ＿＿ ＿＿ ＿＿ nice presents.

答え
(1) was、built
→ 1 参照
(2) is known to
→ 2 参照
(3) will be given
→ 3 参照

10 現在完了形、現在完了進行形

1 現在完了形の形

💡 絶対おさえる！ 現在完了形のルール

- ☑ 〈have[has]＋過去分詞〉の形で、過去に始めた行動や出来事の終了（完了）、現在までにしたことがあること（経験）、現在まで続いていること（継続）を表す。
- ☑ 否定文は have[has] のあとに not を置き、疑問文は have[has] を主語の前に置く。

| 肯定文 | I <u>have cleaned</u> the room.（私はその部屋を掃除したよ） |

　　　　　└〈have＋過去分詞〉

| 否定文 | I <u>have not cleaned</u> the room.（私はその部屋を掃除していないよ） |

　　　　　└ have のあとに not

| 疑問文 | <u>Have</u> you <u>cleaned</u> the room?（あなたはその部屋を掃除したの？） |

　　　　　└ 主語の前に have

| 応答文 | Yes, I <u>have</u>.（うん、したよ） |
|　　　　| No, I <u>haven't</u>.（いいえ、していないよ） |

　　　　　└ haven't は have not の短縮形

> 答えるときも have を使う！

> 過去形は「過去のある時点の出来事」、現在完了形は「過去に始まったことの現在の状態」を表す。

2 現在完了形（完了）

💡 絶対おさえる！ 現在完了形（完了）の意味

- ☑「（ちょうど）～したところだ」や「（すでに）～してしまった」という意味で、過去に始めたことが現在の時点で完了している状態を表す。

My mother <u>has</u> just <u>come</u> home.（母はちょうど帰宅したところだよ）

I <u>have</u> already <u>taken</u> a bath.（私はすでにお風呂に入ったよ）

<u>Has</u> Jim <u>read</u> the book yet?（ジムはもうその本を読んだの？）

She <u>hasn't got</u> up yet.（彼女はまだ起きていないよ）

　　　└ hasn't は has not の短縮形

> ◀ 完了の文で使われる語
>
> just「ちょうど」
> already「すでに」
> yet「もう、まだ」
> ＊ yet は疑問文で「もう」、否定文で「まだ」という意味になる。

3 現在完了形（経験）

💡 絶対おさえる！ 現在完了形（経験）の意味

- ☑「～したことがある」という意味で、現在の時点までに経験したことを表す。

I <u>have learned</u> *judo* before.（私は以前に柔道を習ったことがあるよ）

Meg <u>has never met</u> Ken.（メグは一度もケンに会ったことがないよ）

<u>Has</u> he ever <u>been</u> there?（彼はこれまでにそこに行ったことがある？）

　　　　　└「経験」の意味の文では gone ではなく been を使う

I <u>have seen</u> the movie twice.（私はその映画を2回見たことがあるよ）

　　　└「回数」を表す。3回以上は〈数字＋times〉

> ◀ 経験の文で使われる語
>
> before「以前に」
> ever「これまでに」
> ＊ ever は疑問文で使う。
> never「一度も～ない」
> once「一度、かつて」
> twice「2回」
> ～ times「～回」

月　　　日

合格への
ヒント
● 「完了」「経験」「継続」のそれぞれの用法ごとに例文を覚えよう。
● まずは肯定文を覚え、否定文や疑問文への書きかえもできるようにしよう。

社会 / 理科 / 数学 / **英語** / 国語

4 現在完了形（継続）

💡 絶対おさえる！　現在完了形（継続）の意味

☑ 「（ずっと）〜している」や「（ずっと）〜だ」という意味で、過去に始まったことが現在の時点までずっと継続して続いていることを表す。
☑ 主に be 動詞、live、know、like、want などの動詞が使われる。

He has lived in Japan for ten years. （彼は10年間日本に住んでいるよ）
It has been cold since yesterday. （昨日からずっと寒いよ）
　　　　↳ be動詞の過去分詞は been

How long have you known him?
　　　↳ 「どのくらいの間」　　　　　（あなたはどのくらいの間彼を知っているの？）

— Since 2000. （2000年からだよ）

▶ 継続の文で使われる語

〈for ＋期間〉「〜の間」
〈since ＋過去の一時点〉
「〜以来」

継続の文の疑問文の前に how long をつけて期間をたずねる。 for や since を使って答える。

5 現在完了進行形

💡 絶対おさえる！　現在完了進行形のルール

☑ 〈have[has] been ＋動詞の -ing 形〉の形で、現在進行中のことが、過去からずっと続いていることを表す。
☑ 否定文は have[has]のあとに not を置き、疑問文は have[has]を主語の前に置く。

We have been playing tennis for two hours.
　　↳〈have been ＋動詞の -ing形〉　　　　　（私たちは2時間テニスをしているよ）

Fred has been reading the book since this morning.
　　　　　　　　　　　　　（フレッドは今朝からずっとその本を読んでいるよ）

How long has Fred been reading the book?
　　　　　　　　　　　　（フレッドはどのくらいの間その本を読んでいるの？）

▶ 📖 参考

現在完了進行形の文は、動作や行為が断続的に続いている場合にも使える。

He has been practicing the piano since yesterday.
（彼は昨日からずっとピアノを練習しているよ）
→ 24時間ずっと練習しているわけではない。

✎ 基礎力チェック！

次の日本語に合うように、＿＿に適当な語を書きなさい。

(1) 彼らはもう夕食を食べましたか。
　　＿＿＿ they ＿＿＿ dinner ＿＿＿？
(2) 彼女は以前に一度もケーキを作ったことがありません。
　　She ＿＿＿ ＿＿＿ made a cake ＿＿＿.
(3) 私たちは1時間ニックを待っています。
　　We have ＿＿＿ ＿＿＿ for Nick ＿＿＿ one hour.

答え
(1) Have、eaten[had]、yet
　　→ 2 参照
(2) has never、before
　　→ 3 参照
(3) been waiting、for
　　→ 5 参照

English

11 関係代名詞、後置修飾

1 主格の関係代名詞

💡 絶対おさえる！ 主格の関係代名詞のルール

☑ 名詞（先行詞）とその名詞を詳しく説明する文をつなぐ語を**関係代名詞**という。
☑ 〈名詞＋関係代名詞＋動詞 ～〉の形で、説明する文の主語になる関係代名詞を**主格**という。
☑ 先行詞が「**もの**」のときは which または that、「**人**」のときは who または that を使う。

I read a book.　　　　　It is written in English.
　　　　　　　　　　　　　主語 (it = a book)

I read a book which[that] is written in English.
　　　　　　a book を説明　　　　　　（私は英語で書かれた本を読むよ）
　　　　関係代名詞のあとに動詞

> ⚠ 注意
> which は先行詞が「もの」のときしか使えない。

The woman is Ms. Green.　　　She is teaching English.
　　　　　　　　　　　　　　　　主語 (she = the woman)

The woman who[that] is teaching English is Ms. Green.
　　　　　the woman を説明　　　（英語を教えている女性はグリーン先生だよ）

> ⚠ 注意
> who は先行詞が「人」のときしか使えない。

2 目的格の関係代名詞

💡 絶対おさえる！ 目的格の関係代名詞のルール

☑ 〈名詞＋関係代名詞＋主語＋動詞 ～〉の形で、説明する文の**目的語**になる関係代名詞を**目的格**という。
☑ 先行詞が「**もの**」のときは which または that、「**人**」のときは that を使う。
☑ 目的格の関係代名詞は**省略**することができる。

I use a bag.　　　　　　My mother made it.
　　　　　　　　　　　　　　　目的語 (it = a bag)

I use a bag (which[that]) my mother made.
　　　　　a bag を説明　（私は母が作ったかばんを使っているよ）
　　関係代名詞のあとに〈主語＋動詞〉

> ⚠ 注意
> 先行詞が「もの」なので which または that を使う。

This is a boy.　　　　I met him in Canada.
　　　　　　　　　　　　目的語 (him = a boy)

This is a boy (that) I met in Canada.
　　　　　a boy を説明　　（こちらは私がカナダで出会った男の子だよ）

> ⚠ 注意
> 先行詞が「人」なので that を使う。

3 〈主語＋動詞 ～〉の後置修飾

💡 絶対おさえる！ 〈主語＋動詞 ～〉の後置修飾のルール

☑ 名詞のあとに直接〈主語＋動詞 ～〉を置いて、名詞を詳しく説明することができる。

The computer my brother uses is made in America.
　　　the computer を説明　（兄が使っているコンピュータはアメリカ製だよ）

目的格の関係代名詞を省略したものと同じ形。

● 後置修飾は日本語にないので、なじみにくい表現。英文と日本語訳を交互に音読して、意味の変換を瞬時に行えるようにしよう！

社会　理科　数学　**英語**　国語

4 現在分詞の後置修飾

💡 絶対おさえる！ 現在分詞の後置修飾のルール

☑ 名詞のあとに現在分詞（動詞の –ing 形）を置くと、「〜している…」という意味になり、前の名詞を詳しく説明することができる。

The girl is Nancy. She is listening to music.

The girl listening to music is Nancy.
　　　　the girlを説明　　　　　　　　（音楽を聞いている女の子がナンシーだよ）

📖 参考

関係代名詞を使って、
The girl who[that] is listening to music is Nancy.
と表すこともできる。

➡名詞を説明する語が現在分詞1語のときは、名詞の前に置く。
The singing boy is Mike.（歌っている男の子はマイクだよ）

5 過去分詞の後置修飾

💡 絶対おさえる！ 過去分詞の後置修飾のルール

☑ 名詞のあとに過去分詞を置くと、「〜される[た]…」という意味になり、前の名詞を詳しく説明することができる。

My father has a car. It is made in America.

My father has a car made in America.
　　　　　　　　a carを説明　　（父はアメリカ製の車を持っているよ）

📖 参考

関係代名詞を使って、
My father has a car which [that] is made in America.
と表すこともできる。

➡名詞を説明する語が過去分詞1語のときは、名詞の前に置く。
Look at that broken window.（あの壊れた窓を見て）

🖊 基礎力チェック！

次の日本語に合うように、＿＿に適当な語を書きなさい。
(1) 私には中国出身の友達がいます。
　　I have a friend ＿＿＿ ＿＿＿ from China.
(2) 私が昨日見た映画はわくわくしました。
　　The movie ＿＿＿ ＿＿＿ yesterday ＿＿＿ exciting.
(3) ベッドの上で眠っているネコがタマです。
　　The cat ＿＿＿ on the bed ＿＿＿ Tama.

答え
(1) who[that] is
　→ 1 参照
(2) I saw[watched]、was
　→ 2 3 参照
(3) sleeping、is
　→ 4 参照

1 ifを使った仮定法

💡 絶対おさえる！ ifを使った仮定法のルール

☑ 現在の事実と異なることを仮定し、「もし〜なら、…なのに［できるのに］」と言うときは、
〈If ＋主語＋動詞の過去形, 主語＋ would［could］＋動詞の原形 〜 .〉で表す。

☑ if 節の動詞が be 動詞のときは、主語が単数でもふつう were にする。

● if節が一般動詞の文

If I had a car, I could enjoy driving.
└ 過去形　　　└〈could＋動詞の原形〉

(もし車を持っていたら、ドライブを楽しむことができるのに)

If you studied hard, you would pass the test.
└ 過去形　　　　　　　└〈would＋動詞の原形〉

(もし一生懸命に勉強すれば、あなたはテストに合格するのに)

● if節がbe動詞の文

If it were hot today, we could go swimming.
└ be動詞は were　　　└〈could＋動詞の原形〉

(もし今日暑かったら、私たちは泳ぎに行けるのに)

If I were a bird, I would fly in the sky.
└ be動詞は were　　　└〈would＋動詞の原形〉　(もし鳥なら、私は空を飛ぶのに)

➡ 現実のこと、起こる可能性が十分にあることには仮定法は使わない。

条件の文 …現実に起こる可能性あり

If it is sunny tomorrow, we will go swimming in the sea.

(もし明日晴れなら、私たちは海に泳ぎに行くよ)

→晴れて海に泳ぎに行ける可能性が十分にある場合、仮定法ではなく条件の文で表す。

仮定法 …現実に起こる可能性なし、あるいは極めて低い

If it were sunny today, we would go swimming in the sea.

(もし今日晴れなら、私たちは海に泳ぎに行くのに)

→実際には雨が降っていて海に泳ぎに行けない場合、仮定法で表す。

> ⚠ 注意
>
> if 節に助動詞を含む場合は助動詞も過去形を使う。
>
> If I could play soccer well, I could play in the game.
> (もしサッカーを上手にできたら、私はその試合でプレイできるのに)

> 📖 参考
>
> 話し言葉では、I または 3 人称単数の主語のとき was を使うこともある。

条件の文　　　　仮定法

合格への ヒント

● 「仮定法はifバージョンとwishバージョンの2つを覚える！」と決めておこう。覚える数が決まっていると暗記がしやすいよ！

2 wishを使った仮定法

💡 絶対おさえる！　wishを使った仮定法のルール

☑ 現在の事実と異なることや実現不可能なことに対する願望を、「～ならいいのに[ならなぁ]」と言うときは、〈I wish ＋主語＋動詞の過去形 ～ .〉で表す。
☑ 動詞が be 動詞のときは、主語が単数でもふつう were にする。
☑ 動詞の前に助動詞がつくときは、助動詞を過去形にして動詞は原形にする。

● 一般動詞を使った文

| 現実 | I don't have time.（私には時間がないよ） |

| 願望 | I wish I had time.（私に時間があったらいいのに） |
↳動詞は過去形

● be動詞を使った文

| 現実 | Ken is not with me.（ケンは私と一緒にいないよ） |

| 願望 | I wish Ken were with me.（ケンが私と一緒にいたらなぁ） |
↳ be動詞は were

● 助動詞を使った文

| 現実 | I can't play tennis well.（私は上手にテニスができないよ） |

| 願望 | I wish I could play tennis well.（私が上手にテニスができたらなぁ） |
↳助動詞は過去形。助動詞のあとの動詞は原形

| 現実 | Meg will not come to the party. |
（メグはパーティーに来ないつもりだよ）

| 願望 | I wish Meg would come to the party. |
↳助動詞は過去形。助動詞のあとの動詞は原形
（メグがパーティーに来てくれたらいいのに）

I hope ～ . と I wish ～ . のちがい

hope も wish と同様に願望を表すが、hope のあとには仮定法の文は続かない。

【I hope ～ . の文】
I hope I can see you again.
（またあなたに会えることを望みます）

【I wish ～ . の文】
I wish I could see you again.
（またあなたに会えるといいのに）

✎ 基礎力チェック！

次の日本語に合うように、＿＿に適当な語を書きなさい。

(1) もし私があなただったら、彼に会いに行くのに。
　　＿＿＿ I ＿＿＿ you, I ＿＿＿ go to see him.

(2) もし私がカメラを持っていたら、ここで写真を撮れるのに。
　　＿＿＿ I ＿＿＿ a camera, I ＿＿＿ take pictures here.

(3) 明日が日曜日ならいいのに。
　　＿＿＿ ＿＿＿ tomorrow ＿＿＿ Sunday.

答え

(1) If、were、would
　→ 1 参照
(2) If、had、could
　→ 1 参照
(3) I wish、were
　→ 2 参照

English

13 いろいろな表現②

1 間接疑問文

💡 絶対おさえる！ 間接疑問文のルール

☑ 〈疑問詞＋主語＋動詞 〜〉が文の中に入っている文を**間接疑問文**という。

What is his name?（彼の名前は何？）

I don't know what his name is.（私は彼の名前が何か知らないよ）
└ 〈what＋主語＋動詞〉の順

Where does he live?（彼はどこに住んでいるの？）

I don't know where he lives.（私は彼がどこに住んでいるか知らないよ）
└ 〈where＋主語＋動詞〉の順

➡疑問詞が主語のときは、語順は 〈疑問詞＋動詞 〜〉のまま。

Who called me?（だれが私を呼んだの？）

I don't know who called me.（私はだれが私を呼んだか知らないよ）
└ 〈主語のwho＋動詞〉の順

➡疑問文の中でも間接疑問は 〈疑問詞＋主語＋動詞 〜〉の順。

When will the train come?（電車はいつ来るの？）

Do you know when the train will come**?**
└ 〈when＋主語＋動詞〉の順
（あなたは電車がいつ来るか知ってる？）

> 📖 参考
>
> 〈主語＋動詞＋人など〉のあとに間接疑問文がくる場合もある。
> He didn't tell me what his name is.
> （彼の名前が何か、彼は私に教えてくれなかった）

> 「だれが」という意味で、who が主語になっている。ほかに、what と which も主語になることがある。

2 付加疑問文

💡 絶対おさえる！ 付加疑問文のルール

☑ 「〜ですよね」、「〜ではないですよね」と相手に確認したり、同意を求めたりする表現を**付加疑問文**という。
☑ 肯定文のあとには否定の付加疑問、否定文のあとには肯定の付加疑問をつける。

● 肯定文＋付加疑問

> be 動詞の肯定文は、コンマのあとに 〈[be 動詞＋not の短縮形]＋主語の代名詞〉を加える。

> 一般動詞の肯定文は、コンマのあとに 〈do [does、did] not の短縮形＋主語の代名詞〉を加える。

合格への
ヒント

● 間接疑問文や感嘆文は、穴埋め問題や並べかえ問題でよく出題される。
まずは、その2種類を解いてマスターしよう！

● 否定文＋付加疑問

He is not Ken's brother, is he? （彼はケンの弟じゃないよね？）

notを取ってisのみ
主語が代名詞のときはそのまま

be動詞の否定文は、コンマのあとに〈be動詞＋主語の代名詞〉を加える。

You didn't eat lunch, did you? （あなたは昼食を食べなかったね？）

notを取ってdidのみ
主語youをそのまま置く

一般動詞の否定文は、コンマのあとに〈do［does、did］＋主語の代名詞〉を加える。

3 感嘆文

💡 絶対おさえる！　感嘆文のルール

☑ 「なんて～なんだろう」と、驚きなどの感情を表す文を感嘆文という。
☑ 〈How＋形容詞［副詞］＋主語＋動詞 ～!〉は「なんて～なんだろう。」、〈What (a[an])＋形容詞＋名詞＋主語＋動詞 ～!〉は「なんて～な…なんだろう。」という意味。

● Howを使った感嘆文

Meg is very kind. ➡ How kind Meg is!

〈How＋形容詞〉　（メグはなんて親切なんだろう）

Tom runs very fast. ➡ How fast Tom runs!

〈How＋副詞〉　（トムはなんて速く走るんだろう）

感嘆文の文末には感嘆符（!）をつける。

● Whatを使った感嘆文

This is a very beautiful picture.

What a beautiful picture this is! （これはなんて美しい絵なんだろう）

〈What a＋形容詞＋単数名詞〉

あとに続く名詞が単数のときはaまたはanをつける。

These are very cool cars.

What cool cars these are! （これらはなんてかっこいい車なんだろう）

〈What＋形容詞＋複数名詞〉

あとに続く名詞が複数のときはa[an]は不要。

✎ 基礎力チェック！

次の日本語に合うように、＿＿に適当な語を書きなさい。

(1) あなたは彼がいつ家に帰ったか知っていますか。
Do you know ＿＿＿ ＿＿＿ ＿＿＿ home?

(2) ブラウン先生は日本語を話しますよね。
Mr. Brown speaks Japanese, ＿＿＿ ＿＿＿?

(3) これはなんて古いカメラなんでしょう。
＿＿＿ ＿＿＿ ＿＿＿ camera this is!

答え

(1) when he went
[got、came]
→ 1 参照

(2) doesn't he
→ 2 参照

(3) What an old
→ 3 参照

⑥ 係り結び

文中に助詞（係りの助詞）「ぞ」「なむ」「や」「か」「こそ」がある場合、文末が決まった形に変化すること。

・「ぞ」「なむ」「こそ」「か」は疑問・反語の意味を付け加える。

例 「もと光る竹なむ一筋ありける」

（「もと光る竹一筋ありけり」を強調している。）

↑「根元の光る竹」を強調している。

↑「なむ」がない場合

絶対おさえる！

☑ 古文を読むときは、**省略されている主語や述語、助詞を補い**ながら読もう。

2 漢文の知識

① 訓点…漢文を日本語の文章として読むことを訓読、訓読のために付ける符号を訓点という。

①送り仮名…漢文に付属語や活用語尾を補うためのもの。**歴史的仮名遣い**を用い、**カタカナ**で、漢字の右下に付ける。

②返り点…訓読の語順を示す。漢字の左下に付ける。

・レ点…すぐ下の一字から返って読む。

```
レ
3 2 1
```

・一・二点…二字以上、上に返って読む。

```
レ   一
3 1 2
```

② 書き下し文…訓点に従って漢文を漢字仮名交じりの文語文で書いたもの。送り仮名や助動詞にあたる漢字はひらがなに直して書く。

例 不レ合レ理。→理に合はず。

③ 句読点…「、」（読点）や、「。」（句点）。

例 読レ書。（書を読む。）

思二故郷一。（故郷を思ふ。）

③ 置き字…訓読の際に読まない字。「而・於・乎」など。

例 良薬苦二於口一。→良薬は口に苦し。

④ 漢詩の知識

・絶句…句数が四句の詩。一句が五字のものを五言絶句、七字のものを七言絶句という。起承転結の構成。

・律詩…句数が八句の詩。一句が五字のものを五言律詩、七字のものを七言律詩という。

・押韻…同じ音の響きをもつ漢字を一定句末に置くこと。原則として五言詩は偶数句末、七言詩は第一句末と偶数句末で押韻する。

絶対おさえる！

☑ 漢文は、**上から順に読もう。途中返り点が付いた字は、返り点の指示に従って戻って読もう。**

基礎力チェック！

1. 次の──線部を現代仮名遣いに直しなさい。
   ① うつくしう　② よそほひ
   ③ みづから　　④ をりふし

2. 次の──線部の「の」の働きをあとから選びなさい。

   ①の かかやいたるに、みな紅の扇②の日出だしたるが、白波③の上に漂ひ……。

   夕日のかかやいたるに、みな紅の扇②の日出だしたるが、白波③の

   ア 主語を示す　イ 連体修飾語　ウ 同格

3. 次の文から係りの助詞と結びの語を抜き出しなさい。

   聞きしにも過ぎて、尊くこそおはしけれ。

4. 次の──の中に読む順序を数字で書きなさい。

   ① □□□□□
   ② □□□□□

答え

1. ① うつくしゅう　② よそおい
   ③ みずから　　④ おりふし →**1**《1》参照

2. ① ア　② ウ　③ イ →**1**《5》参照

3. （係りの助詞）こそ （結びの語）おはしけれ →**1**《6》参照

4. ① 2143　② 15423 →**2**《1》参照

合格への
ヒント

● 古文単語は現代語との違いに着目して覚える！
● 漢詩の形式の名称に関する設問は頻出！

月　日

1 古文の知識

❶ 歴史的仮名遣い

語頭と助詞以外の「は・ひ・ふ・へ・ほ」
→「わ・い・う・え・お」

あはれ→あわれ、思ふ→思う	
言ひ伝へ→言い伝え	
なほ→なお	

ゐ・ゑ・を→い・え・お
ゐる→いる、こゑ→こえ
をかし→おかし

ぢ・づ→じ・ず
もみぢ→もみじ、よろづ→よろず

む→ん
やむごとなし→やんごとなし

くわ・ぐわ→か・が
くわかく（過客）→かかく

ア段＋う（ふ）[au]→オ段＋う[ou]
やうやう→ようよう

イ段＋う（ふ）[iu]→イ段＋ゆう[yuu]
あやしう→あやしゅう

エ段＋う（ふ）[eu]→イ段＋ょう[you]
けふ→きょう

注 「はつはる（初春）」のような複合語は元の単語に分けて考える。

❷ 古今異義語…現代語とは異なる意味で使われる語

例 うつくし… 古「かわいい」、現「美しい」
あはれ… 古「しみじみとした趣がある」、現「かわいそうだ」
をかし… 古「風情（ふぜい）がある・おもしろい」、現「こっけいだ」
年ごろ… 古「長年」、現「ふさわしい年齢」
やがて… 古「そのまま・すぐに」、現「そのうち」
かなし… 古「愛おしい」、現「悲しい」

❸ 古文特有語…今では使われなくなった言葉

例 いと… たいそう・まったく
さらなり… 言うまでもない
つきづきし… 似つかわしい
ゆかし… 見たい・聞きたい・知りたい

❹ 古文の特徴①…省略が多い

① 主語の省略
例「（蛍が）ほのかにうち光りて行くもをかし」

② 述語の省略
例「蛍の多く飛びちがひたる（をかし）」

③ 助詞の省略
例「雨など（が）降るもをかし」

❺ 古文の特徴②…文法

① 現代語にはない助動詞がある
例「男ありけり」＝男がいた〔けり＝過去〕
「筒の中光りたり」＝筒の中が光っている〔たり＝存続〕

② 助詞「の」の用法
主語を示す……例「夕日のさして」＝夕日がさして
連体修飾語……例「竹の中に」
同格……「〜で」と訳し、下に「の」の直前の語を補える。
例「連歌しける法師の、行願寺（ぎゃうぐわんじ）の辺（ほとり）にありけるが」
＝連歌をしていた法師で、行願寺のあたりに住んでいた法師が

俳句の知識

❶ 俳句の特徴

・五・七・五の十七音。

・季節を表す言葉（季語）が入る。季語のない俳句を無季俳句という。季語は歳時記にまとめられているが、その季節は旧暦がもとになっているため、現在の感覚とずれる場合がある。

・自由律俳句…五・七・五の定型をはみ出した俳句。

例 分け入っても分け入っても青い山　種田山頭火

・切れ字…俳句の中で句の切れ目に用いられる語。切れ字の直前の部分に作者の感動の中心がある。「や」「かな」「けり」など。

例 荒海や佐渡によこたふ天河

→切れ字「や」があるので初句切れ。季語は「天河」、季節は「秋」。　松尾芭蕉

❷ 俳句の句切れ

考え方は短歌と同じだが、俳句には二句の途中で切れる中間切れという表現もある。

絶対おさえる！

☑ 俳句では季語をもとに季節を考え、切れ字があればそこから作者の感動を捉えよう。

例 多摩川にさらす手作りさらさらに何そこの児のここだ愛しき　東歌

・「さらさら」＝「さらす」を導く序詞

・掛詞…一つの語に二つ以上の同音の意味をもたせる技法。

例「松─待つ」、「秋─飽き」

絶対おさえる！

☑ 掛詞が使われているときには、二つ以上の意味に気を付けて読もう。

基礎力チェック！

1. 次の詩を読んで、あとの問いに答えなさい。

畠の雨　金子みすゞ

大根ばたけの春の雨、
青い葉っぱの上にきて、
小さな声で笑う雨。

大根ばたけの昼の雨、
赤い砂地の土にきて、
だまってさみしくもぐる雨。

① この詩の形式を「○語○○詩」の形で答えなさい。

② この詩に使われている表現技法を次からすべて選びなさい。

ア 倒置法　イ 対句　ウ 反復
エ 擬人法　オ 直喩　カ 体言止め

2. 次の短歌を読んで、あとの問いに答えなさい。

秋の野に人まつ虫の声すなり我かと行きていざとぶらはむ
　　　　　　　　　　　　　　　　　　　　よみ人知らず

① この短歌は何句切れですか。

② ──線部に使われている掛詞を「─に─と─が掛けられている。」という形で答えなさい。

3. 次の俳句の季語と、季語が表す季節を答えなさい。

赤い椿白い椿と落ちにけり　河東碧梧桐

答え

1. ① 口語定型詩　② イ・エ・カ → ❶参照

2. ① 三句切れ　② まつに待つと松（松虫）が掛けられている。 → ❷参照

3. （季語）椿　（季節）春 → ❸参照

韻文（詩・短歌・俳句）の知識

韻文

合格への ヒント

● 季語が表す季節はよく問われる！国語便覧の一覧表も確認しておこう。

月 日

1 詩の知識

❶ 詩の形式

・用語…口語（現在の話し言葉）・文語（昔の文体）
・形式…自由詩（音数に決まりがない詩）・定型詩（音数に決まりがある詩）

↓ 用語と形式の組み合わせで、①口語自由詩、②口語定型詩、③文語自由詩、④文語定型詩の四つに分けられる。

❷ 詩の表現技法

①比喩…あるものを別のものにたとえ、印象を強める。
直喩…「ような」「ように」を使ってたとえる。例 太陽のような人（直喩）
隠喩…「ような」「ように」を使わずにたとえる。例 君は僕の太陽だ（隠喩）
擬人法…人間以外のものを人間に見立てて表現する。例 風がささやく 雨が歌う
②体言止め…行の終わりを名詞（体言）で止め、余韻を残す。例 草木芽吹く春 始まりの季節
③倒置法…語順を入れ換える。例 鳥が歌う 楽しそうに（「鳥が楽しそうに歌う」が普通の語順）
④対句…対になる言葉を同じ構成で並べ、印象を強める。例 自然は強くやさしく 人間は弱くおろかだ

💡 絶対 おさえる！

☑ 表現技法を使って作者が強調した部分、内容を端的に表した題名に着目して主題を読み取ろう。

2 短歌の知識

❶ 短歌の字数

・五・七・五・七・七の三十一音。
・五・七・五・七・七より音数の多いものを字余り、少ないものを字足らずという。

❷ 短歌の句切れ

・句切れ…意味や調子の切れ目。句点「。」の打てるところが句切れとなる。
例 見わたせば花も紅葉もなかりけり浦の苫屋の秋の夕暮 藤原定家
↓「なかりけり」で句点を打てるので三句切れ。七五調。

初句（一句）＝五 ┐
二句＝七 ┘上の句
三句＝五
四句＝七 ┐
結句（五句）＝七 ┘下の句

初句切れ／二句切れ／三句切れ／四句切れ／句切れなし

❸ 短歌の表現技法

・枕詞…あとに続く特定の語句を導き出すための語。多くは五音からなり、普通は訳さない。例「たらちねの―母」「ちはやぶる―神」
・序詞…枕詞と同じ働きをするが、あとに続く語句に決まりはなく、音数も不定。訳す。

1. 次の――線部と同じ働きのものをあとからそれぞれ選びなさい。

① 教室にある時計は五分進んでいる。
　ア ある人から聞いた話だ。
　イ 彼は人気のある選手だ。
　ウ 明日は日曜日である。

② 昨日から食欲がない。
　ア 家の鍵がどこにもない。
　イ 情けない顔をするな。
　ウ いい考えが浮かばない。

③ この絵の色使いが兄らしい。
　ア 向こうから歩いて来るのは兄らしい。
　イ 兄らしい絵だと思った。
　ウ この絵を描いたのは兄らしい。

④ 試験前に教科書を五回読んだ。
　ア この国の人は皆、親切だ。
　イ 次の授業は外でマラソンだ。
　ウ 本にしおりをはさんだ。
　エ 今日は時の記念日だそうだ。

⑤ ありあわせのもので料理を作る。
　ア 悩んで、結局買わなかった。
　イ 自習室は静かで快適だ。
　ウ 彼女は作家で、画家でもある。
　エ 自転車で買い物に行く。

⑥ 時間は短かったが、楽しかった。
　ア かわいくて、食べるのがもったいない。
　イ 忙しかったが、見に来てよかった。
　ウ 時間がかかった。が、ついに完成した。

2. 次の――線部の説明として正しいものをあとからそれぞれ選びなさい。

(1)
　① いろんな国を旅してみたい。
　② 明日は休みなので昼まで寝よう。
　③ 簡単な作業で、誰でもできる。
　④ ごみのポイ捨てはするな。
　ア 終助詞　イ 形容動詞の活用語尾
　ウ 助動詞　エ 連体詞の一部

(2)
　① 約束したのに連絡がない。
　② ついにここまでたどりついた。
　③ 意見が活発にかわされる。
　④ ここに名前を書いてください。
　ア 格助詞　イ 接続助詞の一部
　ウ 副詞の一部　エ 形容動詞の一部

(3)
　① そんなおかしな話があるか。
　② 友人におかしい話を聞いた。
　ア 代名詞　イ 連体詞

(4)
　① それをお借りしてもいいですか。
　② そのかわりにこれをあげよう。
　ア 形容詞　イ 形容動詞　ウ 連体詞

(5)
　「①おはよう、②とても③静かだから④誰も⑤いないのかと⑥思った⑦よ。⑧この本⑨面白いよね。……⑩では、またあとでね。」
　ア 動詞　イ 形容詞　ウ 形容動詞　エ 名詞
　オ 副詞　カ 連体詞　キ 接続詞　ク 感動詞
　ケ 助詞　コ 助動詞

答え

1.
①イ　②ア　③ウ　④ウ　⑤エ　⑥イ

2.
(1)①エ　②ウ　③イ　④ア　→❶〜❻参照
(2)①イ　②ウ　③イ　④ア　→❼参照
(3)①イ　②ア　→❾参照
(4)①ウ　②エ　→❽参照
(5)①ク　②オ　③ウ　④エ　⑤コ　⑥ア　⑦ケ　⑧カ　⑨イ　⑩キ　→p183〜p180参照

文法4 まぎらわしい品詞の分類

社会 理科 数学 英語 **国語**

合格へのヒント

- どのようなパターンがあるのか覚えよう。
- 他の語に言い換える見分け方を覚えると便利！

月　日

品詞の見分け方

語	品詞	例文	見分け方
❶ ある	動詞	今日は試合がある。	「存在する」「存在する」と言い換えて意味が通じる。
	補助動詞	本が置いてある。	「ない」「存在する」と言い換えられない。直前に「て（で）」がある。
	連体詞	ある日の出来事。	体言を修飾し、「存在する」と言い換えられない。
❷ ない	助動詞（否定）	私は行かない。	「ぬ」に言い換えられる。
	形容詞	今はお金がない。	「ぬ」に言い換えられない。
	形容詞の一部	あどけない笑顔。	直前の部分とまとまって一語。
❸ らしい	助動詞（推定）	彼は中学生らしい。	「らしい」の直前に「である」を補える。
	形容詞の一部	中学生らしい髪型。	「にふさわしい」と言い換えられる。
❹ だ	助動詞（過去・完了）	用事は済んだ。	「だ」の直前が音便化する。
	助動詞（断定）	今は授業中だ。	名詞に付き「な」に言い換えられない。
	形容動詞の活用語尾	町は静かだ。	「な」に言い換えると体言につながる。
❺ で	助動詞の一部	夢のようである。	「そうで」「ようで」で一語。
	接続助詞	本を読んで待つ。	「で」の直前が音便化する。
	格助詞	友人の家で遊ぶ。	場所や手段、原因などを表す。
	助動詞（断定）	彼は医者である。	名詞に付き「な」に言い換えられない。
	形容動詞の活用語尾	元気で活発な少年。	「な」に言い換えると体言につながる。

語	品詞	例文	見分け方
❻ が	接続助詞	眠い。が、仕事だ。	自立語で文頭にくることが多い。
	接続助詞	雨だが、出かけよう。	活用する語に付いている。
	格助詞	チャイムがなる。	名詞や助詞に付き主語を表す。
❼ な	終助詞	何も聞くな。	文末にある。
	助動詞（断定）	十月なのに、暑い。	「の」「のに」「ので」が続く。
	形容動詞の活用語尾	安全な乗り物。	「～だ」と活用できる。
	連体詞の一部	おかしな話だ。	「～だ」と活用できない。
	助動詞の一部	もろそうな細工。	「そうな」「ような」で一語。
❽ に	格助詞	公園に行く。	名詞に付く。
	形容動詞の活用語尾	元気に遊ぶ。	「～だ」「～な」と活用することができる。
	副詞の一部	すぐに行くね。	「～だ」「～な」と活用することができない。
	接続助詞の一部	時間なのに来ない。	「のに」で逆接を表す。
	助動詞の一部	飛ぶように走る。	「ように」「そうに」で一語。
❾ これ この	代名詞	これは難しい問題だ。	「～は」と言えるかどうか。 ○「これは」と言えるか。→○「これ」＝代名詞
	連体詞	この問題は難しい。	×「このは」→×「この」＝連体詞
❿ 大きな 大きい	連体詞	大きなケーキ。	形容詞の活用に「～な」はない。 ×「大きだ」→×形容動詞
	形容詞	大きいケーキ。	言い切りが「い」＝形容詞。

絶対おさえる！

☑ その語に①どのような品詞があるのか、②どうやって見分けるのか、をおさえよう。

活用する付属語

助動詞…用言や体言、他の助動詞などに付いて、意味を添える。

助動詞	意味	用例	
れる・られる	受け身	母に笑われる。	他から動作を受ける。
	可能	試合に出られる。	「〜できる」という意味。
	自発	祖母がしのばれる。	「自然と」などの言葉を補える。
	尊敬	先生が話される。	動作主への敬意。
せる・させる	使役	全員に読ませる。	誰かに何かをさせる。
たい・たがる	希望	私も行きたい。	話し手(書き手)が望む。
		弟が話したがる。	話し手(書き手)以外が望む。
だ・です	断定	私は中学生だ。	はっきりと言い切る。
ます	丁寧	今から始めます。	丁寧な気持ち。
た	過去	夏休みは終わった。	以前に終わったこと。
	完了	今、食べ終わった。	ちょうど動作が終わったこと。
	存続	開け放した窓。	その状態が続いていること。
	確認	君の担当だったね。	思い出している。
ない・ぬ(ん)	打ち消し(否定)	彼は来ない。	打ち消し(否定)。
		決して忘れぬ。	
まい	打ち消し(否定)の意志	これ以上聞くまい。	しないという自分の意志。
	打ち消し(否定)の推量	うまくはいくまい。	そうならないという予想。
う・よう	推量	明日は雨になろう。	想像する。予想する。
	意志	僕も頑張ろう。	話し手(書き手)の意志。
	勧誘	一緒に参加しよう。	相手を誘う。
らしい	推定	明日は寒いらしい。	根拠をもとに推し量る。
ようだ・ようです	推定	猫がいるようだ。	根拠をもとに推し量る。
	比喩	まるで猫のようだ。	何かにたとえる。
そうだ・そうです	推定・様態	雨が降りそうだ。	自分で判断したこと。
	伝聞	雨が降るそうだ。	人から聞いたこと。

> 💡 **絶対おさえる!**
>
> ☑ 助動詞が意志の意味を表すとき、主語は「私が」などの一人称であることが多い。

🖊 基礎力チェック!

1. 次の―線部の名詞の種類をあとから選びなさい。
① 京都へ行く。 ② 五羽の鳥。 ③ 犬の散歩。
④ ぼくの家。 ⑤ 明るいうちに帰ろう。
　ア 普通名詞　イ 代名詞　ウ 固有名詞
　エ 数詞　オ 形式名詞

2. 次の □ にあてはまる接続詞の種類をあとから選びなさい。
① メール、□ 電話でご連絡いたします。
② とても暑い。□、エアコンをつけた。
　ア 順接　イ 逆接　ウ 並列・累加
　エ 対比・選択　オ 説明・補足　カ 転換

3. 次の―線部の「の」の働きをあとから選びなさい。
① 腕のいい職人。　② 楽しいのはいいことだ。
③ 校庭の片隅。
　ア 主語を示す。　イ 連体修飾語を示す。
　ウ 体言の代用。

4. 次の―線部の「から」の種類をあとから選びなさい。
① 車から降りる。　② 暗いから怖い。
　ア 接続助詞　イ 格助詞

5. 次の―線部の意味をあとから選びなさい。
① まだまだ食べられる。
② 空が高く感じられる。
③ お客様が来られる。
④ 先生にほめられる。
　ア 受け身　イ 可能　ウ 自発　エ 尊敬

答え
1.①ウ ②エ ③ア ④イ ⑤オ→①参照
2.①エ ②ア→①参照
3.①イ ②ウ ③ア→②参照
4.①イ ②ア→②参照
5.①イ ②ウ ③エ ④ア→③参照

5

文法3 名詞・接続詞・感動詞・助詞・助動詞

社会 / 理科 / 数学 / 英語 / 国語

1 活用しない自立語②

❶ **名詞**…体言ともいう。「が・は・も」などを伴って主語になる。

普通名詞	一般的な名称。	例 山・川・花
代名詞	人・物などを指し示す。	例 私・それ・どこ
固有名詞	地名・人名などそれだけに与えられた名称。	例 富士山・東京・論語
数詞	数や量、順序などを表す。	例 一つ・三人・百円
形式名詞	元の意味が薄れ、連体修飾語とともに補助的に用いられる。	例 〜こと・〜ため

❷ **接続詞**…前後の文や文節をつなぐ。単独で接続語になる。

順接	前の事柄が原因・理由、あとが順当な結果。	例 それで・だから
逆接	前の事柄と逆の事柄があとにくる。	例 しかし・ところが
並列・累加	前の事柄に並べたり、付け加えたりする。	例 また・しかも
対比・選択	前後を比べたり、選んだりする。	例 または・あるいは
説明・補足	前の事柄についてのまとめや補足。	例 つまり・たとえば
転換	話題を変える。	例 さて・ところで

❸ **感動詞**…感動や呼びかけ、応答などを表す。単独で独立語になる。文頭にくることが多い。

感動	例 あら・まあ。	
応答	例 はい。うん。	
呼びかけ	例 おい。もしもし。ねえ。	
挨拶	例 おはよう。さようなら。	

💡 絶対おさえる！

☑ **接続詞を正しく使い分けよう。前後の内容**がどのような関係にあるかを考えて適切な接続詞を選ぶと良い。

2 活用しない付属語

付属語には、助詞と助動詞の二つがある。活用しない付属語が助詞、活用する付属語が助動詞である。

❶ **助詞**…自立語のあとに付き、語の関係を示したり、意味を付け加えたりする。

① **格助詞**…主に体言に付き、あとの語句との関係を示す。
　① 主語を示す。 例 花が咲く。・桜の咲く季節。
　② 連体修飾語を示す。 例 図書館の本。
　③ 連用修飾語を示す。 例 友に会う。[相手]・本を読む。[対象]
　④ 並立の関係を示す。 例 赤と青。・父や母。
　⑤ 体言の代用。 例 料理を作るのが得意だ。

② **接続助詞**…主に活用する語に付き前後の関係を示す。
　例 疲れたので、休もう。[理由]・食べながら話す。[同時]
　急いだが、間に合わなかった。[逆接]

③ **副助詞**…いろいろな語に付いて意味を添える。
　例 今度こそできる。[強調]・大根などの野菜。[例示]
　ここだけの話。[限定]・夢にまで見た。[極端な例]

④ **終助詞**…主に文末に付いて気持ちや態度を表す。
　例 今いいですか。[疑問]・言うな。[禁止]・すごいなあ。[感動]・できたぞ。[強調]

💡 絶対おさえる！

☑ **助詞**は、単独で文節を作れない付属語で、「私は」のように常に前の**自立語**とともに文節を作る。

💬 合格へのヒント

● **複数の意味を持つ助動詞の意味の見分けは頻出！判断のポイント**をおさえておこう。

月　　日

❸ 補助動詞・補助形容詞

他の語の下に付いて上の文節と補助の関係を作る。言葉本来の意味は薄れているが、自立語で、一文節と数える。「～て（で）」に続くことが多く、普通、ひらがなで書く。

補助動詞…例 書いてある。やってみる。読んでおく。

補助形容詞…例 うれしくない。来てほしい。

③ 《活用しない自立語①》

活用しない自立語には、副詞・連体詞・名詞・接続詞・感動詞の五つがある。

❶ 副詞…主に用言を修飾する。

状態の副詞	例 ゆっくり話す。ゴロゴロ鳴る。（擬音語）じろっとにらむ。（擬態語）	「どのように」という物事の状態を表す。
程度の副詞	例 とてもおいしい。かなり昔。もっと早く。	「どのくらい」という物事の程度を表す。
呼応の副詞（陳述の副詞）	例 なぜ食べないのですか。もし失くしたら……。決して忘れない。	下に決まった言い方がくる。

❷ 連体詞…体言だけを修飾する。

―る	例 ある・あらゆる・来たる
―な	例 おかしな・小さな・いろんな
―が	例 わが
―の	例 この・その・あの
―た（だ）	例 たいした・とんだ

絶対おさえる！
☑ 副詞は主に用言を、連体詞は常に体言を修飾する。

✏ 基礎力チェック！

1. 次の──線部の動詞の、A活用の種類と、B活用形を答えなさい。
① 十まで数えよう。 ② 学校まで走る。
③ これを見ればわかる。

2. 次の動詞を①・②は対応する可能動詞を、③・④は対になる他動詞を答えなさい。
① 飛ぶ ② 話す ③ 開く ④ 消える

3. 次の──線部が動詞ならばA、形容詞ならばB、形容動詞ならばCの記号で答えなさい。
① 舞台が暗くなり、②にぎやかな音楽が③流れてきた。

4. 次の文から補助動詞、補助形容詞を抜き出しなさい。
① 気になるのでちょっと様子を見てくる。
② どうしても見てほしい映画がある。
③ 靴下に穴が開いている。

5. 次の（ ）にあてはまる副詞をあとから選びなさい。
① （ ）今日あたり連絡が来るだろう。
② （ ）また誘ってください。
③ （ ）写真のような絵だ。

ア 少しも イ まるで ウ なぜ
エ おそらく オ たとえ カ ぜひ

6. 次の文から連体詞をすべて抜き出しなさい。
いろんな色のとても大きな風船がふわふわ浮いている。

答え

1. ①A下一段活用 B未然形 ②A五段活用 B終止形 ③A上一段活用 B仮定形
2. ①飛べる ②話せる ③開ける ④消す ❶❷参照
3. ①B ②C ③A ❷参照
4. ①くる ②ほしい ③いる ❸参照
5. ①エ ②カ ③イ ❶参照
6. いろんな 大きな ❷参照

合格へのヒント

● 活用形は「下に続く語」から判断できると便利!

月　　日

1 単語の分類

品詞…単語を文法上の基準で分類したもの。十種類ある。

```
単語
├ 自立語
│　├ 活用しない
│　│　├ 主語になる（体言）── 名詞
│　│　├ 修飾語になる
│　│　│　├ 主に連用修飾語になる ── 副詞
│　│　│　└ 連体修飾語になる ── 連体詞
│　│　├ 接続語になる ── 接続詞
│　│　└ 独立語になる ── 感動詞
│　└ 活用する
│　　　└ 述語になる（用言）
│　　　　　├ ウ段で終わる ── 動詞
│　　　　　├ 「い」で終わる ── 形容詞
│　　　　　└ 「だ・です」で終わる ── 形容動詞
└ 付属語
　　├ 活用する ── 助動詞
　　└ 活用しない ── 助詞
```

① 自動詞・他動詞
例 人が集まる。（自動詞）
　　人を集める。（他動詞）←「〜を」という動作の対象が必要。

② 可能動詞…「〜できる」という可能の意味を表す。
例 読む（五段）→ 読める（下一段）
　　買う（五段）→ 買える（下一段）

2 活用する自立語

❶ 動詞…活用する自立語（用言）は、動詞・形容詞・形容動詞の三つがある。

動詞…「どうする・どうなる・ある」（動作・作用・存在）を表す。言い切りがウ段の音で終わる。

活用の種類	基本形	語幹	未然形	連用形	終止形	連体形	仮定形	命令形
活用形 主な続き方			ない・う・よう	ます・た・て	―。	とき・ので	ば	―。
五段活用	読む	よ	ま	み	む	む	め	め
上一段活用	借りる	か	り	り	りる	りる	りれ	りろ(りよ)
下一段活用	集める	あつ	め	め	める	める	めれ	めろ(めよ)
カ変活用	来る	○	こ	き	くる	くる	くれ	こい
サ変活用	する	○	さ・し・せ	し	する	する	すれ	しろ(せよ)

❷ 形容詞・形容動詞…「どんなだ」（状態・性質）を表す。言い切りが「い」で終わるのが形容詞、「だ・です」で終わるのが形容動詞。
命令形はなく、「ない」に続くのは連用形。

	基本形	語幹	未然形	連用形	終止形	連体形	仮定形	命令形
活用形 主な続き方			う	た・ない なる	―。	とき・ので	ば	―。
形容詞	大きい	大き	かろ	かっ・く・う	い	い	けれ	○
形容動詞	便利だ	便利	だろ	だっ・で・に	だ	な	なら	○
形容動詞	便利です	便利	でしょ	でし	です	(です)	○	○

絶対おさえる!

☑ 活用の種類は「ない」を付けて直前の音で見分ける。ア段→五段、イ段→上一段、エ段→下一段。

絶対おさえる!

☑ 言い切りがウ段の音になるのは動詞、「い」になるのは形容詞、「だ・です」になるのは形容動詞。

❹ **独立の関係**

独立語…他の文節と直接関係がなく、独立している。

例
> おはよう、いい天気だね。（あいさつ）
> 田中さん、今いいですか。（呼びかけ）
> 謙虚さ、それが何より必要だ。（提示）
> いいえ、違います。（応答）

❺ **並立の関係**

二つ以上の文節が対等な関係で並ぶ。

例

じゃがいもと　にんじんを　買った。
　└─並立─┘
　　　修飾部

※言葉の前後を入れ替えても意味が変わらない。

❻ **補助の関係**

主な意味を表す文節と意味を補う文節のまとまり。

例

台風が　近づいて　いる。
　　　述部└補助┘

　　　寒く　ない　朝。
　　　　└補助┘
　　　　修飾部

※二つ以上の文節がまとまって、主語や述語などと同じ働きをするものを連文節という。連文節となった文の成分は、主部・述部・修飾部・接続部・独立部となる。

❺❻の関係は常に連文節となる。

絶対
おさえる！

☑ 主・述の関係を捉えるには、まず述語を探し、次に「そうするのは何か（誰か）」を考える。

基礎力チェック！

1. 次の文の、A文節の数と、B単語の数をそれぞれ答えなさい。
① 私の弟は水泳が得意だ。
② 庭にきれいな花が咲いている。
③ ロケットの打ち上げについに成功した。

2. 次の文の主語と述語をそれぞれ一文節で答えなさい。主語がない場合は「なし」と答えなさい。
① この町もずいぶん変わった。
② 地球温暖化についてもっと知りたいと思った。
③ 今までの苦労がすべて水の泡になった。

3. 次の文から接続語または独立語を一文節で抜き出しなさい。
① えっ、それは初耳だ。
② 自転車あるいは徒歩でお越しください。
③ 毎日練習したのでとてもうまくなった。

4. 次の──線部の文節どうしの関係をあとから選びなさい。
① あの店のパンは、安くておいしい。
② 放課後の静かな図書室で一人本を読む。
③ 弟にお菓子を買ってあげた。
④ 私たちの中学校は坂の上にある。
⑤ 川に大きなカメもいる。
⑥ この本はそれほど新しくない。

　ア 主・述の関係　イ 修飾・被修飾の関係
　ウ 並立の関係　エ 補助の関係

答え

1. ①A4　B7　②A5　B8　③A4　B7→ 1 2 参照
2. ①（主語）町も　（述語）変わった　②（主語）なし　（述語）思った
　　③（主語）苦労が　（述語）なった→ 1 2 参照
3. ①えっ　②あるいは　③練習したので→ 1 2 4 参照
4. ①ウ　②イ　③エ　④ア　⑤ア　⑥エ　 2 参照

● 文節どうしの関係を理解できるようになると、正確な読解にも役立つ！

月　　日

1 言葉の単位

❶ 文章（談話）→ 段落

一つのまとまりのある内容を文字で書き表したものを文章、音声で表されたものを談話という。

文章を内容のまとまりごとに区切ったものを段落という。

段落の初めは改行し、一字下げる。

例

> 文章

> 段落

❷ 文 → 文節 → 単語

文…句点「。」で区切られた一続きの言葉。

文節…音声や意味が不自然にならない範囲で文を短く区切ったまとまり。区切り目に「ネ・サ・ヨ」などを入れると切れ目がわかりやすい。

単語…文節をさらに細かく分けた言葉の最小単位。

例

この／犬・の／名前・は／タロー・です。

（単語の区切り）

（文節の区切り）

（文の区切り）

絶対おさえる！

☑ 「綱引き（綱＋引き）」「期末テスト（期末＋テスト）」など、二つ以上の単語が結び付いて別の意味を表す言葉を複合語といい、全体で一単語である。

2 文節どうしの関係

❶ 主・述の関係

主語…「何が」「誰が」にあたる文節。「～は」「～も」などの場合もある。

述語…「どうする」「どんなだ」「何だ」「ある・いる」「ない」にあたる文節。

例

犬が　走る。
　＝主語
　　＝述語

※主語の中心となる単語を体言、それだけで述語となる単語を用言という。

❷ 修飾・被修飾の関係

修飾語…他の文節を詳しくしたり、内容を補ったりする働き。

例

白い　犬が
＝修飾語（どのような）

元気に　走る。
＝修飾語（どのように）

❸ 接続の関係

接続語…文と文、文節と文節をつなぐ働き。

例

暗かった。だから、電気をつけた。（理由）

暗かった。しかし、電気はつけなかった。（逆接）

暗かったので、電気をつけた。（理由）

暗かったら、電気をつけてください。（条件）

❷ **動物に関する表現**

例
馬が合う…気が合う。
雀の涙…ほんのわずかであること。
鶴の一声…皆を否応なく従わせる権力者の一言。
猫をかぶる…本性を隠して振るまうこと。
たぬき寝入り…寝た振りをすること。

5 故事成語（中国の古典（故事）に由来する言葉）

例
杞憂……取り越し苦労。
塞翁が馬…人生の幸・不幸は予測できないことのたとえ。
漁夫の利…両者が争っているすきに、第三者が利益を横取りすること。
蛇足…よけいなもの。
他山の石…他人の良くない言動も自分を磨く助けになる。
（「良くない言動」なので、目上の人には使わない。）

6 四字熟語

例
意味深長…意味深く、含蓄があること。
臨機応変…時と場合に応じてふさわしい処置をとること。
異口同音…多くの人が同じことを言うこと。
千載一遇…千年に一回しかないようなまれなこと。
心機一転…あるきっかけから気持ちがすっかり変わること。

💡 **絶対おさえる！**
☑ ことわざ・慣用句の意味を覚えて、正しく使い分けよう。四字熟語は、**意味やなりたちを理解しておく**と、間違えにくい。

✏️ **基礎力チェック！**

1. 次の言葉の類義語をあとから選びなさい。
① 親切 ② 短所 ③ 努力 ④ 合点 ⑤ 異存
ア 精進 イ 厚意 ウ 納得 エ 異議 オ 欠点

2. 次の言葉の対義語を書きなさい。
① 積極 ② 生産 ③ 禁止 ④ 内容
⑤ 理想 ⑥ 需要 ⑦ 悲観 ⑧ 否決

3. 次のことわざ・慣用句と似た意味の言葉をあとから選びなさい。
① 尻馬に乗る ② 河童の川流れ ③ 身から出たさび
ア 付和雷同 イ 自業自得 ウ 泣き面に蜂
エ 馬耳東風 オ 弘法にも筆の誤り

4. 次の文の内容に合う故事成語をあとから選びなさい。
① どうすればうまくいくのか、皆目、見当がつかない。
② 僕たちはお互い競い合いながらここまできた。
ア 矛盾 イ 切磋琢磨 ウ 呉越同舟
エ 推敲 オ 玉石混淆 カ 五里霧中

5. 次の四字熟語の二つの□□に同じ漢字を入れて四字熟語を完成させなさい。
① 右□左□ ② □信□疑 ③ □画□賛
④ □材□所 ⑤ 以□伝□ ⑥ □朝□夕

答え
1. ①イ ②オ ③ア ④ウ ⑤エ →1参照
2. ①消極 ②消費 ③許可 ④形式 ⑤現実 ⑥供給 ⑦楽観 ⑧可決 →2参照
3. ①ア ②オ ③イ →3 4参照
4. ①カ ②イ →5参照
5. ①往 ②半 ③自 ④適 ⑤心 ⑥一 →6参照

2 語句の知識

1 類義語（似た意味をもつ二つ以上の語）

❶ 一字が共通
[例]
始動＝起動
永久＝永遠
案外＝意外
運命＝宿命
平易＝容易
昨年＝去年

❷ 全体として類義
[例]
賛成＝同意
手段＝方法
普段＝平常
準備＝用意
安全＝無事
重宝＝便利

2 対義語（反対の意味をもつ語）

❶ 一字が対義
[例]
否定↔肯定
上品↔下品
主観↔客観
偶然↔必然
絶対↔相対
往路↔復路

❷ 二字が対義
[例]
前進↔後退
延長↔短縮
拡大↔縮小
単純↔複雑
上昇↔下降
温暖↔寒冷

❸ 全体として対義
[例]
理性↔感情
部分↔全体
保守↔革新
一般↔特殊
安全↔危険
義務↔権利

3 ことわざ（古くから言い習わされてきた、教訓や風刺を含んだ短い言葉）

[例]
船頭多くして船山に登る…指図する人が多すぎてうまくいかないこと。
転ばぬ先の杖…失敗しないように準備しておくこと。
帯に短したすきに長し…中途半端で役に立たないこと。
情けは人のためならず…人に親切にしておけばいつかは自分のためになる。
人の振り見て我が振り直せ…他人の行いを見て自分の行いを反省し改めよということ。

4 慣用句（二つ以上の語が結び付き、特別な意味を表す言葉）

[例]
気が置けない…気を遣わなくてよい。
けりがつく…決着がつく。（和歌や俳句の多くが「けり」という言葉で終わることから。）
立て板に水…すらすら話す様子。
涙を飲む…つらいことや悔しいことを我慢する。
一目置く…相手が優れていると認める。（碁で弱い方が盤面に先に石を置くことから。）

❶ 体や心に関する表現
[例]
耳が痛い…弱点をつかれて聞くのがつらい。
目を細める…うれしさにほほえむ様子。
手に余る…自分の力では扱い切れない。
二の足を踏む…ためらうこと。

合格へのヒント
● 対義語の理解は、読解にも大いに役立つ！
● ことわざや慣用句は日常会話でも使ってみて！

月　日

❷ **熟字訓**…二字以上の漢字からなる熟語を訓読みしたもの

田舎（いなか）　風邪（かぜ）　為替（かわせ）　足袋（たび）　名残（なごり）
日和（ひより）　雪崩（なだれ）　土産（みやげ）　木綿（もめん）

❸ **一字の漢字の読み（訓読み）**

募る（つの‐る）　促す（うなが‐す）　提げる（さ‐げる）　覆う（おお‐う）
陥る（おちい‐る）　巡る（めぐ‐る）　健やか（すこ‐やか）
拭う（ぬぐ‐う）　蓄える（たくわ‐える）　漂う（ただよ‐う）

❹ **熟語の読み**

均衡（きんこう）　掲載（けいさい）　警鐘（けいしょう）　口調（くちょう）
頻繁（ひんぱん）　柔和（にゅうわ）　旋律（せんりつ）　体裁（ていさい）
把握（はあく）

❺ **一字の漢字の書き**

まねく（招く）　あずける（預ける）　とどける（届ける）　ひたい（額）
たがやす（耕す）　ついやす（費やす）　きずく（築く）　いとなむ（営む）
あびる（浴びる）　おがむ（拝む）　むらがる（群がる）　てれる（照れる）

❻ **熟語の書き**

せんもん（専門）　きんべん（勤勉）　さとう（砂糖）　ひひょう（批評）
めんみつ（綿密）　はっき（発揮）　ふくざつ（複雑）　さんさく（散策）
のうり（脳裏）　えんそう会（演奏）　りっこうほ（立候補）

💡 絶対おさえる！

☑ 送り仮名は、原則活用するときに形が変わる部分を送るが、「味わう」、「静かだ」のように、例外もあるので注意しよう。

基礎力チェック！

1. 次の二字熟語と構成が同じ言葉をあとから選びなさい。
① 永久　② 卒業　③ 休日　④ 損得　⑤ 日没
ア 頭痛　イ 送迎　ウ 握手　エ 豊富　オ 和食

2. 次の□□に「不・無・非・未」のいずれかを入れて、言葉を完成させなさい。
① □成年　② □常識　③ □制限
④ □親切　⑤ □意識　⑥ □発表

3. 次の熟語の読み方をあとから選びなさい。
① 野宿　② 時雨　③ 手紙　④ 野球　⑤ 献立
ア 音＋音　イ 訓＋訓　ウ 音＋訓
エ 訓＋音　オ 熟字訓

4. 次の──線の漢字の読み方を書きなさい。
① 専ら　② 凝る　③ 諭す　④ 穏やか
⑤ 栽培　⑥ 顕著　⑦ 踏襲　⑧ 親睦

5. 次の──線のカタカナを漢字に直しなさい。送りがなが必要なものは送りがなも書くこと。
① 的をイル。　② 現役をシリゾク。
③ 日がクレル。　④ 汗がタレル。
⑤ オウフクの運賃。　⑥ ユウビン局へ行く。
⑦ コウセキをあげる。　⑧ ウチュウ飛行士。

答え

1. ①エ ②ウ ③オ ④イ ⑤ア→ 1 参照
2. ①未 ②非 ③無 ④不 ⑤無→ 1 参照
3. ①エ ②オ ③イ ④ア ⑤ウ→ 2 参照
4. ①もっぱ ②こ ③さと ④おだ ⑤さいばい ⑥けんちょ ⑦とうしゅう ⑧しんぼく→ 2 参照
5. ①射る ②退く ③暮れる ④垂れる ⑤往復 ⑥郵便 ⑦功績 ⑧宇宙→ 2 参照

1 熟語の構成

① 二字熟語の主な構成

① 意味が似た漢字を重ねたもの
例 岩石・幸福・柔軟・絵画・思考

② 意味が反対の漢字を重ねたもの
例 上下・有無・長短・終始・明暗

③ 主語と述語の関係になるもの
例 私立・腹痛・市営・骨折・地震
雷鳴…雷（が）鳴（る）

④ 上の漢字が下の漢字を修飾しているもの
例 海水・急病・直行・強風・温泉
青空…青（い）空

⑤ 下の漢字が上の漢字の目的や対象になっているもの
例 出場・発声・着陸
登山…登（る）山（に）・読書…読（む）書（を）

開閉…開（ける）閉（める）
寒冷…寒（い）冷（たい）

⑥ その他
上に打ち消しの漢字が付いているもの
例 無害・不安
同じ漢字を重ねたもの
例 堂々・満々
長い熟語を省略したもの
例 入試（入学試験）・高校（高等学校）

② 三字熟語の主な構成

① 漢字一字＋二字熟語
総|選挙
例 銀世界・初対面・紙芝居・不可能・無関心

② 二字熟語＋漢字一字
創造|力
例 協調性・安心感・上級生・参考書・観光地

③ 三つの漢字が対等なもの
上|中|下
例 衣食住・雪月花・松竹梅・市町村

③ 四字熟語の主な構成

① 二字熟語＋二字熟語
焼肉|定食
例 交通安全・合格祈願・自由時間・高速道路

② 四つの漢字が対等なもの
花|鳥|風|月
例 春夏秋冬・起承転結

合格へのヒント
● 熟語の理解を深めるために構成は重要。
知らない熟語も、構成から意味を推測できる！

月　日

絶対おさえる！
☑ 二字熟語の構成を見分けるには、漢字の意味を考えながら、熟語を訓読みしてみよう。

2 漢字の読み書き

① 二字熟語の四つの読み方

① 音＋音
例 学校（ガッコウ）・国語（コクゴ）・黒板（コクバン）・校庭（コウテイ）・教室（キョウシツ）

② 訓＋訓
例 荷札（にふだ）・歌声（うたごえ）・月夜（つきよ）・手袋（てぶくろ）・植木（うえき）

③ 音＋訓（重箱読み）
例 仕事（シごと）・番組（バンぐみ）・客間（キャクま）・味方（みかた）・毎朝（マイあさ）

④ 訓＋音（湯桶読み）
例 消印（けしイン）・油絵（あぶらエ）・丸太（まるタ）・屋台（やタイ）・場所（ばショ）

着できているかを、常に確認してみてほしい。例題と実際の問題との比較をしてみると、より理解が深まるはずだ。

▼ 問題文の理解度アップを！

ただ、知識だけを習得すれば問題が解けるようになるわけではないのが難しいところ。問題演習で苦戦している場合は、「見出しづけ読解法」がおすすめだ。まずは問題文を読みながら、文章を「意味段落」のかたまりに区切っていく。いきなり意味段落に区切るのは難しい……という人は、形式段落でも構わない。慣れてきたら意味段落に区切ってみよう。

そして、意味段落の内容を端的に示す「見出し」をつけてみるんだ。見出しは、新聞記事の見出しのイメージで。「短文」もしくは「句」（AはBである」「BであるA」）でつけると端的に内容を表現できるはず。慣れないうちは「単語」（「Aについて」）でもOK！

こうして意味段落ごとに見出しをつけていくことで、問題文の内容を整理しながら読み進めることができ、理解度のアップを実感できるはずだ。また、自分の書いた見出しをたどることで、設問を解くときにも解答の根拠となる箇所を見つけるスピードが速くなる！

まとめ（1月〜受験前）

▼ 知識は読解問題でも役立つ

総まとめとして本書を手にした人は、まずは例題を一通り解き、知

識の抜けがないかどうかをチェック！ 読解問題に取り組む機会も増えている時期だろうが、知識は読解問題でも活用できる。「合格へのヒント」には、意外と見落としがちなポイントがまとめてあるので、過去問題で出題された分野の「合格へのヒント」を見直そう。

▼ 解答の精度を上げていこう！

過去問題は、解き終えた後の見直しのやり方が何よりも重要だ。たとえば選択肢問題では、「誤りの選択肢がなぜ誤りなのか？」を必ず確認するように心がけよう。誤りの選択肢と一口に言っても、さまざまなパターンがある。問題文よりも言いすぎている選択肢（「〜だけ」「〜ばかり」などの表現は要注意！）、一般論としては正しいが問題文には書かれていない選択肢、時系列の順序が逆になっている選択肢……。それらのパターンを分析し、毎回確認することで、誤りの選択肢を見つける精度がアップしていく。問題作成者の立場になったつもりで、誤りの選択肢の作り方を見抜けるように訓練していこう。

また、記述問題では、模範解答を要素に分割し、要素ごとに配点の割り振りを予想してみよう。設問のタイプや条件から自分なりの予想を立ててみることが重要だ。たとえば内容説明問題であれば、傍線部の比喩表現を言いかえられていれば●点、違いを説明する問題であれば、対比の構造が書けていれば●点……など。入試本番では、記述問題で満点をとることは難しいが、確実に部分点をもらえる答案を書くことが大切。普段から意識しておくと、設問で要求されている要素を確実に盛り込めるようになるはずだ！

点数がグングン上がる！

国語の勉強法

基礎力UP（4月〜8月）

▼「意味調べ学習法」でまずは語彙を増やそう！

国語の基礎となるのが「語彙力」。入試では初見の文章が出てくるが、意味を知らない言葉が多いと文章の内容を正確に読み取ることが難しくなってしまう。そこで、普段から言葉の意味を調べ、知識を習得する作業を習慣化しておこう。この時期には、まずは言葉の知識を増やすことから取り組んでみてほしい。本書には、高校入試に必要な知識を一通りまとめてある。これを活用していこう！

言葉の知識を増やすには「意味調べ学習法」がおすすめ。これは、知らない言葉をノートにリストアップし、意味を辞書で調べていく方法のこと。ノートの真ん中に線を引き、線より上に言葉を、下に意味を書くと、下の部分を隠して自分でテストできるので便利だ！

▼ 辞書の例文は知識の源！

さらに、国語が得意な人には、辞書にのっている例文に目を通す

こともしてほしい。教科書の本文とは異なる文脈での用例も確認することで、その言葉に対するイメージをさらにふくらませることができるんだ。この学習法はまさに国語の学習の基本中の基本とも言えるので、これを毎回の定期試験に向けて継続的に実践していくだけでも、かなりの知識量を得ることができる。

また、言葉の知識は、実際の文章の中での用例をふまえたうえで身につけていくと、より理解が深まる。教科書の中の言葉を自分の知識として習得するためにも、ぜひこの学習法を実践してほしい。

復習期（9月〜12月）

▼ 問題演習中も知識の習得は必須

一通り文法を習い終わった人は、読解問題に取り組んでいるかもしれない。この時期特有の悩みを抱える人も多いだろう。たとえば、問題文を読むのに時間がかかってしまう、設問を解くときに問題文のどこを見直せばいいのかわからない……。ひょっとしたら知識が定着していない可能性がある。問題演習を進める中でも、知識が定

監修者紹介

清水　章弘（しみず・あきひろ）

◉──1987年、千葉県船橋市生まれ。海城中学高等学校、東京大学教育学部を経て、同大学院教育学研究科修士課程修了。新しい教育手法・学習法を考案し、東大在学中に20歳で起業。東京・京都・大阪で「勉強のやり方」を教える学習塾プラスティーを経営し、自らも授業をしている。

◉──著書は『現役東大生がこっそりやっている 頭がよくなる勉強法』（PHP研究所）など多数。青森県三戸町教育委員会の学習アドバイザー、ポスト・イット®ブランドアンバサダーなども務める。出演・監修にNHK Eテレ「テストの花道ニューベンゼミ」など。

かんき出版 学習参考書の
ロゴマークができました！

マナPenくん®

明日を変える。未来が変わる。
マイナス60度にもなる環境を生き抜くために、たくさんの力を蓄えているペンギン。
マナPenくんは、知識と知恵を蓄え、自らのペンの力で未来を切り拓く皆さんを応援します。

高校入試の要点が1冊でしっかりわかる本 5科

2021年 7 月14日	第 1 刷発行
2024年10月 2 日	第 8 刷発行

監修者──清水　章弘

発行者──齊藤　龍男

発行所──株式会社かんき出版

　　　　　東京都千代田区麹町4-1-4 西脇ビル　〒102-0083

　　　　　電話　営業部：03(3262)8011代　編集部：03(3262)8012代

　　　　　FAX　03(3234)4421　　　　　振替　00100-2-62304

　　　　　https://kanki-pub.co.jp/

印刷所──シナノ書籍印刷株式会社